2015-2016年中国原材料工业发展蓝皮书

The Blue Book on the Development of Raw Material Industry in China (2015-2016)

中国电子信息产业发展研究院　编著

主　编/刘文强

副主编/肖劲松　王兴艳

人民出版社

责任编辑：邵永忠
封面设计：佳艺时代
责任校对：吕　飞

图书在版编目（CIP）数据

2015-2016年中国原材料工业发展蓝皮书 / 刘文强　主编；
中国电子信息产业发展研究院　编著. — 北京：人民出版社，2016.8
ISBN 978-7-01-016521-9

Ⅰ. ① 2… Ⅱ. ①刘… ②中… Ⅲ. ①原材料工业—工业发展—研究报告—中国— 2015-2016 Ⅳ. ① F426.1

中国版本图书馆 CIP 数据核字（2016）第 174774 号

2015-2016年中国原材料工业发展蓝皮书
2015-2016NIAN ZHONGGUO YUANCAILIAO GONGYE FAZHAN LANPISHU

中国电子信息产业发展研究院　编著
刘文强　主编

人民出版社　出版发行
（100706　北京市东城区隆福寺街 99 号）

北京市通州京华印刷制版厂印刷　新华书店经销

2016 年 8 月第 1 版　2016 年 8 月北京第 1 次印刷
开本：710 毫米 ×1000 毫米　1/16　印张：16.5
字数：270 千字

ISBN 978-7-01-016521-9　定价：79.00 元

邮购地址　100706　北京市东城区隆福寺街 99 号
人民东方图书销售中心　电话（010）65250042　65289539

代 序

在党中央、国务院的正确领导下，面对严峻复杂的国内外经济形势，我国制造业保持持续健康发展，实现了“十二五”的胜利收官。制造业的持续稳定发展，有力地支撑了我国综合实力和国际竞争力的显著提升，有力地支撑了人民生活水平的大幅改善提高。同时，也要看到，我国虽是制造业大国，但还不是制造强国，加快建设制造强国已成为今后一个时期我国制造业发展的核心任务。

“十三五”时期是我国制造业提质增效、由大变强的关键期。从国际看，新一轮科技革命和产业变革正在孕育兴起，制造业与互联网融合发展日益催生新业态新模式新产业，推动全球制造业发展进入一个深度调整、转型升级的新时期。从国内看，随着经济发展进入新常态，经济增速换挡、结构调整阵痛、动能转换困难相互交织，我国制造业发展也站到了爬坡过坎、由大变强新的历史起点上。必须紧紧抓住当前难得的战略机遇，深入贯彻落实新发展理念，加快推进制造业领域供给侧结构性改革，着力构建新型制造业体系，推动中国制造向中国创造转变、中国速度向中国质量转变、中国产品向中国品牌转变。

“十三五”规划纲要明确提出，要深入实施《中国制造 2025》，促进制造业朝高端、智能、绿色、服务方向发展。这是指导今后五年我国制造业提质增效升级的行动纲领。我们要认真学习领会，切实抓好贯彻实施工作。

一是坚持创新驱动，把创新摆在制造业发展全局的核心位置。当前，我国制造业已由较长时期的两位数增长进入个位数增长阶段。在这个阶段，要突破自身发展瓶颈、解决深层次矛盾和问题，关键是要依靠科技创新转换发展动力。要加强关键核心技术研发，通过完善科技成果产业化的运行机制和激励机制，加快科技成果转化步伐。围绕制造业重大共性需求，加快建立以创新中心为核心载体、以公共服务平台和工程数据中心为重要支撑的制造业创新网络。深入推进制造业与互联网融合发展，打造制造企业互联网“双创”平台，推动互联网企业构建制造业“双创”服务体系，推动制造业焕发新活力。

二是坚持质量为先，把质量作为建设制造强国的关键内核。近年来，我国制造业质量水平的提高明显滞后于制造业规模的增长，既不能适应日益激烈的国际竞争的需要，也难以满足人民群众对高质量产品和服务的热切期盼。必须着力夯实质量发展基础，不断提升我国企业品牌价值和“中国制造”整体形象。以食品、药品等为重点，开展质量提升行动，加快国内质量安全标准与国际标准并轨，建立质量安全可追溯体系，倒逼企业提升产品质量。鼓励企业实施品牌战略，形成具有自主知识产权的名牌产品。着力培育一批具有国际影响力的品牌及一大批国内著名品牌。

三是坚持绿色发展，把可持续发展作为建设制造强国的重要着力点。绿色发展是破解资源、能源、环境瓶颈制约的关键所在，是实现制造业可持续发展的必由之路。建设制造强国，必须要全面推行绿色制造，走资源节约型和环境友好型发展道路。要强化企业的可持续发展理念和生态文明建设主体责任，引导企业加快绿色改造升级，积极推行低碳化、循环化和集约化生产，提高资源利用效率。通过政策、标准、法规倒逼企业加快淘汰落后产能，大幅降低能耗、物耗和水耗水平。构建绿色制造体系，开发绿色产品，建设绿色工厂，发展绿色园区，打造绿色供应链，壮大绿色企业，强化绿色监管，努力构建高效清洁、低碳循环的绿色制造体系。

四是坚持结构优化，把结构调整作为建设制造强国的突出重点。我国制造业大而不强的主要症结之一，就是结构性矛盾较为突出。要把调整优化产业结构作为推动制造业转型升级的主攻方向。聚焦制造业转型升级的关键环节，推广应用新技术、新工艺、新装备、新材料，提高传统产业发展的质量效益；加快发展3D打印、云计算、物联网、大数据等新兴产业，积极发展众包、众创、众筹等新业态新模式。支持有条件的企业“走出去”，通过多种途径培育一批具有跨国经营水平和品牌经营能力的大企业集团；完善中小微企业发展环境，促进大中小企业协调发展。综合考虑资源能源、环境容量、市场空间等因素，引导产业集聚发展，促进产业合理有序转移，调整优化产业空间布局。

五是坚持人才为本，把人才队伍作为建设制造强国的根本。新世纪以来，党和国家深入实施人才强国战略，制造业人才队伍建设取得了显著成绩。但也要看到，制造业人才结构性过剩与结构性短缺并存，高技能人才和领军人才紧缺，基础制造、高端制造技术领域人才不足等问题还很突出。必须把制造业人才发展摆在更加突出的战略位置，加大各类人才培养力度，建设制造业人才大军。以提高现代经营管理水平和企业竞争力为核心，造就一支职业素养好、市场意识强、熟悉国内外经济运行规则的经营管理人才队伍。组织实施先进制造卓越工程师培养计划和专业技术人才培养计划等，造就一支掌握先进制造技术的高素质的专业技术人才队伍。大力培育精益求精的工匠精神，造就一支技术精湛、爱岗敬业的高技能人才队伍。

“长风破浪会有时，直挂云帆济沧海”。2016年是贯彻落实“十三五”规划的关键一年，也是实施《中国制造2025》开局破题的关键一年。在错综复杂的经济形势面前，我们要坚定信念，砥砺前行，也要从国情出发，坚持分步实施、重点突破、务求实效，努力使中国制造攀上新的高峰！

工业和信息化部部长 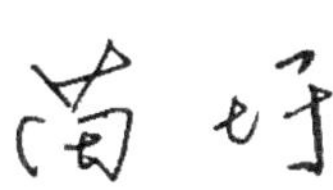

2016年6月

前　言

原材料工业是工业的基础性先导产业，是制造业的基础和保障。原材料工业是国民经济的基础和支柱产业，具有产业规模大、关联度高、带动作用强、资源能源密集等特点。原材料工业的发展水平和质量，直接影响和决定着一个国家工业化与制造业的发展水平和质量。美国、日本、欧盟等发达国家和地区都高度重视新材料的研发和原材料的战略保障。

2015年是“十二五”的收官之年，也是全面总结了过去五年来的发展成就和存在的问题、前瞻性谋划制定“十三五”规划的重要一年。过去一年里，全球经济复苏缓慢，发达经济体经济运行分化加剧，新兴经济体增长放缓，世界经济复苏依旧艰难曲折，经济金融风险上升，大国博弈和地缘政治风险加剧，国际大宗商品价格持续走低；国内经济下行压力增大，产能过剩矛盾突出，工业生产价格和企业盈利水平持续下降，企业生产经营困难等问题比较严重。在这种严峻的形势下，原材料工业系统认真落实《中国制造2025》提出的各项任务和措施，着力推进稳增长、调结构、增效益的各项工作，转型升级步伐明显加快。一是继续加大化解产能过剩力度。研究制定了钢铁行业、建材行业化解产能过剩的行动方案；组织提出了一批促进产业结构优化升级、安全环保效益显著的重大投资项目，包括危险化学品生产企业搬迁改造、城市钢厂搬迁等；组织研究钢铁、有色金属和建材等困难行业“僵尸企业”和低效产能退出机制。二是加大行业的的发展指导和监管力度。组织研究编制石化化工、钢铁、有色、稀土、建材、新材料等行业“十三五”规划；深入企业调研，分析行业存在的困难和问题，研究制定了一系列行业指导意见、细则、办法和法规。三是加快培育和发展新材料产业。利用技术改造资金、转型升级资金、专项建设基金，组织实施高端材料和新材料保障工程。四是大力推进原材料工业两化深度融合。研究建立原材料工业两化融合标准体系和水泥、陶瓷智能工厂技术条件，在轮胎、陶瓷等行业积极实施关键岗位机器人替代，在稀土行业建设稀土产品追溯系统等。

展望“十三五”，原材料工业总体上处于下行通道，增速稳中趋缓，仍然面临着产能过剩、市场需求不足、资源环境约束加大、技术创新水平不高等诸多突出问题，去产能、降成本、补短板、脱困增效、转型升级的任务仍然十分艰巨。我国将紧紧围绕中央“四个全面”战略布局和“创新、协调、绿色、开放、共享”五大发展理念，以及在“三去一降一补”经济工作新思路的指引，全面深化改革，培育新增长点，贯彻落实“一带一路”、“京津冀协同发展”、“长江经济带”三大战略，加速推进供给侧、国企混合经济、财税体制等多领域改革。创新驱动正成为经济增长的新动力和新引擎，尤其值得关注的是，随着“中国制造2025”的全面部署落实和大飞机、核电、国防军工等重大工程推进，3D打印、机器人、智能制造、“互联网+”等新兴产业蓬勃发展，绿色制造和大气、水、土壤等污染治理加速推进，2016年原材料工业发展也将进入新阶段、迎来新机遇，要按照新的发展理念，加快部署推进转型升级相关工作。

一、必须科学谋划好原材料工业“十三五”工作重点

原材料工业处于产业链的上游，具有至关重要的先导作用。作为制造业的基础，原材料工业不仅自身面临着转型升级的重任，而且也肩负着支撑和促进传统产业升级、新兴产业发展的使命。因此，一方面要积极谋划传统原材料行业如何化解产能过剩、帮助原材料企业脱困增效、稳增长等；另一方面还要紧紧围绕着国家重大工程、社会经济建设、民生发展和建设制造业强国对材料的需求，坚持“需求牵引，创新驱动，绿色发展”的原则，前瞻性、战略性、科学性谋划好“十三五”规划，提升原材料工业的支撑保障能力，为国家社会经济发展提供安全、有效的材料支撑和保障。

二、必须将化解过剩产能和稳增长有机结合起来

随着我国经济进入中高速增长的新常态，经济下行压力加大，加之房地产等重点应用行业未见起色，国内外需求不振，以及越来越严格的环保约束，原材料工业的产能过剩和结构性矛盾问题凸显，企业经营困难，利润大幅下滑，就业压力大，使得原材料工业面临着化解过剩产能和稳定增长的双重压力，严重影响到经济增长和社会稳定。脱困增效、结构调整、转型升级和稳增长就成为原材料工业的首要任务和长期工作。这就要求原材料工业转型升级过程中，要将化解产能过剩与稳定增长有机结合起来，加强供给侧改革，对接市场需求，促进消费提档升级，推动结构调整和健康持续发展。

原材料工业产业关联度高、经济总量大、从业人员多，原材料工业的稳定增长

对经济发展、社会稳定、重大工程建设和国防军工等起到了重要支撑和保障作用。因此，要在化解产能过剩的同时，妥善解决企业职工的就业，积极探索新途径、新模式，培育新业态，形成新的增长点，促进原材料工业的持续、稳定地发展。一方面，要制定切实可行的行动方案，帮助传统原材料行业、企业转型升级，渡过难关；同时，要利用“一带一路”战略带来的交通、水利、民生工程等基础设施建设加快的发展机遇，促进钢铁、有色、化工等优势产能加强国际产能合作，缓解我国原材料产品的供需失衡的压力；此外，要把握新的发展机遇，积极谋划新的增长点，紧抓“中国制造2025”大力发展新一代电子信息技术、节能环保、高端装备制造等产业的机遇，通过原材料产品标准的提档升级和拓宽新材料的应用领域，推动原材料产业的高端化发展和新材料产业做大做强；积极对接互联网+、云制造、云服务等新技术新业态，探索“设备+产品+智能服务”的新模式，培育和形成新业态和新的利润增长点。

三、必须坚持通过创新培育竞争新优势

我国原材料工业“大而不强”，究其原因是因为技术含量低、产品附加值不高、资源能耗大、部分关键技术和设备对外依存度高，产业竞争力弱。要实现由“制造业大国”向“制造业强国”的转变，我国必须加速原材料工业的发展，提升材料对重大工程、国计民生和产业自主可控性的支撑保障能力，积极融入世界原材料供应链体系。

这就要求必须坚持创新驱动，大力加强创新能力建设，培育原材料工业的竞争新优势、提升企业的盈利能力。要充分发挥企业的创新主体作用，构建良好的创新氛围，整合科技资源，完善科研创新机制体制，鼓励全社会进行技术、产品、商业模式、管理等创新，加强对知识产权的保护力度，建立健全以市场为导向、企业为主体、产学研用联动的创新体系；探索组建联合技术研究院、创新中心、专业集成孵化器、知识产权交易等多种形式的产业技术创新联盟和创新平台，建立和完善整机企业和材料企业、科研院所等的联合攻关机制，协同解决行业发展中的共性、重大和关键技术问题，提高行业创新能力；加大对企业研发的支持力度，鼓励企业开发高附加值的新工艺、新技术、新装备、新材料，优化技术和产品结构，激发企业自主创新的内生动力；围绕工业基础能力清单，将关键基础材料的创新扶持纳入国家科技计划；要改革扶持资金管理方式，由支持单一项目向持续支持机构创新能力和技术积累转变；要积极利用信息化，形成研发、小试、中试、工程化的创新链条，放大创新成果的市场化效应。大力建设公共服务平台，建立和完善标准体系制修订、

试验验证、检验检测、信息与知识产权服务、新材料大数据、模拟仿真等平台，支撑共性技术、关键技术的研发突破。要优化产品出口结构，提升产品的质量品牌，增加出口产品技术含量，扩大高端产品出口比重，增强产品的国际竞争力；深化贸易合作，完善进出口协调机制，加强企业的贸易摩擦风险防范意识、法律意识，有效化解贸易争端。

四、必须大力推动原材料工业绿色发展

原材料工业必须走资源节约、环境友好的绿色发展之路，只有加强原材料生产和应用的绿色化，才能从根本上改变粗放式发展的状况。除了继续加强原材料工业的节能减排和污染的治理之外，一方面，要加强原材料生产工艺流程、技术装备的提升换代和先进技术的推广应用，促进原材料行业的智能制造，提高原材料企业的环保节能水平和资源利用率，实现原材料过程的绿色、低碳、智能化。另一方面，要加强原材料产品的生产和消费的提档升级，加强品牌和质量建设，推进原材料工业高端化发展。加快绿色建材的试点示范和推广应用以及绿色标识认定工作，推广薄板砖、钢结构和木结构建筑、平板玻璃和节能门窗，提升水泥与制品的性能，促进陶瓷和化学建材消费升级，推广高强度钢筋。此外，还要加强行业标准的修订完善，提升公众绿色消费意识。

赛迪智库原材料工业研究所从综合、行业、地区、园区、企业、政策、热点、展望八个角度，密切跟踪了2015年我国原材料工业的重点、难点和热点，并对2016年发展趋势进行了预测分析；在此基础上组织编撰了《2015—2016年中国原材料工业发展蓝皮书》，全书遵循了《2014—2015年中国原材料工业发展蓝皮书》的体例，共八篇二十九章。

综合篇。介绍2015年全球及中国原材料工业发展概况。

行业篇。在分别分析了2015年石化、钢铁、有色、建材、稀土五大行业的运行情况的基础上，结合国家战略和国内外宏观经济发展形势，对2016年各行业的走势进行了判断，并指出行业发展中需要关注的重点。

区域篇。着重介绍了2015年东、中、西部三大区域的原材料工业发展状况，指出三大区域原材料工业发展的差异、特点及存在的问题。

园区篇。归纳了石化、钢铁、有色、建材、稀土行业的重点园区发展情况，分析了园区的基础设施建设情况、产业布局、园区内重点企业发展现状，指出园区发展存在的问题。

企业篇。从企业生产经营范围、企业规模、经济效益、创新能力四个方面对原材料行业代表性企业进行了分析。

政策篇。着重从宏观调控政策、需完善配套政策角度分析原材料工业的政策环境，并对与原材料工业发展的密切相关的重点综合性政策、行业政策进行了不同维度的解析。

热点篇。归纳整理了2015年原材料行业发生的重大事件，如一带一路、智能制造、技术突破、行业规范、绿色发展、WTO诉讼等热点事件，分析其对原材料工业的影响。

展望篇。分析了2015年原材料工业的运行环境，预测了2016年原材料工业总体发展形势，并进一步对原材料工业的细分行业发展形势进行了展望。

赛迪研究院原材料工业研究所成立于工信部组建之后，尽管成立时间比较短，但是在短短的几年内，研究领域不断拓展，研究水平不断提高，对原材料工业的研究支撑能力提升很快，其研究成果和支撑工作多次得到中央、部领导认可和地方政府的肯定。希望原材料工业研究所今后再接再厉，进一步提升研究的前瞻性、战略性和指导性，更好地支撑原材料司的工作和原材料工业的发展。

工业和信息化部原材料工业司司长 周长益

目 录

区域篇

园区篇

企业篇

政策篇

热点篇

展望篇

附 录

综 合 篇

第一章　2015年全球原材料工业发展状况

2015 年全球经济复苏之路艰难曲折，世界经济增速放缓。国际货币基金组织 11 月的预测显示，2015 年全球经济增长 3.1%，比上年低 0.3 个百分点。主要国家和地区的经济增长不平衡，发达经济体经济复苏步伐略微加快，新兴市场和发展中经济体经济增速将连续五年放缓，未来经济下行风险不减。世界银行 6 月发布的数据预测显示，2015 年全球经济增长 2.8%，其中高收入国家经济预计增长 2%，发展中国家预计增长 4.4%。分国家来看，美国经济相对稳定增长，预计经济增长 2.7%；欧元区经济弱复苏，预计经济增长为 1.5%；日本经济受出口和企业投资乏力影响，预计经济增长为 1.2%。发展中国家受美联储加息、原油等大宗商品价格疲软等因素影响，经济增速会放缓，预计中国经济增速为 7.1%。在此背景下，全球原油供给过剩，原油价格持续下跌，主要化工产品价格震荡下行；粗钢产量略有下降，钢材价格不断走低；铜、铝、铅等主要有色金属供过于求，主要产品价格波动下降；水泥市场比较低迷，部分国家水泥需求下滑；平板玻璃市场呈现分化态势，传统普通玻璃产品需求减少，高端深加工玻璃需求旺盛；国外稀土矿山纷纷复产，全球稀土多元化供应格局形成，稀土价格持续低迷。

第一节　石化化工行业

一、市场供给

2014 年 9 月以来，全球原油供给持续增长，由 2014 年 9 月的 9250 万桶 / 天增加到 2015 年 6 月的 9460 万桶 / 天，2015 年 9 月仍维持在 9450 万桶 / 天。而受全球经济复苏缓慢影响，原油需求不旺。至 2015 年 6 月，原油需求为 9200 万

桶 / 天，供给过剩达 260 万桶 / 天。

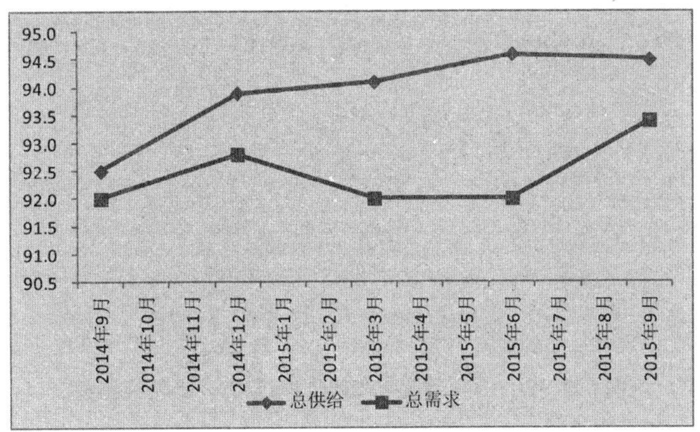

图1-1　2014年9月至2015年9月全球原油总供给与总需求（单位：百万桶/天）

数据来源：Wind 资讯，2015 年 12 月。

二、价格行情

随着供给过剩，原油价格震荡下行。2015 年 1 月，布伦特原油和美国西德克萨斯中级轻质原油（WTI）价格分别为 47.87 美元 / 桶和 47.73 美元 / 桶。截止到 2015 年 12 月，布伦特原油和 WTI 价格分别为 38.33 美元 / 桶和 37.05 美元 / 桶。

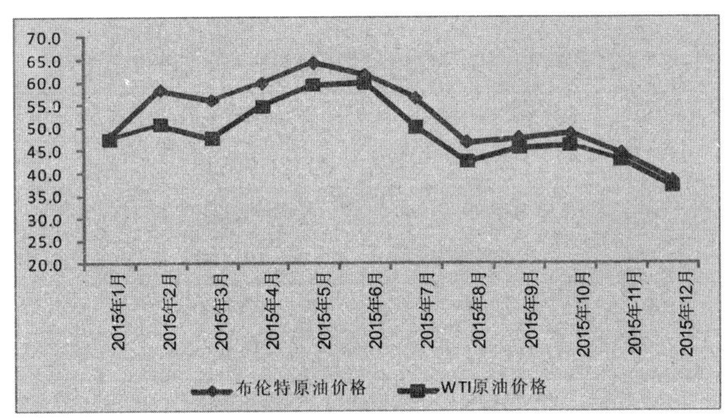

图1-2　2015年1月至2015年12月国际油价走势（单位：美元/桶）

数据来源：Wind 资讯，2016 年 1 月。

受油价下跌影响，下游化工产品价格震荡下行。2015 年 1 月，化工产品价格指数 87.32，至 2015 年 12 月，下降到 85.19。

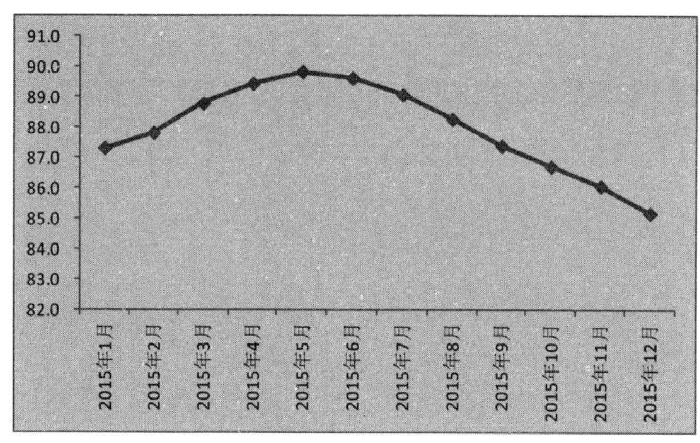

图1-3　2015年1月至2015年12月化工产品价格指数

数据来源：Wind 资讯，2016 年 1 月。

第二节　钢铁行业

一、市场供给

2015 年 1—10 月，全球粗钢产量略有下降，纳入统计的 66 个国家粗钢产量为 13.5 亿吨，同比下降 1.6%。除大洋洲粗钢产量略有增长以外，其他地区粗钢产量均出现不同程度的减少，其中非洲粗钢产量同比降幅最大，超过 10%。

表 1-1　2015 年 1—10 月全球各地区粗钢产量（单位：千吨，%）

地区	2015年1—10月	2014年1—10月	同比
欧洲	170219	172886	-1.5
独联体	84568	88521	-4.5
北美	94553	101504	-6.8
南美	37281	37792	-1.4
非洲	11781	13287	-11.3
中东	23175	23190	-0.1
亚洲	919542	925695	-0.7
大洋洲	4835	4628	4.5
全球（扣除中国）	670851	682159	-1.7
全球	1345955	1367505	-1.6

数据来源：世界钢铁协会，2015 年 12 月。

从全球各地区粗钢生产情况看，2015 年 1—10 月全球粗钢产量 13.5 亿吨，其中亚洲地区粗钢产量 9.2 亿吨，占全球粗钢产量的 68.3%；欧洲地区粗钢产量 1.7 亿吨，占全球粗钢产量的 12.6%；北美洲和独联体粗钢产量分别为 0.9 亿吨和 0.8 亿吨，分别占全球粗钢产量的 7.0% 和 6.3%；南美洲、中东、非洲和大洋洲的粗钢产量分别占全球粗钢产量的 2.8%、1.7%、0.9% 和 0.4%。

从 2015 年 1—10 月粗钢主要生产国家来看，粗钢产量排在前 5 位的分别是中国、日本、印度、美国和俄罗斯，其中中国粗钢产量占全球粗钢产量的 50.2%。

表 1-2　2015 年 1—10 月粗钢产量前 20 位国家和地区（单位：万吨，%）

排名	国家或地区	产量	占全球粗钢产量的比重
1	中国	67510.4	50.2
2	日本	8781.5	6.5
3	印度	7507.5	5.6
4	美国	6724.3	5.0
5	俄罗斯	5930.7	4.4
6	韩国	5767.2	4.3
7	德国	3620.8	2.7
8	巴西	2823.6	2.1
9	土耳其	2655.4	2.0
10	乌克兰	1914.8	1.4
11	意大利	1859.3	1.4
12	中国台湾	1828.9	1.4
13	墨西哥	1587.3	1.2
14	伊朗	1361.1	1.0
15	法国	1282.7	1.0
16	西班牙	1261.2	0.9
17	加拿大	1053.4	0.8
18	英国	951.4	0.7
19	波兰	797.1	0.6
20	奥地利	638.7	0.5

数据来源：世界钢铁协会，2015年12月。

二、价格行情

从全球钢材价格总体情况来看，2015 年钢材价格震荡下行。从国际钢铁价格指数（CRU）看，钢材综合指数由 1 月初的年内高点 160.55 点下跌至 11 月 20 日的 119.6 点，下降了 40.95 点，跌幅高达 25.5%；扁平材价格指数由 1 月初的 146.53 点下跌至 11 月 20 日的 107.3 点，下降了 39.23 点，跌幅高达 26.8%；长材价格指数由 1 月初的 195.72 点下跌至 11 月 20 日的 148.9 点，下降了 46.82 点，跌幅高达 23.9%。

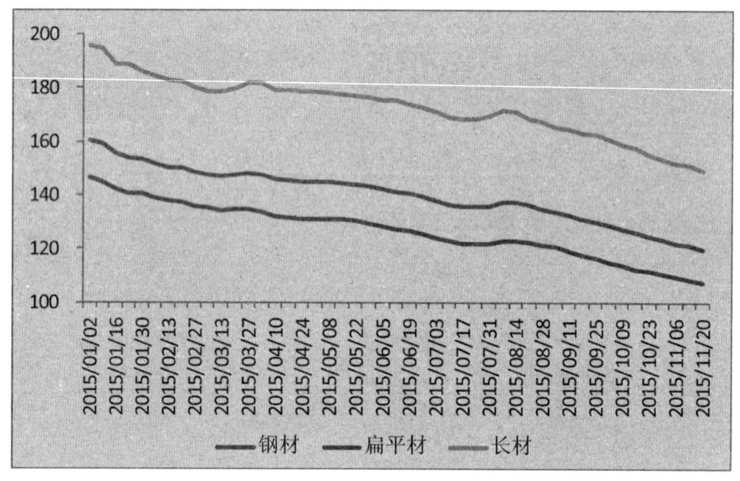

图1-4　2015年以来国际钢材价格指数（CRU）走势图

数据来源：Wind 资讯，2015 年 12 月。

分区域来看，亚洲、欧洲和北美钢材市场价格走势均呈现震荡下行态势。2015 年年初，亚洲市场钢材价格指数 170.39 点，此后市场持续震荡小幅下行，截至 11 月 20 日跌至 123.7 点，下降了 27.4%；欧洲市场钢材价格指数由年初的 127.73 点下跌至 11 月 20 日的 105.3 点，下降了 17.6%；北美市场钢材价格指数由年初的 188.47 点下跌至 11 月 20 日的 127.5 点，下降了 32.4%。综合来看，欧洲市场钢材价格下跌幅度较低。

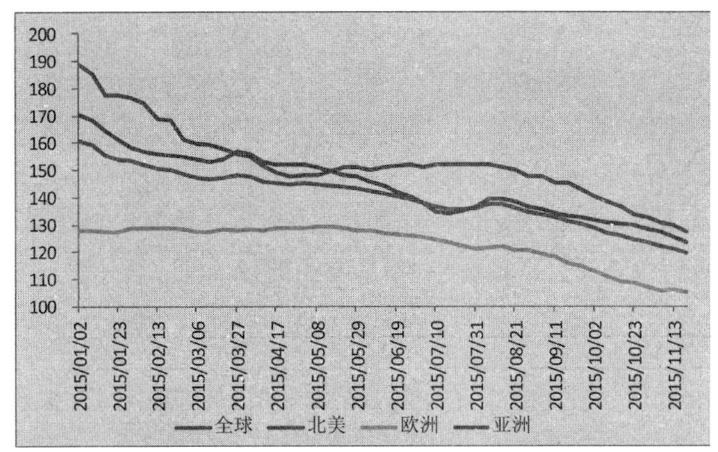

图1-5　2015年以来各地区钢材价格指数（CRU）走势图

数据来源：Wind 资讯，2015 年 12 月。

第三节　有色金属行业

一、市场供需

（一）铜

世界金属统计局数据显示，2015 年 1—10 月，全球铜市场供应过剩 26.6 万吨，较 2014 年同期减少 3.2 万吨。从供给角度看，全球矿产铜产量为 1590 万吨，同比增加 3.6%；精炼铜产量 1910 万吨，同比增长 1.1%，其中中国和印度的精炼铜产量增幅较大，增幅分别为 3.6 万吨和 3.5 万吨；欧盟 28 国铜产量同比下降 0.5%。从消费角度来看，全球铜消费量为 1879.8 万吨，比 2014 年同期增加 0.2 万吨。中国仍然是最大的铜消费国，铜消费量为 921.1 万吨，占全球铜消费总量的 49%；欧盟铜需求量为 270.9 万吨，同比减少 1.1%。

智利是全球第一大铜生产国，2015 年 1—11 月，累计生产铜 529 万吨，较 2014 年同期增长 4 万吨。分月来看，智利铜生产基本呈现波动下降的态势，从 1 月的 52.4 万吨下降到 11 月的 48.6 万吨。

表 1-3　2015 年 1—11 月智利铜产量（单位：万吨）

时间	1月	2月	3月	4月	5月	6月	7月	8月	9月	10月	11月
产量	52.4	44.8	47.5	47.1	50.8	51.4	45.5	44.3	46.7	50.1	48.6

数据来源：Wind 资讯，2015 年 12 月。

（二）铝

根据国际铝业协会（IAI）的数据，2015 年 1—11 月，全球原铝产量为 5308.6 万吨，同比增长 9.6%。日均原铝产量在 155 万吨以上，高于 2014 年同期水平，基本呈现逐月增长态势，从 1 月的日均产量 155 万吨增长到 11 月的日均产量 162.1 万吨。中国是最大的原铝生产国，产量为 2914 万吨，同比增长 16.5%，产量约占全球总产量的 54.9%；海湾阿拉伯国家合作委员会（海合会）是全球第二大铝生产地区，产量为 466.9 万吨，同比减少 6%；北美洲是全球第三大原铝生地区，产量为 409.8 万吨，同比减少 2.4%。

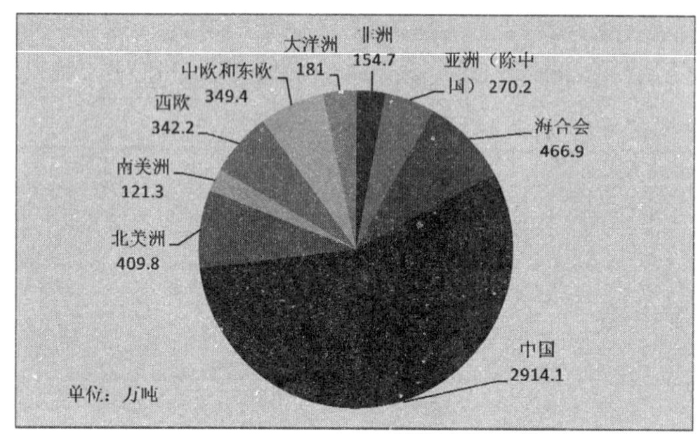

图1-6　2015年1—11月全球原铝产量

数据来源：Wind 资讯，2015 年 12 月。

（三）其他金属

铅：世界金属统计局数据显示，2015 年 1—10 月，全球铅市场供应过剩 0.8 万吨，而 2014 年同期供应短缺 3.51 吨。从供给角度看，全球精炼铅（原铅及再生铅）产量为 827 万吨，同比下降 8.3%。从需求角度看，全球精炼铅需求量为 836.6 万吨，同比减少 79.1 万吨，其中中国铅消费量为 317.9 万吨，同比减少 64.2 万吨，占全球总消费量的 38%。

锌：世界金属统计局数据显示，2015 年 1—10 月，全球锌市场供应过剩 17 万吨，而 2014 年同期供应短缺 20.9 万吨。从供给角度看，全球精炼锌产量同比增长 4.7%。从需求角度看，全球精炼锌消费量同比增长 0.9%，其中中国精炼锌消费量为 534.9 万吨，同比增长 1.4%，占全球总消费量的比重超过 46%；日本锌消费量为 39.3 万吨。

二、产品价格

铜：2015 年全球铜价格波动下跌，1 月铜现货结算价格为 5505 美元 / 吨，4 月涨到年内最高值 6245 美元 / 吨，之后不断下跌，11 月跌到年内最低点 4596 美元 / 吨，12 月略有上涨，价格回升到 4702 美元 / 吨。

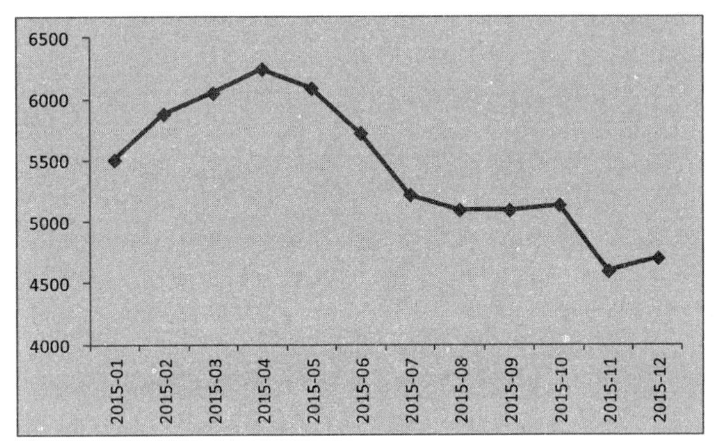

图1-7　2015年全球铜价格走势（单位：美元/吨）

数据来源：Wind 资讯，2016 年 1 月。

铝：2015 年全球铝价总体不断下跌，1 月伦敦金属交易所（LME）铝现货结算价格为 1838 美元 / 吨，2、3 月价格小幅下跌，4 月上涨到年内最高点，达到 1910 美元 / 吨，之后铝价不断下降，11 月铝价格略有回升，12 月为 1508 美元 / 吨。

铅：2015 年全球铅价格大体呈现下跌的态势，1 月 LME 铅现货结算价格为 2112 美元 / 吨，2、3 月价格有所下降，4 月价格为年内最高水平，达到 2356 美元 / 吨，5 月开始价格一路下跌，11 月起价格略有回升，12 月价格涨到 1600 美元 / 吨，但仍低于年初的水平。

锌：2015 年全球锌价格整体波动下行。1 月 LME 锌现货结算价格为 1844 美元 / 吨，2、3 月价格微调后，4 月达到年底最高水平，2125 美元 / 吨，5 月之后价格不断下跌，12 月略有上涨至 1802 美元 / 吨，略低于年初水平。

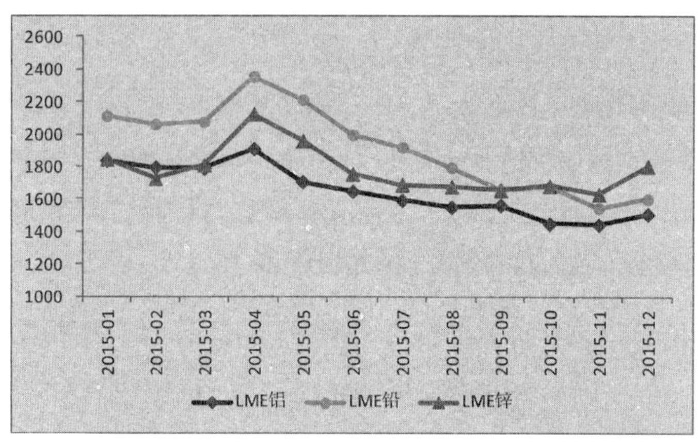

图1–8　2015年全球铝、铅、锌价格走势（单位：美元/吨）

数据来源：Wind资讯，2016年1月。

第四节　建材行业

一、水泥

2015年全球水泥市场普遍较为低迷，受世界经济增速普遍明显放缓、油价走低等因素影响，部分国家的水泥需求也出现下滑，从水泥产量来看，中国依然名列第一，2015年中国生产水泥23.48亿吨。

全球第二大的水泥生产国家印度的部分水泥生产商的第三季度财务报告显示，印度水泥行业三季度利润整体下滑，其中拉豪集团子公司Ambuja水泥前三季度净利润同比下滑36%，另一家印度公司ACC前三季度净利润同比下滑40%；JK水泥集团前三季度公司净利润同比下降58%；拥有Century水泥公司的Century Textiles集团业绩下滑更为严重，尽管收入有所增加，但净利润出现亏损。唯一一个与利润下滑和亏损无关的企业是India水泥公司（ICL），公司净利润出现近5倍的增长。

由于下游需求不振，西班牙水泥行业也表现一般，据西班牙水泥行业协会OFICEMEN统计，2015年1—9月西班牙水泥消费量实现同比增长4.8%，但相比1—6月份8.6%的同比增幅则大幅减少，7—9月的水泥消耗量同比降低0.8%。

南美最大的水泥生产国巴西，其水泥产销量占据了南美的半壁江山，但

2015 年巴西的水泥企业整体业绩惨淡，前九个月巴西国内水泥销量同比下降 7.7%，出口量同比增长 10%，所有的区域销量都出现了下降，其中下降幅度最大的区域主要是在巴西的中西部和西南部地区。

埃及是非洲大陆最大的水泥生产国，拥有 22 个水泥综合工厂，累计年产能 6730 万吨，另有水泥粉磨年产能 360 万吨。大部分水泥工厂位于尼罗河三角洲地区。根据埃及政府供应部数据显示，2015 年 9 月埃及生产水泥 96.94 万吨，销量为 94.53 万吨。近年来，埃及国内水泥生产商也承受巨大压力，主要是天然气供给短缺。一些水泥工厂去年开始决定采用进口燃煤以克服天然气供应短缺的问题，但由于成本费用巨大，促使一些生产商开始寻求替代燃料。

二、平板玻璃

2015 年全球平板玻璃市场分化明显，一方面市场对传统普通建筑玻璃产品需求减少，另一方面对汽车挡风玻璃、光伏玻璃、建筑节能 Low-E 玻璃等高端深加工玻璃需求旺盛，其中太阳能市场是平板玻璃需求增长最快的领域。欧洲是最成熟的玻璃市场，其玻璃深加工的比例最高。

2015 年全球平板玻璃的市场需求主要来自欧洲、中国和北美，就行业集中度来讲，日本的板硝子、旭硝子、法国的圣戈班、美国的加迪安四家企业约占全球总产量的 40% 左右，其中的板硝子、旭硝子和圣戈班供应了全球 70% 的 OEM 汽车玻璃，全球汽车玻璃市场呈现垄断竞争格局。

亚洲及太平洋地区是平板玻璃最大的区域市场，也是增长速度最快的市场，其中中国是全球最大的平板玻璃生产国和消费国，但在产能过剩矛盾突出、房地产萎靡等因素的影响下，2015 年中国地区普通平板玻璃价格下行，产量约为 7.3 亿重量箱，5 年来第一次回落。日本是该地区第二大的平板玻璃消费国，拥有旭硝子、板硝子、电气硝子等多个大型平板玻璃企业，在产品质量、产品性能等方面均居于世界前列。

2015 年随着北美和欧洲地区经济的缓慢复苏，玻璃的需求增幅也在不断提高，但受到全球生产力转移的影响，更多的平板玻璃业务转移到发展中国家和地区，因此中美洲、南美洲、非洲以及中东等发展中的国家和地区的需求不断上涨，预计将超过北美和西欧。

第五节 稀土行业

一、市场供给

从供给方面，全球稀土市场已经形成多元化供给格局。从材料供给来看，我国在初级原材料领域依旧占据主导地位。中国依然是世界主要的稀土供给来源。而除中国以外的稀土生产国也日益增多。能够在2015—2016年进行产能投放的公司包括澳大利亚莱纳斯公司、印度稀土有限公司、加拿大西北地区的Avalon稀有金属公司Nechalacho项目；新南威尔士的Alkane资源公司Dubbo氧化锆项目和南非的Frontier稀土公司Zandkopsdrift项目。其中，因稀土价格低迷，美国钼公司芒廷帕斯稀土生产线已经停产；但澳大利亚莱纳公司却计划增加稀土产量。从材料加工应用来看，各国稀土功能材料生产也在逐步复苏，国内稀土功能材料企业将面临激烈竞争。

从需求方面，根据莱纳公司的研究，到2018年，陶瓷用稀土年增长率约为7%，玻璃、陶瓷、荧光体等所需稀土约为1万吨；磁体和触媒稀土的年增长率约为6%，其需求增长到约3.5万吨；钕、镨年增长率约为9%，其需求增长到约4.5万吨，并带来对磁体、镍氢电池和汽车尾气催化剂需求的大幅提升。而从单个元素来看，到2020年，钕、镨和镝的供给可能不足，而铈和钇的供给可能过剩。根据钼公司的预测，随着钕铁硼磁体中镝和铽的使用量减少，重稀土供给不足将缓解；同时，随着荧光灯向LED灯的转换，钇、铕和铽的需求大幅减少。

二、价格行情

2015年，全球稀土市场价格持续低迷。到2015年底，稀土市场价格有趋向稳定的迹象，汽车零部件用稀土价格急速下滑，高性能磁铁用稀土价格较年初下降约20%—30%，已经回落到2010年以前的水平。受价格下滑的影响，美国的钼公司已经申请破产保护。

第二章 2015年中国原材料产业发展状况

2015 年，全球经济继续缓慢恢复，总体保持稳定，国内经济下行压力仍然较大，在此背景下我国原材料工业生产增速稳中趋缓，投资增速继续下降，进出口形势不容乐观，主要产品价格全面下行，行业经济效益整体下降。

第一节 基本情况

一、生产增速进一步回落

2015 年 1—10 月，受全球经济复苏不及预期和国内经济下行压力持续增大的影响，我国原材料工业生产规模继续收缩，部分产品产量下降明显。硫酸、乙烯产品产量增速分别低于 2014 年同期 1.9 和 5.3 个百分点，烧碱产量下降 1.5%，且前十个月烧碱产量一直持续下降；生铁、粗钢产量全面下降，同比分别减少 3.3% 和 2.2%；十种有色金属产量有所增加，增速高于 2014 年同期 1.9 个百分点；水泥、平板玻璃产量下降幅度较大，水泥同比下降 4.9%，特别是平板玻璃产量降幅有进一步扩大的趋势。预计 2015 年全年原材料工业增加值增速在 7% 左右徘徊。

表 2–1 2015 年 1—10 月我国主要原材料产品产量及增长率

主要产品	产量（万吨）	增长率（%）	2014年同期增速（%）
硫酸	7469	4.6	6.5
烧碱	2524	–1.5	9.1
乙烯	1446	2.5	7.8
生铁	58472	–3.3	0.1
粗钢	67510	–2.2	2.1

（续表）

主要产品	产量（万吨）	增长率（%）	2014年同期增速（%）
钢材	93430	1.0	4.7
十种有色金属	4261	8.4	6.5
水泥（亿吨）	19.5	-4.6	2.5
平板玻璃（亿重量箱）	6.3	-8.3	3.5

数据来源：国家统计局，2015 年 11 月。

二、投资增速继续放缓

2015 年 1—10 月，我国原材料工业固定资产投资增速继续放缓，部分行业投资规模明显下降。钢铁、有色金属行业投资规模持续缩小，增速分别较 2014 年同期下降 15% 和 2%。化学原料和化学制品制造业投资规模有所扩大，但增速较上年同期下降了 3.7 个百分点。建材行业投资增速继续下降，非金属矿采选业和非金属矿物制品业投资增速分别低于 2014 年同期 4.9 和 7.4 个百分点。

表 2-2　2015 年 1—10 月我国原材料工业固定资产投资及增长率

行业	绝对量（亿元）	2015年1—10月同比增长（%）	2014年110月同比增长（%）
化学原料和化学制品制造业	12485	4.8	8.5
黑色金属矿采选业	1186	-20.2	3.8
黑色金属冶炼和压延加工业	3507	-12.4	-6.1
有色金属矿采选业	1333	-3.8	-2.2
有色金属冶炼和压延加工业	4806	-0.9	6.1
非金属矿采选业	1751	4.7	9.6
非金属矿物制品业	13885	6.9	14.3

数据来源：国家统计局，2015 年 11 月。

三、国际贸易形势严峻

2015 年 1—10 月，受国内外市场需求不振影响，进出口贸易形势不乐观，我国主要原材料产品出口增速放缓，进口出现了不同程度的下降。出口方面，我国钢材出口 9213 万吨，同比增长 24.7%，低于 2014 年同期 17.5 个百分点；未锻造的铝及铝材出口 389 万吨，同比增长 14.4%，略高于 2014 年同期水平；建材出口 273 亿美元，同比增幅 4.9%。进口方面，进口钢材持续减少，前十个月进口钢材 1068 万吨，同比减少 11.7%，远低于 2014 年同期增长 4.1% 的水平；进口未锻造的铜及铜材 382 万吨，同比减少 4.2%，低于 2014 年同期 9.3% 的增长水平。

四、产品价格低位震荡

2015 年 1—10 月，主要原材料产品价格持续下跌。10 月钢材价格继续下跌，跌到了 59.44 元 / 吨的历史新低水平。纯碱、天然橡胶等石化产品价格不断下跌，较年初分别下跌了 250 元 / 吨和 2070 元 / 吨；尿素价格震荡调整，较年初价格水平略微下降。铜、铝等有色金属价格震荡走低，尽管二季度价格有上涨态势，但三季度之后重回下降态势。建材产品中的水泥价格今年以来一直不断走低，低于 2014 年同期水平。

表 2–3　2015 年 1—10 月我国部分原材料产品价格变化（单位：元 / 吨）

时间	钢铁协会CSPI钢材综合价格指数（1994年4月=100）	尿素	纯碱（重灰）	天然橡胶（SCR5）	铜	铝	水泥
1月	77.13	1570	1590	12670	45895	12939	307
2月	75.06	1660	1580	12450	40964	12870	308
3月	75.43	1670	1550	12100	42097	12954	303
4月	73.19	1600	1517	12130	43177	13255	299
5月	70.32	1710	1504	12800	44108	13259	292
6月	66.69	1760	1520	12700	44610	13008	286
7月	62.73	1740	1510	11880	41939	12498	282
8月	63.36	1680	1450	11060	39422	12180	271
9月	60.71	1590	1380	10640	39235	11879	264
10月	59.44	1540	1340	10600	39782	11702	266

数据来源：赛迪智库整理，2015 年 12 月。

五、行业经济效益下滑

2015 年 1—11 月，我国原材料工业经济效益继续下滑。除化学原料和化学制品制造业、非金属矿采选业利润有所增长，且高于上年同期水平之外，其他行业利润均大幅下滑。其中有色金属行业经济效益下滑幅度最大，有色金属矿采选业和有色金属冶炼和压延加工业利润分别下降 19.8% 和 68%；钢铁行业利润下降幅度也较大，今年以来黑色金属矿采选业利润持续大幅下降；非金属矿物制品业利润同比下降 6.9%，而 2014 年同期为增长 6.5%。

表 2-4　2015 年 1—11 月我国原材料行业利润及增长率

行业	绝对量（亿元）	同比增长（%）	2014年同比增速（%）
化学原料和化学制品制造业	3958.4	8.3	2.6
黑色金属矿采选业	407	–42.4	–21.4
黑色金属冶炼和压延加工业	3155.8	–8.8	4.7
有色金属矿采选业	394.8	–19.8	–12.3
有色金属冶炼和压延加工业	417.8	–68	9.3
非金属矿采选业	358.1	5.2	4.5
非金属矿物制品业	1168.9	–6.9	6.5

数据来源：国家统计局，2015 年 12 月。

六、新材料行业稳步发展

2015 年，新材料行业规模稳步增长，生产总值达到 19000 亿元，增速超过 25%。部分领域取得突破，超材料领域我国正式发布国家标准《电磁超材料术语》，打破了欧美对前沿科技和标准的垄断；中科院上海硅酸盐所研制出氮掺杂有序介孔石墨烯，具有极佳的电化学储能特性，可用作电动车的“超强电池”。地方发展特色鲜明，青岛、常州等地打造国家级石墨烯行业基地，湖南省与航天科工集团共同推动成立了湖南航天新材料技术研究院，江苏、山东、广东、福建等地在地方版的“2025 行动方案”中将新材料作为发展的重点。

第二节　工作进展

一、淘汰落后产能

2015 年，原材料行业加快淘汰落后产能进程，各地对照“十二五”淘汰落后产能任务，结合环保、能耗等标准实施及结构调整推进情况，制定了 2015 年焦炭、炼钢、炼铁、电石、铁合金、电解铝、铅（含再生铅）冶炼、铜（含再生铜）冶炼、平板玻璃、水泥（熟料及磨机）、稀土、制革、造纸、铅蓄电池、印染等 15 个重点行业淘汰落后产能的目标计划，其中建材行业淘汰落后力度较为突出。2015 年全国有 21 个省份列出了淘汰水泥（熟料及粉磨能力）产能的任务，累计产能超过 5000 万吨，2014、2015 年合计淘汰水泥（熟料及粉磨能力）产能 1.31 亿吨，超额完成国家既定目标。

二、技术创新

2015 年原材料行业技术创新步伐加快。东北大学轧制技术及连轧自动化国家重点实验室采用绿色化薄带连铸电工钢技术，开发出性能优异的无取向硅钢、取向硅钢和高硅钢，彻底改变了传统电工钢的生产工艺和成分设计，入选《世界金属导报》2015 年世界钢铁工业十大技术要闻。山东理工大学联合淄博正华助剂股份有限公司成功研制出聚氨酯化学发泡，该新型化学发泡材料绿色环保、综合性能优良，可替代所有含氯氟烃的物理发泡剂，标志着我国在此研究方面已超越欧美等发达国家。中国石油化工研究院自主开发出固定床渣油加氢催化剂(PHR 系列)，可满足现有固定床渣油加氢技术需求，且性能指标与国际先进水平相当。

三、节能减排

按照《2014—2015 年节能减排低碳发展行动方案》，工信部强化落实 2015 年节能减排推进任务，具体为：加大钢铁、电解铝、水泥、平板玻璃等重点行业淘汰落后产能力度，对钢铁、建材、有色、化工、石油石化等高耗能行业新增产能进行能耗等量或减量置换，将主要污染物排放总量指标作为环评审批的前置条件；推广应用稀土永磁电机、半导体照明、低品位余热利用等先进技术装备；实施能效领跑者计划和合同能源管理工程，推进脱硫脱硝工程建设，重点包括燃煤机组脱硝改造、熟料产能的新型干法水泥生产线安装脱硝设施、钢铁烧结机安装脱硫设施等。

四、两化融合

2015 年 1 月 21 日，工信部印发第一个细分产业的两化融合计划—《原材料工业两化深度融合推进计划（2015—2018 年）》，该计划提出将通过智能工厂示范推动企业向服务型和智能型转化：一是行业引导工作明显加强，研究推广 10 套以上行业两化融合解决方案，制定 300 项关键技术标准；二是示范普及稳步推进，先进过程控制投用率超过 60%，关键工艺流程数控化率超过 80%，关键岗位机器人推广 5000 个，大中型原材料企业数字化设计工具普及率超过 85%；三是平台建设取得重要进展，建设 8—10 个第三方电子商务和物流平台，6—8 个行业关键共性技术创新平台，大数据平台、工业云服务平台以及危险化学品、农资、稀土等重点行业管理平台。

在《计划》引导推动下，原材料工业领域中制造执行系统、企业资源计划等两化融合技术已得到广泛使用，大多数大型有色企业建立了综合信息管理平台，化工企业信息化在网络应用、统一信息集成平台、集团管控一体化等方面取得显著成绩。

行 业 篇

第三章　石化化工行业

第一节　基本判断

一、市场供需分析

2015年1—10月，石油和化工行业供需保持平稳。其中，我国原油产量17892.72万吨，同比增加2.30%；原油加工量43240.43万吨，同比增加4.16%；表观消费量45160.74万吨，同比增加5.92%。

表3-1　2015年1—10月成品油生产情况（单位：万吨，%）

产品	生产情况	
	产量	同比
汽油	10024.5	9.7
煤油	3010.3	21.3
柴油	14936.9	2.1

数据来源：wind资讯，2015年12月。

烯烃方面，2015年1—10月，乙烯产量1445.64万吨，同比增加2.52%；表观消费量1567.10万吨，同比增加0.42%。2015年1—10月，丙烯产量1640万吨，同比增加7.19%。

芳烃方面，2015年1—10月，苯产量643.69万吨，同比增加5.12%；表观消费量745.10万吨，同比增加13.42%。

表3-2　2015年1—10月烯烃和芳烃产销情况（单位：万吨，%）

产品	生产情况		消费情况	
	产量	同比	消费量	同比
乙烯	1445.6	2.5	1567.1	0.4
丙烯	1640.0	7.2	1871.5	5.2
苯	643.7	5.1	745.1	13.4

数据来源：wind资讯，2015年12月。

传统化工产品方面，随着甲醇产能的进一步释放，2015 年 1—10 月甲醇产量达 3271.88 万吨，同比增加 6.20%；表观消费量 3711.23 万吨，同比增加 10.24%。化肥方面，氮肥产量 4077.56 万吨，同比增加 5.42%，其中，尿素产量 2856.90 万吨，同比增加 7.15%；磷肥产销量同比分别增加 12.56% 和 23.37%，达 1668.52 万吨和 1505.05 万吨。此外，农药、烧碱、聚氯乙烯、纯碱和涂料等产销量保持稳定。

表 3–3　2015 年 1—10 月传统化工产品产销情况（单位：万吨，%）

产品	生产情况		消费情况	
	产量	同比	消费量	同比
甲醇	3271.9	6.2	3711.2	10.2
氮肥（折纯）	4077.6	5.4	2523.1	–2.5
其中：尿素	2856.9	7.2	1808.9	1.1
磷肥（折纯）	1668.5	12.6	1505.1	23.4
农药（原药）	303.8	2.9	210.7	–1.3
烧碱	2523.6	–1.5	2366.4	–4.1
聚氯乙烯	1340.4	–1.5	1344.5	2.0
纯碱	2149.5	2.8	1969.1	6.4
涂料	1394.6	3.8	1397.1	4.5

数据来源：wind 资讯，2015 年 12 月。

二、行业投资情况

2015 年 1—10 月，石化化工行业施工项目合计为 17675 个，同比增加 6.25%；石化化工行业固定资产投资完成额合计 18241.36 亿元，同比下降 0.57%，这是石化化工行业首次出现下降。分行业来看，天然原油和天然气开采业固定资产投资完成额同比增加 1.72%，石油加工业同比大幅下跌 20.83%，化学工业同比增加 2.49%，专用设备制造同比下跌 3.81%。

表 3–4　2015 年 1—10 月固定资产投资完成额及累计同比情况（单位：亿元，%）

行业	2015年1—10月		2014年1—10月	
	投资完成额	累计同比	投资完成额	累计同比
天然原油和天然气开采业	2557.7	1.7	2514.4	11.4
石油加工业	1612.8	–20.8	2037.3	15.7
化学工业	13037.4	2.5	12720.2	8.4
专用设备制造	1033.4	–3.8	1074.3	21.3

数据来源：wind 资讯，2015 年 12 月。

三、产品价格走势

2015年1—10月，石化化工行业主要产品价格震荡下行。与2014年同期相比，高密度聚乙烯、丙烯、苯、甲醇、精对苯二甲酸、苯乙烯等跌幅同比超过20%，而低密度聚乙烯、乙二醇、尿素、聚氯乙烯和纯碱等产品价格同比也均出现不同程度下滑。

表3-5 2015年10月主要化工产品价格及同比情况（单位：元/吨，%）

产品	价格	同比
低密度聚乙烯（LDPE）	9830	–17.4
高密度聚乙烯（HDPE）	9530	–20.3
丙烯	5800	–40.3
苯	4620	–42.4
甲醇	1980	–20.0
精对苯二甲酸	4680	–21.0
乙二醇（涤纶级）	5280	–18.0
苯乙烯	7790	–27.0
尿素（>46%）	1540	–3.8
聚氯乙烯（SG3）	5140	–15.7
聚氯乙烯（LS–100）	5800	–14.7
纯碱（重灰）	1340	–16.3
纯碱（轻灰）	1290	–12.8

数据来源：wind资讯，2015年12月。

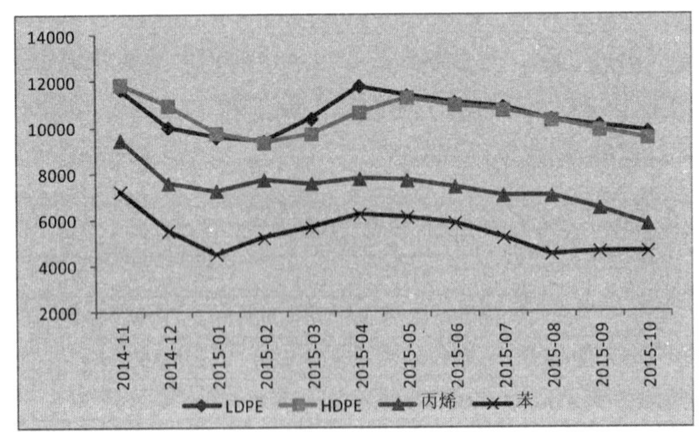

图3-1 主要烯烃芳烃产品价格（单位：元/吨）

数据来源：wind资讯，2015年12月。

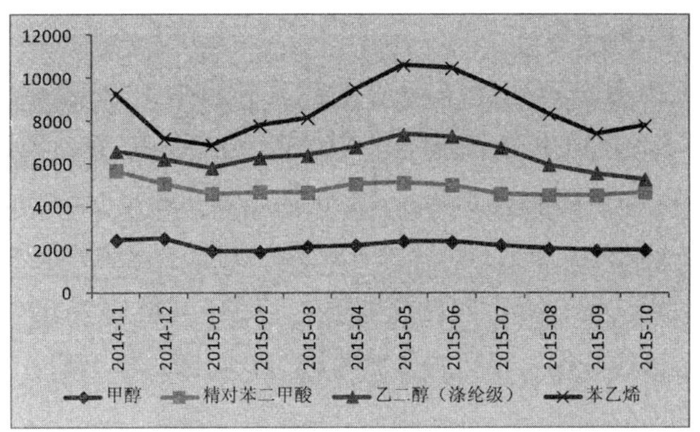

图3-2 主要有机原料产品价格（单位：元/吨）

数据来源：wind 资讯，2015 年 12 月。

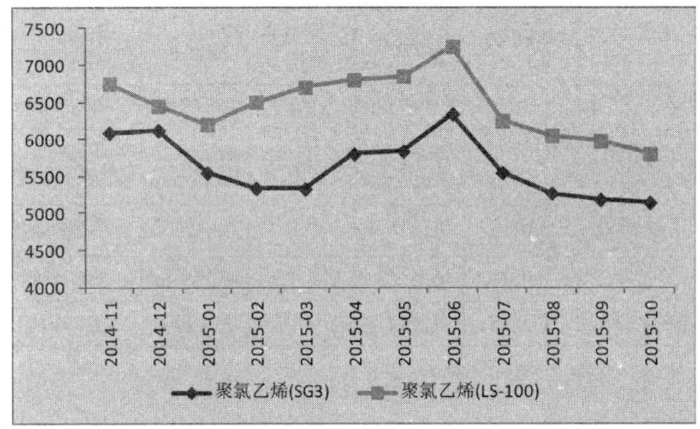

图3-3 聚氯乙烯产品价格（单位：元/吨）

数据来源：wind 资讯，2015 年 12 月。

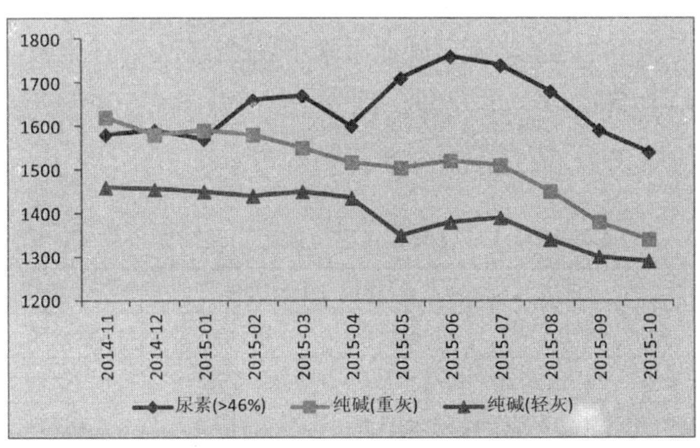

图3-4 主要传统化工产品价格（单位：元/吨）

数据来源：wind 资讯，2015 年 12 月。

四、经济效益分析

2015 年 1—10 月，石化化工行业主营业务收入 10.78 万亿元，利润总额 5082.2 亿元，同比分别下降 6.1% 和 24.1%[1]。分行业来看，石油和天然气开采业主营业务收入和利润分别为 6548.77 亿元和 906.24 亿元，同比大幅下跌 32.54% 和 68.63%；石油加工、炼焦及核燃料加工业主营业务收入和利润分别为 28267.19 亿元和 385.46 亿元，同比分别下降 17.275 和增加 76.07%；化学原料及化学品制造业主营业务收入和利润分别为 68314.74 亿元和 3451.47 亿元，同比分别增加 2.80% 和 8.62%。

表 3-6　2015 年 1—10 月石化化工行业经营及累计同比情况（单位：个，亿元，%）

行业	企业单位数	资产总计		主营业务收入		利润	
		累计值	累计同比	累计值	累计同比	累计值	累计同比
石油和天然气开采业	145	20743.1	3.4	6548.8	–32.5	906.2	–68.6
石油加工、炼焦及核燃料加工业	2011	24246.7	–0.1	28267.2	–17.3	385.5	76.1
化学原料及化学品制造业	24973	70401.4	6.0	68314.7	2.8	3451.5	8.6
化学纤维制造业	1926	6683.7	3.7	5938.8	0.7	235.0	30.4
橡胶和塑料制品制造业	17935	20834.4	7.9	25197.9	4.9	1457.5	6.5

数据来源：wind 资讯，2015 年 12 月。

五、进出口贸易情况

2015 年 1—10 月，石化化工行业出口交货值大幅下滑。其中，石油和天然气开采业出口交货值 11.93 亿元，同比大幅下跌 27.78%；石油加工、炼焦及核燃料加工业的出口交货值 403.46 亿元，同比下跌 17.04%；化学原料及化学制品制造业出口交货值增 3371.86 亿元，同比下跌 4.79%。

表 3-7　2015 年 1—10 月石油和化学行业出口交货值（单位：亿元，%）

行业	2015年1—10月		2014年1—10月	
	累计值	累计同比	累计值	累计同比
石油和天然气开采业	11.9	–27.8	16.5	2.6
石油加工、炼焦及核燃料加工业	403.5	–17.0	487.6	27.3

[1]　数据来源：《中国化工报》。

（续表）

行业	2015年1—10月		2014年1—10月	
	累计值	累计同比	累计值	累计同比
化学原料及化学制品制造业	3371.9	-4.8	3570.7	10.0
化学纤维制造业	366.7	-8.7	395.9	4.3
橡胶和塑料制品业	3007.0	-6.3	3189.9	5.1

数据来源：wind 资讯，2015 年 12 月。

2015 年 1—10 月，我国原油进口进一步增加，进口量达 27497.47 万吨，同比增加 8.86%；原油进口金额 1143.09 亿美元，同比下降 41.28%。原油对外依存度达 60.38%，同比增加 1.22%。具体产品来看，乙烯、丙烯进口量同比下降 3.31% 和 7.20%，自给率分别增加至 92.25% 和 87.63%；苯进口量同比增加 122%，进口量达 109.78 万吨，自给率下降至 86.39%；对二甲苯、甲醇进口量同比增加 23.64% 和 29.28%，进口量分别为 970.58 万吨和 454.19 万吨；精对苯二甲酸进口量同比下降 34.62%，进口量为 56.09 万吨。

表 3-8　2015 年 1—10 月主要产品进出口数量（单位：万吨，%）

产品	进口（万吨）		出口（万吨）		自给率(%)	
	累计	同比	累计	同比	2015年1—10月	2014年1—10月
乙烯	121.5	-3.3	0.0	0.0	92.3	92.0
丙烯	231.5	-7.2	0.0	0.0	87.6	86.0
苯	109.8	122.0	8.4	37.0	86.4	93.4
对二甲苯	970.6	23.6	9.1	8.9	——	——
甲醇	454.2	29.3	14.8	-78.0	88.2	91.6
精对苯二甲酸	56.1	-34.6	54.6	48.3	——	——
乙二醇	732.8	3.9	1.9	529.2	——	——
苯乙烯	310.1	-1.8	0.5	-83.5	——	——
氮肥(折纯)	2.5	75.0	1557.0	14.2	161.6	152.6
其中：尿素	0.7	71.4	1048.7	8.8	157.9	153.8
磷肥(折纯)	0.2	-93.7	163.7	14.9	110.9	111.4
农药（原药）	7.8	0.8	100.9	1.9	144.2	142.8
烧碱	0.8	-15.7	158.0	7.2	106.6	106.9
聚氯乙烯	77.3	0.9	73.1	-33.1	99.7	102.5

（续表）

产品	进口（万吨）		出口（万吨）		自给率(%)	
	累计	同比	累计	同比	2015年1—10月	2014年1—10月
纯碱	0.1	–98.4	180.5	27.6	109.2	107.0
涂料	14.5	–5.6	17.0	6.1	99.8	100.1
聚碳酸酯	116.6	–6.3	17.7	–3.3	——	——
PMMA	15.6	–16.5	0.9	–11.9	——	——
聚甲醛	21.5	0.6	3.1	–24.0	——	——
丁苯橡胶	43.9	8.7	6.1	–23.1	——	——
芳纶	0.2	11.8	0.2	13.3	——	——

数据来源：wind 资讯，2015 年 12 月。

第二节　需要关注的几个问题

一、行业运行成本增加

2015 年以来，国家多次降准降息，但是企业并未真正得到实惠，全行业财务费用同比增加 6.8%[1]。其中，石油和天然气开采业财务成本 155.94 亿元，同比增加 13.24%；化学原料及化学制品制造业财务成本 1060.93 亿元，同比增加 9.55%。此外，受人力、能源、物流成本上升及安全环保投入增加等影响，企业经营压力进一步增加。

表 3–9　石化化工行业财务费用（单位：亿元，%）

行业	2015年1—10月		2014年1—10月	
	累计值	累计同比	累计值	累计同比
石油和天然气开采业	155.9	13.2	138.0	7.7
石油加工、炼焦及核燃料加工业	360.9	–4.6	368.2	20.4
化学原料及化学制品制造业	1060.9	9.6	967.8	22.5
化学纤维制造业	111.0	0.3	110.0	17.5
橡胶和塑料制品业	235.3	–1.9	239.8	8.7

数据来源：wind 资讯，2015 年 12 月。

[1] 数据来源：《中国化工报》。

二、行业投资下降

2015 年 10 月，石化化工行业行业投资首次出现下降，并且有可能继续下降，短期难以回升。当前，投资仍是稳增长的重要措施，投资下降使得行业增长乏力，将对行业回暖产生一定影响。

三、产品价格下行

随着国际油价下跌，国内外市场竞争加剧，今年以来石化化工行业产品价格持续震荡下行，屡创年内新低。同时，受产能过剩、供求矛盾等因素影响，价格疲软仍将持续。价格低迷将影响行业增长预期，行业下行压力增加。

四、出口形势严峻

2015 年 1—10 月，全球经济复苏乏力，欧美日复苏微弱。随着国际贸易保护主义抬头，我国遭遇贸易救济调查案件增多，出口压力增大。同时，受货币贬值等因素影响，新兴经济体进口下降，进一步影响我国出口形势。

第四章　钢铁行业

第一节　基本判断

一、市场供需分析

（一）生产情况

2015 年 1—11 月，中国生铁、粗钢和钢材产量分别为 6.38 亿吨、7.38 亿吨和 10.28 亿吨，生铁和粗钢分别同比下降了 3.1% 和 2.2%，钢材同比增长 1.0%。预计 2016 年随着新增产能的减少和下游消费增速放缓的影响，粗钢产量将继续小幅回落。

表 4–1　2015 年 1—11 月全国冶金企业主要产品产量（单位：万吨，%）

	2015年1—11月	2014年1—11月	同比
生铁	63846.4	65877.2	–3.1
粗钢	73837.8	75502.8	–2.2
钢材	102812.3	101792.6	1.0
铁矿石原矿量	113525.4	124415.3	–8.8
铁合金	3030.5	3194	–5.1

数据来源：国家统计局，2015 年 12 月。

从钢材产品结构看，2015 年 1—11 月，板带材产量 4.48 亿吨，占钢材总产量的比重为 43.6%，较 2014 年同期相比提高了 1.0 个百分点；长材产量 4.53 亿吨，占钢材总产量的比重为 44.0%，较 2014 年同期相比下降了 2.0 个百分点；管材产量 0.89 亿吨，占钢材总产量的比重为 8.7%，较 2014 年同期相比提高了 0.8 个百分点；铁道用钢材产量 450.5 万吨，占钢材总产量的比重为 0.44%，较 2014 年同期相比下降了 0.08 个百分点。

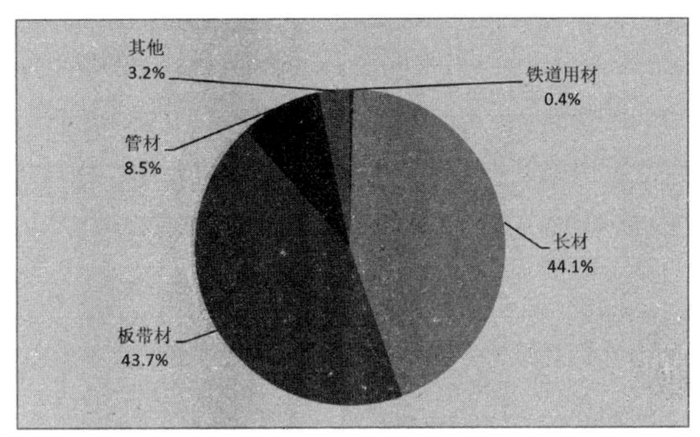

图4-1　2015年1—11月中国钢材产品结构

数据来源：赛迪智库原材料工业研究所整理，2015 年 12 月。

从钢材分品种累计产量看，2015 年 1—11 月，除了铁道用材、棒线材、厚钢板、热轧薄板、涂层板（带）和无缝管的产量出现下降以外，其它钢材品种产量均呈现增长态势，其中焊管增幅最大，超过 20%，其次是热轧窄钢带、特厚板、冷轧薄板、冷轧窄钢带、冷轧薄宽钢带和大型型钢，增幅均超过了 5%。降幅最大的是铁道用材，超过 14%，其中轻轨降幅高达 27%，重轨降幅超过了 11%。

表 4-2　2015 年 1—11 月全国钢材分品种产量（单位：万吨，%）

	2015年1—11月	2014年1—11月	同比
钢材合计	102812.3	101792.6	1.0
铁道用钢材	450.5	527.5	–14.6
重轨	336.4	378.7	–11.2
轻轨	80.5	110.2	–27.0
大型型钢	1311.3	1235.2	6.2
中小型型钢	5206.9	4992.9	4.3
棒材	6555.5	7122.0	–8.0
钢筋	18666.4	19391.0	–3.7
盘条(线材)	13512.6	14088.0	–4.1
特厚板	712.4	660.2	7.9
厚钢板	2346.3	2414.7	–2.8

（续表）

	2015年1—11月	2014年1—11月	同比
中板	3716.2	3660.4	1.5
热轧薄板	700.2	737.3	–5.0
冷轧薄板	3460.9	3257.5	6.2
中厚宽钢带	11358.7	11266.4	0.8
热轧薄宽钢带	4949.0	4793.0	3.3
冷轧薄宽钢带	4174.8	3959.5	5.4
热轧窄钢带	5833.8	5358.0	8.9
冷轧窄钢带	1232.8	1161.4	6.1
镀层板(带)	4778.6	4580.2	4.3
涂层板(带)	733.9	735.5	–0.2
电工钢板(带)	814.1	809.3	0.6
无缝钢管	2583.7	2807.3	–8.0
焊接钢管	6316.8	5232.3	20.7
其他钢材	3397.0	3003.6	13.1

数据来源：国家统计局，2015 年 12 月。

从各地区钢铁生产情况来看，2015 年 1—11 月东部、中部和西部地区粗钢产量分别为 47141.1 万吨、16268.1 万吨和 10428.6 万吨，分别占全国粗钢总产量的 63.8%、22.0% 和 14.1%，其中东部地区粗钢产量同比增长 0.5%，而中部地区和西部地区粗钢产量与上年相比，则分别下降了 5.0% 和 9.2%。

表 4–3　2015 年 1—11 月各区域钢铁产品生产情况（单位：万吨，%）

区域	生铁			粗钢			钢材		
	产量	同比增长	占全国比重	产量	同比增长	占全国比重	产量	同比增长	占全国比重
东部	40723.1	0.2	63.8	47141.1	0.5	63.8	68447.7	3.1	66.6
中部	14796.1	–4.7	23.2	16268.1	–5.0	22.0	20017.7	–2.9	19.5
西部	8327.2	–14.2	13.0	10428.6	–9.2	14.1	14344.4	–3.1	14.0
合计	63846.4	–3.1	100.0	73837.8	–2.2	100.0	102812.3	1	100.0

数据来源：赛迪智库原材料工业研究所整理，2015 年 12 月。

（二）消费情况

2015 年 1—11 月中国粗钢产量 73838 万吨，净出口材坯折合粗钢 9566 万吨，2015 年 1—11 月中国粗钢表观消费量约为 64272 吨。从 2015 年 1—11 月钢材下游消费行业发展看建筑业固定资产投资增速 4.8%，其中房地产投资同比增长 1.3%；机械制造业除电动手提式工具、大中型拖拉机、大气污染防治设备、铁路机车、汽车、船舶、洗衣机和家用冷柜产量同比增长以外，其他产品产量较 2014 年同期相比均有不同程度的下降，特别是水泥专用设备、饲料生产专用设备、小型拖拉机的产量降幅均超过了 14%。2016 年，钢铁下游行业发展难有大的改观，钢铁表观消费增长乏力。

表 4-4　2015 年 1—11 月各用钢行业产品产量情况

指标名称	单位	产量	同比（%）	上年同比（%）
工业锅炉	蒸发量吨	398081.6	–8.3	–13.8
发动机	万千瓦	183550.0	–3.6	5.9
金属切削机床	万台	69.2	–9.1	6.3
电动手提式工具	万台	22560.7	1.6	3.7
金属冶炼设备	吨	582554.2	–12.4	–2.4
水泥专用设备	吨	735878.8	–14.5	–0.3
饲料生产专用设备	台	473907	–14.5	3.3
包装专用设备	台	90340	–2.6	9.6
大型拖拉机	台	73224	32.7	7.1
中型拖拉机	台	562656	7.3	–7.8
小型拖拉机	万台	127.9	–15.7	–13.5
大气污染防治设备	台(套)	323146	6.6	11.6
铁路机车	辆	1636	11.5	8.4
汽车	万辆	2223.7	1.4	8.4
民用钢质船舶	万载重吨	4314.2	0.1	5.3
发电设备	万千瓦	11325.4	–12.6	9.2
交流电动机	万千瓦	25812.9	–5.1	5.3
家用洗衣机	万台	6590.7	1.5	–4.5
家用电冰箱	万台	8393.3	–1.4	
家用冷柜	万台	1954.3	1.5	–3.3
房间空气调节器	万台	14416.7	–0.4	13.8

数据来源：国家统计局，2015 年 12 月。

二、行业投资状况

2015 年 1—11 月中国黑色金属矿采选业与黑色金属冶炼及压延加工业固定资产投资额合计为 5150.1 亿元，同比下降 14.5%，较 2014 年同期相比降低了 11.5 个百分点。其中，黑色金属冶炼及压延加工业完成投资额 3873.5 亿元，同比下降 12.5%，降幅较 2014 年同期提高了 7.6 个百分点；黑色金属冶炼及压加工业完成投资额 1276.6 亿元，同比下降 19.9%，而 2014 年同期完成投资同比增幅为 2.8%。

表 4–5　2015 年 1—11 月钢铁行业固定资产投资情况

项目	2015年1—11月		2014年1—11月		2015年较上年提高（个百分点）
	投资额	同比	投资额	同比	
黑色金属矿采选业	1276.6	–19.9	1594.0	2.8	–22.7
黑色金属冶炼和压延加工业	3873.5	–12.5	4426.7	–4.9	–7.6
合计	5150.1	–14.5	6020.7	–3.0	–11.5

数据来源：国家统计局，2015 年 12 月。

三、产品价格走势

2015 年，国内经济增速放缓，国内市场供过于求，房地产、机械、汽车等下游用钢行业需求增长乏力，加之钢铁原燃料价格下跌，国内钢材价格持续震荡下行。2015 年年初，国内市场钢材综合价格指数为 81.91 点，到 2015 年 11 月 27 日该指数下降至 56.19 点，较年初下降了 25.72 点，降幅高达 31.4%。其中长材价格指数由年初的 81.38 点下降至 57.77 点，下降了 23.61，降幅为 29.0%；板材价格指数由年初的 83.99 点下降至 54.98 点，下降了 29.01 点，降幅为 34.5%。2016 年在国内经济下行压力加大的预期下，钢材下游需求难有大的增长，供求方面依然维持供过于求的格局，原燃料价格弱势运行对钢材市场价格支撑乏力，预计 2016 年钢材价格依然维持低位运行。

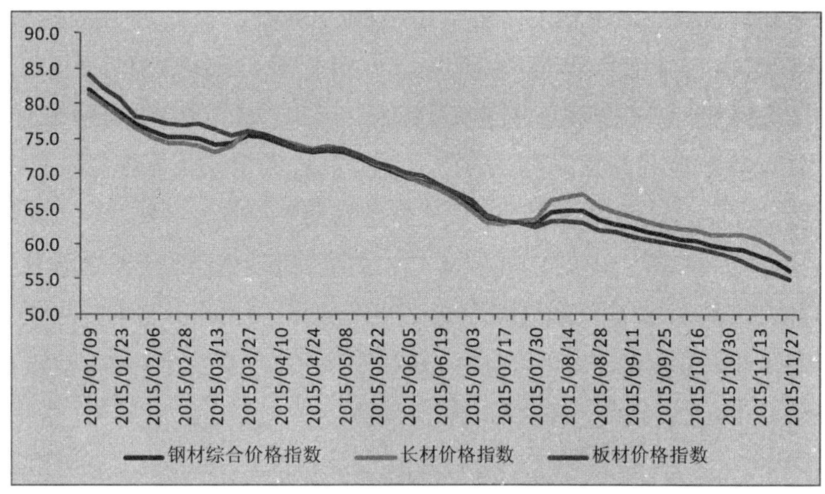

图4-2　2015年中国钢材市场价格指数走势

数据来源：wind 资讯，2015 年 12 月。

四、经济效益分析

2015 年 1—10 月，全国纳入中国钢铁协会统计的 101 家重点钢铁企业的工业总产值合计为 19499.63 亿元，同比下降 24.1%；产品销售收入合计为 24827.9 亿元，同比下降 19.1%。在 101 家重点钢铁企业中，有 48 家企业出现亏损，亏损面高达 47.5%，较 2014 年同期相比上升了 21.8 个百分点。48 家亏损企业的亏损额合计 550.88 亿元。

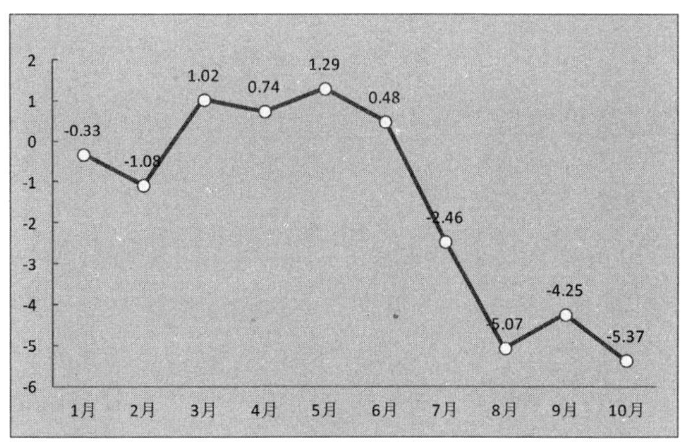

图4-3　2015年1—10月101家重点钢铁企业平均销售利润率（单位：%）

数据来源：中国钢铁工业协会，2015 年 12 月。

从盈利水平看，2015 年 1—10 月 101 家重点钢铁企业实现利税 169.06 亿元，同比下降 81.4%；其中合计利润总额为 –386.38 亿元，总体表现为亏损，而 2014 年同期 101 家重点钢铁企业合计利润总额为 223.3 亿元。2015 年 1—10 月 101 家重点钢铁企业销售利润率为 –1.56%。从 101 家重点钢铁企业各月盈利情况看，除了 3 月、4 月、5 月和 6 月以外，其它月份均处于亏损。

从偿债能力来看，2015 年 10 月末 101 家重点钢铁企业的资产总额为 48486.1 亿元，同比增长 3.5%；负债总额为 33658.0 亿元，同比增长 4.4%。根据 101 家重点企业统计数据显示，2015 年 10 月末钢铁行业资产负债率 69.4%，较 2014 年相比提高了 0.6 个百分点，偿债能力有所减弱。

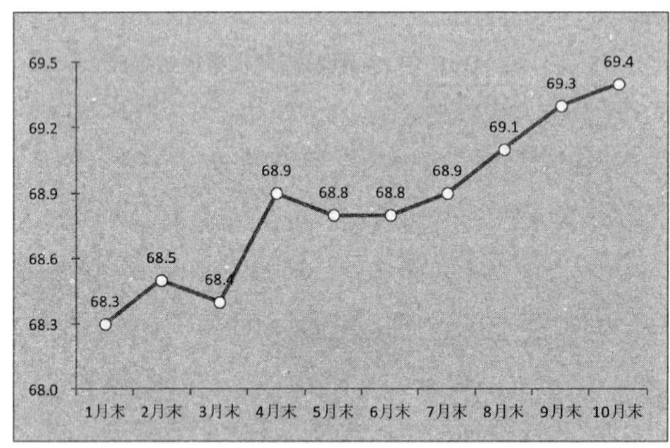

图4-4　2015年1—10月101家重点钢铁企业平均资产负债率（单位：%）

数据来源：中国钢铁工业协会，2015 年 12 月。

五、进出口贸易情况

（一）总体情况

2015 年 1—10 月中国出口钢材 9213.5 万吨，同比增长 24.7%；出口钢材金额 533.3 亿元，同比下降 6.9%。同期，中国进口钢材 1068.4 万吨，同比下降 11.7%；进口钢材金额 121.3 亿元，同比下降 19.5%。总体来看，2015 年 1—10 月中国净出口钢材 8145.1 万吨，折合粗钢 8665 万吨，同比增长 31.8%；进出口贸易顺差 412.0 亿美元，同比下降 2.4%。钢材出口大幅增长主要源于我国钢材的价格优势，这通过钢材进出口平均价格对比可以看出，2015 年 1—10 月我国进口钢材平均价格 1135.2 美元 / 吨，出口钢材平均价格 578.8 美元 / 吨，进出口价差高达 556.4 美元 / 吨，而 2014 年 1—10 月钢材进出口价差约为 470.8 美元 / 吨。

表 4–6　2015 年 1—10 月中国钢材进出口情况

项目	数量(万吨，%)			金额(万美元，%)		
	2015年1—10月	2014年1—10月	同比	2015年1—10月	2014年1—10月	同比
出口	9213.5	7389.4	24.7	5332876.1	5728480.0	–6.9
进口	1068.4	1209.4	–11.7	1212839.5	1506900.0	–19.5
净出口	8145.1	6180.0	31.8	4120036.5	4221580.0	–2.4

数据来源：海关总署，2015 年 12 月。

（二）出口情况

2015 年 1—10 月中国出口钢材 9213.5 万吨，其中铁道用材 65.0 万吨，占钢材出口总量的 0.7%；角型材 442.6 万吨，占钢材出口总量的 4.8%；棒线材 3515.1 万吨，占钢材出口总量的 38.2%；板材 4016.7 万吨，占钢材出口总量的 43.6%；管材 838.8 万吨，占钢材出口总量的 9.1%。总体来看，各类钢材品种出口均出现不同程度的增长，其中棒线材和铁道用材的出口增幅分别达到了 51.5% 和 48.2%。

表 4–7　2015 年 1—10 月中国钢铁出口情况

品种	数量(万吨，%)			金额(万美元，%)		
	2015年1—10月	2014年1—10月	同比	2015年1—10月	2014年1—10月	同比
钢材	9213.5	7389.4	24.7	5332876.1	5728480.0	–6.9
棒线材	3515.1	2319.8	51.5	1364549.6	1260438.0	8.3
角型材	442.6	375.7	17.8	211747.4	226482.4	–6.5
板材	4016.7	3505.6	14.6	2348668.3	2685548.0	–12.5
管材	838.8	814.2	3.0	810042.9	931931.7	–13.1
铁道用材	65.0	43.9	48.2	59153.3	41808.9	41.5
其他钢材	335.2	330.2	1.5	538714.6	582271.5	–7.5

数据来源：海关总署，2015 年 12 月。

从中国钢材出口国家看，韩国位于首位，其次是越南、菲律宾和泰国。2015 年 1—10 月中国出口至韩国的钢材为 1120.0 万吨，占出口总量的 12.28%；出口至越南 831.1 万吨，占出口总量的 9.0%；出口至菲律宾 477.3 万吨，占出口总量的 5.2%；出口至泰国 396.6 万吨，占出口总量的 4.3%。

表 4-8　2015 年 1—10 月中国分国别钢材出口情况（单位：万吨，万美元，%）

国别	出口量	出口量增长率	出口额	出口额增长率
全球	9213.5	24.7	5332876.1	-6.9
韩国	1120.0	4.0	585558.1	-20.8
越南	831.1	65.1	383361.6	19.1
菲律宾	477.3	29.2	215074.6	-2.7
泰国	396.6	32.7	216738.6	2.2
印度	367.3	26.8	236092.0	-3.4
印度尼西亚	367.2	58.5	185910.4	15.3
马来西亚	278.7	43.7	149288.6	0.9
新加坡	272.3	4.2	127349.4	-22.7
沙特阿拉伯	216.0	30.7	115297.5	-4.8
美国	213.9	-27.6	250178.6	-26.0

数据来源：海关总署，2015 年 12 月。

（三）进口情况

2015 年 1—10 月中国进口钢材数量 1068 万吨，其中铁道用材 2.0 万吨，占钢材进口总量的 0.2%；角型材 28.1 万吨，占钢材进口总量的 2.6%；棒线材 88.7 万吨，占钢材进口总量的 8.3%；板材 900.4 万吨，占钢材进口总量的 84.3%；管材 31.3 万吨，占钢材进口总量的 2.9%。总体来看，各类钢材产品进口数量较 2014 年同期相比均有不同程度的减少，降幅均超过了 10%，其中铁道用材降幅最大，高达 43.0%。

表 4-9　2015 年 1—10 月中国钢铁进口情况

品种	数量(万吨，%)			金额(万美元，%)		
	2015年1—10月	2014年1—10月	同比	2015年1—10月	2014年1—10月	同比
钢材	1068.4	1209.4	-11.7	1212839.5	1506900.0	-19.5
棒线材	88.7	100.5	-11.7	121302.6	144331.2	-16.0
角型材	28.1	32.3	-12.8	25279.6	33940.7	-25.5
板材	900.4	1012.0	-11.0	831749.1	1039982.0	-20.0

（续表）

品种	数量(万吨，%)			金额(万美元，%)		
	2015年1—10月	2014年1—10月	同比	2015年1—10月	2014年1—10月	同比
管材	31.3	40.6	–22.9	131812.1	170218.5	–22.6
铁道用材	2.0	3.5	–43.0	3445.1	4375.8	–21.3
其他钢材	17.9	20.6	–13.1	99251.0	114051.6	–13.0

数据来源：海关总署，2015 年 12 月。

从中国钢材进口国家或地区看，居于首位的是日本，其次是韩国、中国台湾和德国。2015 年 1—10 月中国从日本进口钢材 458.4 万吨，占钢材进口总量的 42.9%；从韩国进口 331.1 万吨，占钢材进口总量的 31.0%；从中国台湾进口 131.0 万吨，占进口总量的 12.3%；从德国进口 41.9 万吨，占进口总量的 3.9%。

表 4–10　2015 年 1—10 月中国分国别进口钢材情况（单位：万吨，万美元，%）

国别	进口量	进口量增长率	进口额	进口额增长率
全球	1068.4	–11.7	1212839.5	–19.5
日本	458.4	–9.3	442334.8	–21.2
韩国	331.1	–13.8	301553.6	–20.0
中国台湾	131.0	–16.8	118451.2	–22.9
德国	41.9	–13.0	95010.0	–24.0
中国	21.6	–11.2	19387.2	–17.4
法国	16.1	–11.1	30132.6	–27.8
瑞典	11.9	20.5	36255.2	13.4
比利时	7.6	1.2	14024.4	–5.9
美国	7.0	–16.7	49542.0	–15.6
卢森堡	6.0	117.7	5701.4	71.7

数据来源：海关总署，2015 年 12 月。

第二节　需要关注的几个问题

一、去产能提速

虽然经过近几年对过剩产能的治理，化解了部分过剩产能，但我国钢铁工业产能过剩任务还是十分艰巨。一是去产能形势严峻。2015 年我国钢铁产能约为 12 亿吨，在严控新增产能的情况下，预计 2016 年我国钢铁产能将维持在这一水平。按照年产 8.0 亿吨的粗钢生产水平计算，2016 年粗钢产能利用率不足 70%。特别是 2015 年以来，受国内外市场需求明显下降、国际大宗商品价格持续下跌等影响，钢铁、煤炭行业产能过剩矛盾尤为突出，企业生产经营困难加剧，成为影响经济和就业稳定的一个突出问题。二是淘汰落后产能所带来的人员安置、资产处置等问题难以化解。按照行业平均劳动生产率水平，每压缩 1000 万吨钢铁产能就会直接影响就业人员 2 万—3 万人，进一步考虑压减钢铁产能对港口、运输、焦炭生产、钢材加工等钢铁上下游产业的影响，则需要安置的人员将会更多，因此从就业和社会稳定的角度，淘汰落后产能必须有壮士断腕的决心和魄力。此外，目前我国尚未形成有效的产能退出机制。综合来看，我国钢铁工业淘汰落后产能的任务依然很重。

二、结构调整与转型升级任重道远

近几年，我国钢铁工业在结构调整与转型升级成效并不显著，结构不合理和低端产品过剩的局面仍然比较突出。如从产品结构来看，我国部分高端钢材产品自给能力不足，特别是海洋工程装备及高技术船舶、先进轨道交通装备、节能与新能源汽车、电力装备等重点领域，其核心部件的关键钢铁材料基本上依赖进口；从产业布局来看，青钢、杭钢等企业位于城镇人口密集区，受环保约束，面临搬迁任务，在经济下行压力下，新厂区的选址、规划、建设以及旧厂区的拆除、改造等都难以落实；从产业转型升级来看，无论是技术、生产设备和生产工艺的升级改造，产品质量的优化提升，还是生产商向服务商的转型等，都需要大量的财力、物力、人力的支撑，无法一蹴而就。这些问题在 2016 年依然存在。

三、出口贸易环境不容乐观

2015 年我国钢材出口一直保持较高水平，并再次创下钢材出口历史新高。伴随大量钢材出口带来的是来自多个国家的贸易摩擦。2015 年来自巴基斯坦、巴西、秘鲁、哥伦比亚、马来西亚、美国、墨西哥、欧盟、泰国、土耳其、危地马拉、印度、智利、赞比亚等 10 多个国家和地区的贸易摩擦，涉及多种钢材品种，其中包括电工钢、镀锌板、冷轧不锈钢、彩涂板等高附加值产品。2016 年，面对全球性钢铁产能过剩，钢材贸易保护主义将日趋严重。特别是随着部分发展中国家钢铁工业技术的不断发展，电工钢、镀锌板、彩涂板等高附加值产品的自供能力不断提高，该类产品也将面临巨大的贸易摩擦风险。随着美元升值，虽然对我国钢材出口有利，但也要注意到，美元走强压低钢材出口价格，进一步缩小国内钢铁企业的盈利空间。

四、国际产能合作步履艰难

尽管我国钢铁企业早在上世纪就在探索“走出去”，但由于受全球经济下行、区域政治动荡和境外投资经验不足等因素的影响，我国钢铁企业在“走出去”中屡屡遭遇困难和失败。特别是随着 2014 年以来铁矿石价格遭遇断崖式下跌，国内企业投资海外矿山的风险日益凸显。投资海外矿山，开采成本相对较高，随着铁矿石价格大幅下跌，开采价值基本丧失殆尽，“走出去”风险不容小觑。

五、环保压力进一步加大

据环保部的污染源解析表明，工业燃煤是 PM2.5 的主要来源，钢铁行业作为耗煤大户，压力增大。2015 年 1 月 1 日史上最严厉的新《环保法》实施，为了配合新《环保法》的实施，环保部还发布了《环境保护主管部门实施按日连续处罚办法》、《环境保护主管部门实施查封、扣押办法》、《环境保护主管部门实施限制生产、停产整治办法》、《突发环境事件调查处理办法》4 个配套办法，加大了对相关污染及超标严重的企业、企业责任人及相关责任部门的经济、法律处罚力度。新《环保法》规定，对相关污染及超标严重的企业实施罚脱硫电价款或追缴排污费，并实行挂牌督办，责令限期整改；对整改不到位或逾期未完成整改任务的，将暂停所在城市新增化学需氧量和氨氮排放项目的环评审批，并暂缓下达有关项目的国家建设资金；对一些企业将暂停相关区域新增二氧化硫、化学需氧量和氨氮排放的建设项目环评审批，责令限期整改，逾期未完成的，依法从重处罚；对责任人员可以移送拘留，追究刑事责任。4 个配套办法则进一步加强了查封、扣押、限产停产、按日计罚等执法依据。2015 年 7 月 1 日《钢铁行业规范条件（2015 年修订）》和《钢铁行业规范企业管理办法》正式实施，进一步提高了污染物排放标准要求，其中烧结球团焙烧设备二氧化硫排放浓度由原 $\leq 600\ mg/m^3$ 提高到 $\leq 200\ mg/m^3$（特殊保护措施地区为 $180\ mg/m^3$），氮氧化物排放浓度由原 $\leq 500\ mg/m^3$ 提高到 $\leq 300\ mg/m^3$。随着新《环保法》及 4 个配套办法、行业规范条件及管理办法的实施，企业环保违法成本、风险进一步提高。

第五章　有色金属行业

第一节　基本判断

一、市场供需分析

（一）生产情况

2015 年，我国有色金属产量在波动中增长。1—11 月，十种有色金属产量达到 4705 万吨，同比增长 7.5%，增速较 2014 年同期增长 1.3 个百分点。分月来看，十种有色金属产量总体呈现增长态势，月产量均保持在 415 万吨以上；前两个季度，产量逐月递增，6 月当月产量达到 454 万吨的年内较高水平，7 月开始，产量有所下降，进入波动调整阶段，11 月产量达到 444 万吨。从日均产量来看，十种有色金属的日均产量也大体呈现增长态势，日均产量均超过 13 万吨，6 月日均产量为 15.13 万吨，达到年度峰值，11 月日均产量为 14.8 万吨，较 6 月峰值水平略有下降。

表 5-1　2015 年 1—11 月十种有色金属产量及增长情况（单位：万吨，%）

时间	2015年1—11月		2014年1—11月	
	产量	同比增长	产量	同比增长
3月	415	6.6	354	7.1
4月	417	9.7	340	4.2
5月	434	11.4	351	3.6
6月	454	13.2	365	4.7
7月	436	9.3	364	7.9
8月	441	9.4	370	9.6

（续表）

时间	2015年1—11月		2014年1—11月	
	产量	同比增长	产量	同比增长
9月	438	6.3	377	8.2
10月	436	2.66	385	4.8
11月	444	1.4	398	7.9
1—11月	4705	7.5	3994	6.2

数据来源：国家统计局，2015 年 12 月。

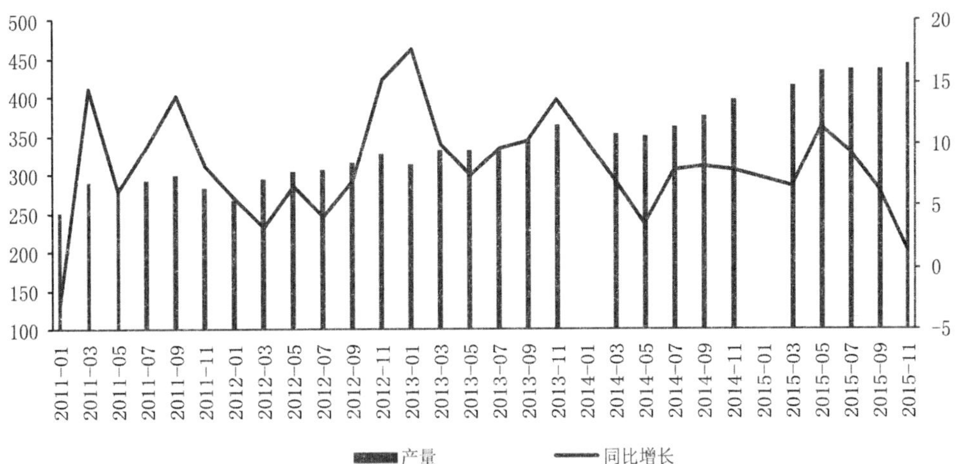

图5-1　2011—2015年1—11月十种有色金属产量当月产量及增长率（单位：万吨，%）

数据来源：国家统计局，2015 年 12 月。

分品种来看，2015 年 1—10 月，铜、铝、铅、锌产量分别为 646 万吨、2646 万吨、322 万吨和 515 万吨，增速分别为 6.8%、11.3%、-4.5%、8%。除铅产量增速同比有所下降外，铜、铝、锌产量均保持增长，其中铜产量增速低于 2014 年 4.6 个百分点，铝产量增速和锌产量增速均高于 2014 年同期水平。

表 5-2　2015 年 1—10 月主要有色金属产品生产情况（单位：万吨，%）

品种	2015年1—10月		2014年1—10月	
	产量	同比增长	产量	同比增长
铜	646	6.8	642	11.4
铝	2646	11.3	1967	7.7

（续表）

品种	2015年1—10月		2014年1—10月	
	产量	同比增长	产量	同比增长
铅	322	-4.5	352	-6.3
锌	515	8	471	4.4
镍	30.1	13	29.7	32
锡	13.7	-3	14.9	19.7
锑	17	-10.3	21	0.07
镁	67	-4.7	72	9.3

数据来源：国家统计局，2015年12月。

分区域来看，我国主要有色金属产地集中在中西部地区，新疆、河南、甘肃、内蒙古、云南是有色金属产量大省，2015年1—10月十种有色金属产量分别为518.6、436.1、326.7、281.5和270万吨，同比分别增长46.8%、-1.2%、16.6%、8.6%和6.6%。东部地区大部分省市的有色金属产量有所下降，如天津有色金属产量下降32.9%，河北有色金属产量下降20.8%，上海有色金属产量下降50.2%。

表5-3 2015年1—10月各地区十种有色金属产品生产情况（单位：万吨，%）

地区	2015年1—10月		2014年1—10月	
	产量	同比增长	产量	同比增长
北京	——	——	——	——
天津	3.4	-32.9	5.9	23.8
河北	11.4	-20.8	14.7	-9.8
山西	86.9	-14.4	102.6	-10
内蒙古	281.5	8.6	280.7	12.7
辽宁	77.1	42.4	57.6	-11.2
吉林	0.08	-83.8	0.49	-30.7
黑龙江	0.09	29.9	0.07	-49.8
上海	3.9	-50.2	7.8	10.8
江苏	33	29.1	40.3	-16
浙江	32.5	10.6	28.7	-10.2
安徽	110.7	-1.6	112.9	9.6
福建	34.2	1.9	32.1	-2.1

（续表）

地区	2015年1—10月		2014年1—10月	
	产量	同比增长	产量	同比增长
江西	138.9	3.6	139.5	5.7
山东	762.8	9.5	283.2	10.5
河南	436.1	–1.2	443.2	–1.7
湖北	78.6	–7.4	84.9	–2
湖南	226.6	–3.9	244.7	2
广东	30.2	–6.4	32.3	–4.3
广西	127.3	15.9	107.1	2.4
重庆	55.8	3.9	52	84
四川	51.5	–5.8	56.4	–9.3
贵州	76.3	33.6	57.1	–43
云南	270	6.6	261.9	4.6
陕西	177.9	5.3	169.1	24.3
甘肃	326.7	16.6	280.1	4.2
青海	193.9	–6.2	205.4	4.3
宁夏	114.7	–8.6	125.5	–9
新疆	518.6	46.8	353.2	72.5

数据来源：国家统计局，2015 年 12 月。

（二）消费情况

2015 年前三个季度，我国十种有色金属产量为 3824 万吨，销售量为 3503 万吨，产销率达到 94%，库存比年初增长了 47.6%。分品种看，2015 年 1—10 月，铜、铝、锌表观消费量波动中增长，消费量分别为 754.3、2153.5 和 447.8 万吨，分别同比增长 3.7%、35.2% 和 6.9%；铅消费量继续下降，为 447 万吨，同比减少 7.8%。

表 5–4　2015 年主要有色金属产品表观消费量（单位：万吨）

时间	铜	铝	铅	锌
3月	92.5	255.8	33.5	51.9
4月	91	260.3	32.6	56.0
5月	90.4	267.4	35.3	56.9
6月	93.6	276.2	37.8	56.8
7月	90.8	273.4	31.6	53.1

（续表）

时间	铜	铝	铅	锌
8月	91.5	277.0	31.5	55.9
9月	102	272.6	30.9	57.3
10月	102.6	270.9	32.0	59.9
3—10月	754.3	2153.5	264.9	447.8
2014年同期	727.7	1593.1	287.3	418.8

数据来源：根据国家统计局数据整理，2015 年 12 月。

二、行业投资情况

受产能过剩压力过大影响，2015 年有色金属行业投资规模逐渐缩小，投资下降明显。1—11 月，有色金属行业完成固定资产投资 6698 亿元，同比减少 3%，而 2014 年同期为增长 4%；也远远低于全国固定资产投资 10.2% 的增速。有色金属矿采选业完成投资 1479 亿元，同比减少 3.9%，比 2014 年同期低 2 个百分点；有色金属冶炼及压延加工业完成投资 5219 亿元，同比减少 2.6%，而 2014 年同期增长 6.3%。

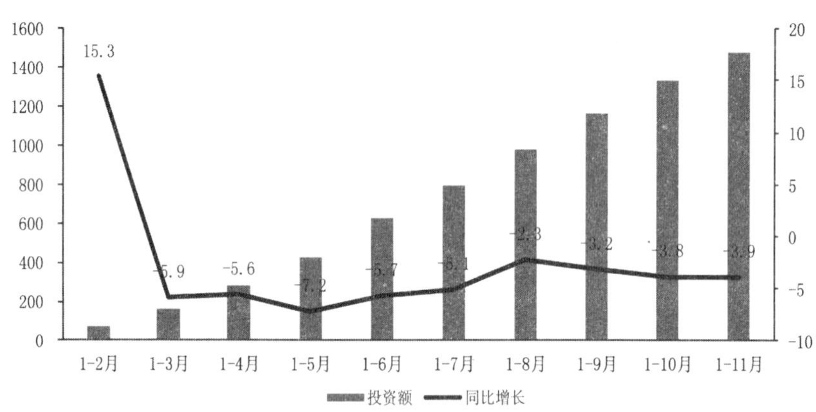

图5-2　2015年1—11月有色金属采矿业固定资产投资情况（单位：亿元，%）

数据来源：国家统计局，2015 年 12 月。

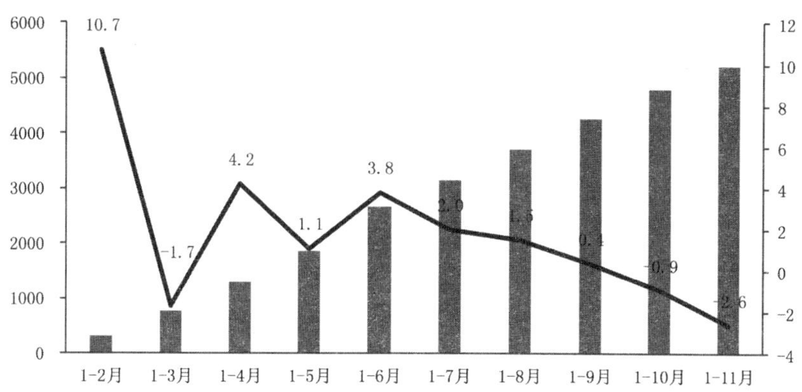

图5-3　2015年1—11月有色金属冶炼及压延加工业固定资产投资情况（单位：亿元，%）

数据来源：国家统计局，2015 年 12 月。

三、产品价格走势

2015 年，我国主要有色金属产品价格呈现明显的分化态势。1—11 月，铜价呈现先下跌后上涨再下跌的态势，总体震荡走低，价格整体低于 2014 年同期水平，这是自 2010 年以来的最低水平。年初，铜供应较为充裕，春节之后，进口铜陆续增加，下游用铜企业还未开工，铜需求没有明显增加，导致铜价开始下跌，从 1 月的 42497 元 / 吨下降到 2 月的 41619 元 / 吨。3 月开始，铜价逐渐上涨，从 42646 元 / 吨上涨到 5 月的 45502 元 / 吨，为年内最高水平。铜价上涨主要受以下三个因素影响：一是国内宏观经济有所好转，国内规模以上工业增加值增长率从 3 月的 5.6% 增长到 6 月的 6.8%；二是国内铜冶炼厂为应对铜价下跌，开始准备集体减产，一定程度上刺激了铜价的反弹；三是国储收储 2 万吨铜的利好消息，尽管该消息最后被证实为传言，但也对提振铜价起到了积极的作用。6 月之后，在宏观经济悲观预期、下游需求疲弱、铜供应过剩等因素影响下，铜供过于求矛盾加剧，铜价开始下跌。9、10 月铜价出现过短暂的上涨，一是受主要矿业公司减产计划影响，如嘉能可宣布减产约 40 万吨铜，白银和江铜宣布计划检修；二是美联储宣布 9 月不加息，大宗商品价格承受的压力减少；三是智利大地震减少了铜供应。10 月之后，我国经济下行压力进一步增大，国内需求没有明显改善，铜价下跌压力不减，11 月铜价为 36361 元 / 吨，为年内的最低水平。

预计 2016 年，美联储加息导致的美元上涨影响逐渐消退，金融属性对铜价的压制作用也会逐渐减弱，铜价会有一定的上涨空间，但受全球铜冶炼企业减产积极性不高、下游需求难有较大改善的影响，铜供应过剩现象依然存在，铜价难有加大幅度的上涨。

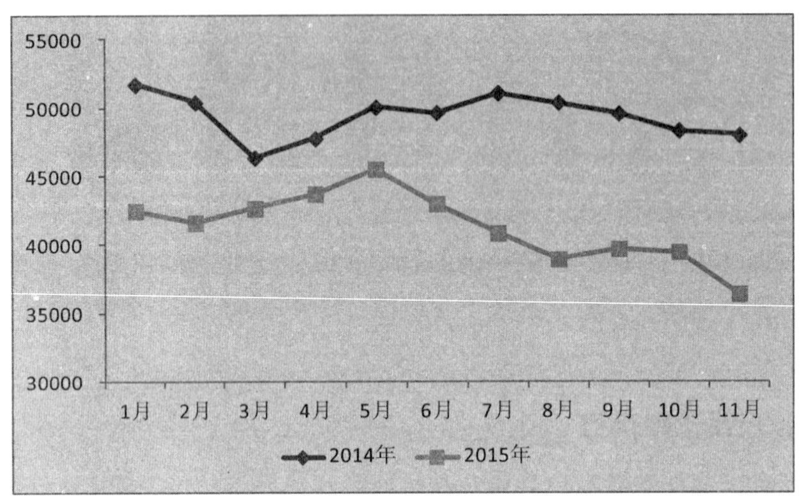

图5-4　2015年铜价格走势（单位：元/吨）

数据来源：根据上海期货交易所数据整理，2015年12月。

2015年1—11月，铝价呈现先涨后跌、总体呈现下降态势，除3、4月外，其他月份价格均低于2014年同期水平，创下了金融危机以来的新低水平。1—4月，铝价不断上涨，从12718元/吨上涨到13119元/吨，这主要是受以下因素影响：一是国内铝贸易商积极出货，导致铝库存下降；二是我国自5月起调整部分铝材出口关税，如对04牌号的铝杆、铝棒免征出口关税，带动铝价小幅上涨。6月起，铝价持续下降，一是美元走势强劲，导致铝价承受较大的下跌压力；二是铝的月产量持续增加，从年初的256万吨增加到6月的276万吨，10月略有下降到267万吨，此外铝的库存充裕，导致铝供应明显大于需求；三是铝产能减少的幅度不及新增产能增加的幅度，全国范围内累计减产200多万吨，但同期新增产能超过300万吨。

预计2016年，作为产能过剩比较严重的品种之一，铝价会继续下跌。这一方面是供应还将增加，2014年电解铝产能为3080万吨，预计2016年将达到3360万吨；另一方面，下游需求难有较大增加，建筑、电力、家电等行业在经济下行压力不减的背景下，不会有较大幅度的增长。

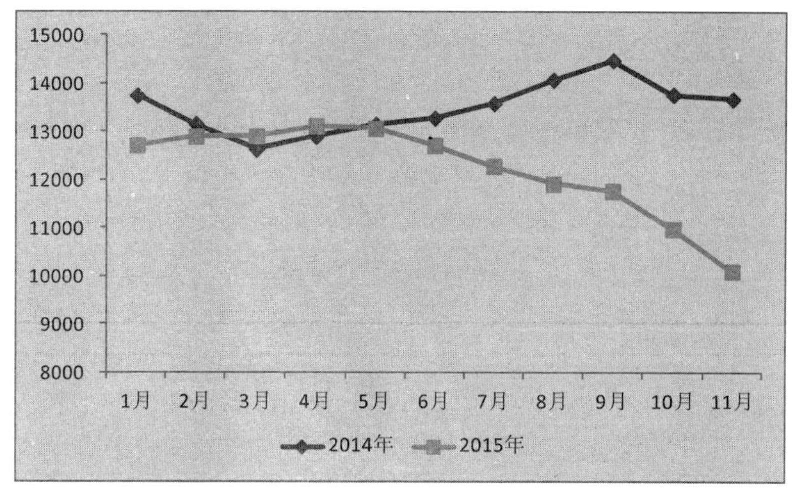

图5–5　2015年铅价格走势（单位：元/吨）

数据来源：根据上海期货交易所数据整理，2015 年 12 月。

2015 年 1—11 月，铅价格大体呈现上涨的态势，从年初的 12536 元 / 吨上涨到 11 月的 12971 元 / 吨。一季度，受传统消费淡季影响，铅价小幅下跌。二季度，铅价格强势上涨，6 月上涨到 13480 元 / 吨，一是国内铅供应趋紧，受环保限制越发严格影响，原生铅和再生铅企业供应减少，冶炼企业开工率低于 60%；二是需求有所增加，80% 的精炼铅用于制造电动车的铅酸蓄电池，二季度汽车消费转暖，铅需求逐步好转，带动铅价格上涨。6、7 月铅价小幅下滑，这主要是受国内经济存在较大的下行压力、美元走强、LME 库存增加等因素影响。8 月开始，受国内宏观刺激政策陆续出台、嘉能可减产等因素影响，铅价格较为坚挺，但由于汽车市场低迷，蓄电池龙头企业需求不旺，铅价格上涨的幅度有限。11 月，在需求继续疲软的影响，铅价格有所下降。

预计 2016 年，铅价格将继续走低。从供给端来看，2015 年 7 月，再生铅企业增值税退税额度下降，部分企业亏损严重，预计 2016 年这种情况还会延续，此外环保压力有增无减，铅供应增速将会有所放缓。从需求端来看，2016 年 1 月 1 日起，铅蓄电池将征收 4% 的消费税，这将增大铅蓄电池企业的成本，对铅的需求会有所减少。

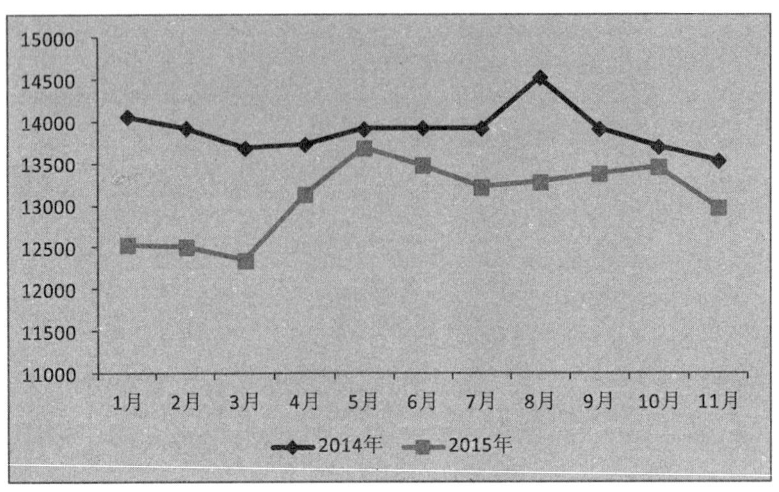

图5-6　2015年铅价格走势（单位：元/吨）

数据来源：根据上海期货交易所数据整理，2015 年 12 月。

2015 年 1—11 月，锌价格呈现先跌后涨再跌的整体震荡下降态势。1—3 月，受国内经济开局不利影响，锌金属走弱，锌价不断下降，从 1 月的 16462 元 / 吨下降到 3 月的 15809 元 / 吨。4 月起，锌价有所反弹，5 月价格达到 16757 元 / 吨，一是因为下游需求有所增加，受宏观刺激政策影响，锌的初级和最终消费增加；二是贸易商惜售、锌社会库存降低，导致锌价有所上涨。6 月开始，锌价开始大幅下跌，11 月锌价格降到 13275 元 / 吨，创下了近年来的新低水平，一是因为国内经济下行压力增加，锌下游需求疲弱；二是锌供应稳定，锌产量在 6 月达到 56 万吨的月平均最高水平，增大了供应压力；三是 10 月精炼锌进口增加，对国内锌构成冲击。

预计 2016 年，受产能过剩、国内经济下行压力不减等因素影响，锌价仍会呈现整体下降的态势，但是在行业内骨干企业达成 2016 年减产共识，在计划减少精炼锌 50 万吨的号召下，后期锌价会有一定程度的上涨。

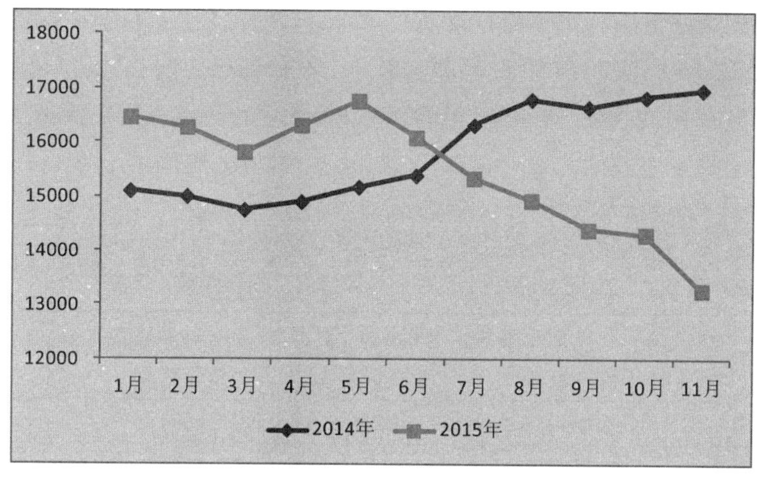

图5-7 2015年锌价格走势（单位：元/吨）

数据来源：根据上海期货交易所数据整理，2015 年 12 月。

四、经济效益分析

2015 年 1—11 月，有色金属行业整体盈利能力继续下滑，实现利润 1563.7 亿元，比 2014 年同期减少 165.5 亿元。其中有色金属矿采选业实现利润 394.8 亿元，同比减少 19.8%，降幅较 2014 年进一步扩大；销售利润率为 7.18%，较 2014 年同期下降 1.63 个百分点。有色金属冶炼及压延加工业实现利润 1168.9 亿元，同比下降 6.9%，而 2014 年同期为增长 9.3%；销售利润率为 2.52%，较 2014 年同期下降 0.17 个百分点。

表 5-5 2015 年 1—11 月有色金属行业实现利润情况（单位：亿元，%）

时间	有色金属矿采选业		有色金属冶炼及压延加工业	
	利润	同比增长	利润	同比增长
2011年同期	658.8	52.3	1454.7	53.1
2012年同期	646.2	–2.3	1086.4	–18.1
2013年同期	563.1	–12.4	1122.6	1.3
2014年同期	495.6	–12.3	1233.6	9.3
2015年	394.8	–19.8	1168.9	–6.9

数据来源：国家统计局，2015 年 12 月。

从亏损情况来看，国家统计局统计的9272家企业中，有2078家亏损企业，亏损面为22.4%，较2014年的17.2%水平，亏损面进一步扩大。其中有色金属矿行业亏损面为22.3%，较2014年同期上升6.5个百分点，亏损额为48.7亿元；有色金属冶炼及压延加工业亏损面为22.4%，较2014年同期上升2.8个百分点，亏损额为432亿元。

表5-6　2015年1—11月有色金属行业亏损企业数（单位：个）

时间	有色金属矿采选业		有色金属冶炼及压延加工业	
	企业总数	亏损企业数	企业总数	亏损企业数
2011年同期	2042	163	6631	977
2012年同期	2122	259	6746	1376
2013年同期	2093	295	7049	1422
2014年同期	2037	321	7237	1421
2015年	1949	435	7323	1643

数据来源：国家统计局，2015年12月。

五、进出口贸易情况

（一）总体情况

2015年1—11月，我国累计出口未锻造的铜及铜材62.1万吨，同比减少12.3%，降幅较2014年进一步扩大；累计出口未锻造的铝及铝材433.5万吨，同比增长14.3%，较2014年同期提高0.7个百分点。同期，我国累计进口未锻造的铜及铜材428万，同比减少2.8%，而上年同期为增长8.3%；累计进口未锻造的铝及铝材6.3万，同比降低19.6%，降幅较2014年同期进一步扩大。

表5-7　2015年1—11月有色金属品种进出口情况（单位：万吨，%）

时间	未锻造的铜及铜材				未锻造的铝及铝材			
	出口量	增长率	进口量	增长率	出口量	增长率	进口量	增长率
2011年同期	61.6	24.7	356.4	–9.7	349	31.1	80.7	–7.6
2012年同期	70.1	13.8	430.6	20.8	319	–8.6	110.5	37
2013年同期	71.6	2.2	410.1	–4.8	334	4.8	83.8	–24.2
2014年同期	70.8	–1	440.3	8.3	379.3	13.6	79.9	–4.6
2015年	62.1	–12.3	428	–2.8	433.5	14.3	64.3	–19.6

数据来源：海关总署，2015年12月。

（二）分品种情况

铜：2015 年 1—11 月，我国铜产品出口有所减少，出口未锻造的铜及铜材 62.1 万吨，同比减少 12.3%，较 2014 年同期进一步下降；出口精炼铜 19.1 万吨，低于 2014 年同期 23.9 万吨的水平。铜产品进口总体有所下降，但不同品种表现出较大的差异。进口未锻造的铜及铜材 428 万吨，同比减少 2.8%，而 2014 年同期增长 13.2%；进口精炼铜 325.5 万吨，低于 2014 年同期 327.5 万吨的水平；进口铜矿砂及精矿 1181.6 万吨，同比增长 11%，低于 2014 年同期 18% 的增长水平。

表 5–8　2015 年 1—11 月铜产品进出口情况（单位：万吨，%）

品种	出口				进口			
	2015年1—11月		2014年1—11月		2015年1—11月		2014年1—11月	
	总量	增长率	总量	增长率	总量	增长率	总量	增长率
未锻造的铜及铜材	62.1	–12.3	70.8	–1	428	–2.8	440.4	13.2
精炼铜	19.1	–20.3	23.9	–10.8	325.5	–0.6	327.5	13.2
铜矿砂及精矿	–	–	0.08	34.1	1181.6	11	1065.2	18

数据来源：海关总署、赛迪智库原材料工业研究所整理，2015 年 12 月。

铝：2015 年 1—11 月，我国铝产品出口有增有减。出口氧化铝 28.5 万吨，同比增长 146.5%，增速较 2014 年同期有明显的上涨，2014 年同期为下降 27%；出口原铝 2.7 万吨，同比减少 71.9%，明显低于 2014 年同期 3.5% 的增长水平；出口铝合金 48.5 吨，同比减少 6.9%，明显低于 2014 年同期水平，2014 年同期为增长 25.3%；出口未锻造的铝及铝材 433.5 万吨，同比增长 14.3%，高于 2014 年同期 0.7 个百分点；出口废铝 904 万吨，同比增长 2.8%，明显高于 2014 年同期水平。铝产品进口明显减少，氧化铝、原铝、铝合金、未锻造的铝及铝材、废铝进口量均下降，分别进口 411、14.8、6.2、64.3 和 192 万吨，同比分别减少 11.4%、44.1%、23.1%、19.6% 和 7.6%。

表 5–9　2015 年 1—11 月铝产品进出口情况（单位：万吨，%）

品种	出口				进口			
	2015年1—11月		2014年1—11月		2015年1—11月		2014年1—11月	
	总量	增长率	总量	增长率	总量	增长率	总量	增长率
氧化铝	28.5	146.5	11.6	–27	411	–11.4	463.8	33.1
原铝	2.7	–71.9	9.6	3.5	14.8	–44.1	26.6	–10

（续表）

品种	出口				进口			
	2015年1—11月		2014年1—11月		2015年1—11月		2014年1—11月	
	总量	增长率	总量	增长率	总量	增长率	总量	增长率
铝合金	48.5	-6.9	52.1	25.3	6.2	-23.1	8	-19.9
未锻造的铝及铝材	433.5	14.3	379.3	13.6	64.3	-19.6	79.9	-4.6
废铝	0.09	2.8	0.088	-29.3	192	-7.6	207.7	-7.9

数据来源：海关总署、赛迪智库原材料工业研究所整理，2015 年 12 月。

铅：2015 年 1—11 月，我国进口铅矿砂及精矿 171 万吨，同比增长 4%，而 2014 年同期进口量增长 20.6%；出口氧化铅 507 吨，同比增长 2.9%，而 2014 年同期为减少 39.7%；出口精炼铅 4.4 万吨，同比增长 43.4%，进口精炼铅 700 吨，同比增长 238.2%。

表 5-10　2015 年 1—11 月铅产品进出口总量及增长情况（单位：万吨；%）

品种	出口				进口			
	2015年1—11月		2014年1—11月		2015年1—11月		2014年1—11月	
	总量	增长率	总量	增长率	总量	增长率	总量	增长率
铅矿砂及精矿	——	——	——	——	171	4	164	20.6
氧化铅	0.05	2.9	0.049	-39.7	——	——	——	——
精炼铅	4.4	43.4	3.1	60.7	0.07	238.2	0.02	-70.1

数据来源：海关总署、赛迪智库原材料工业研究所整理，2015 年 12 月。

锌：2015 年 1—11 月，我国不同锌产品出口呈现不同态势，出口氧化锌及过氧化锌 1.3 万吨，同比增长 11.8%，低于 2014 年同期 10 个百分点；出口精炼锌 9.5 万吨，同比减少 17.9%，远低于 2014 年同期增长 33 倍的水平；出口未锻造的锌（包括锌合金）9.6 万吨，同比减少 18.1%，低于 2014 年同期 11.7 万吨的水平，2014 年同期为增长 26 倍。进口锌产品均减少，进口氧化锌及过氧化锌 7336 吨，较 2014 年同期下降 24.3%，降幅进一步扩大；进口精炼锌 44.9 万吨，同比减少 18.7%，而 2014 年同期降低 1.9%。

表 5-11　2015 年 1—11 月锌产品进出口情况（单位：万吨，%）

品种	出口				进口			
	2015年		2014年		2015年		2014年	
	总量	增长率	总量	增长率	总量	增长率	总量	增长率
氧化锌及过氧化锌	1.3	11.8	1.1	21.8	0.7	-24.3	0.97	-8.1
精炼锌	9.5	-17.9	11.6	3300	44.9	-18.7	55.2	-1.9
未锻造的锌（包括锌合金）	9.6	-18.1	11.7	2106	——	——	——	——

数据来源：海关总署、赛迪智库原材料工业研究所整理，2015 年 12 月。

（三）分国别 / 地区情况

精炼铜：从 2015 年 1—11 月中国出口精炼铜情况来看，中国台湾位居首位，出口量达到 63355 吨，占出口总量的 46.6%；马兰西亚位居次位，出口量达到 36416 吨，出口占比达到 26.8%；越南位居第三位，出口量达到 22501 吨，出口占比为 16.5%。从中国进口精炼铜情况来看，智利是我国精炼铜最大的提供国，进口量达到 116.2 万吨，占进口总量的 48%；澳大利亚是我国第二大进口国，进口量达到 26.9 万吨，占比为 11%；日本是第三大进口国，进口量达到 24.2 万吨，占比接近 10%。

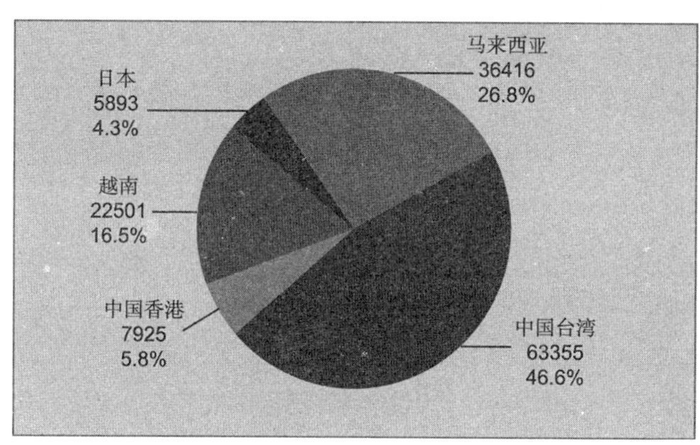

图5-8　2015年1—11月中国精炼铜分国别/地区出口情况（单位：吨）

数据来源：海关总署，2015 年 12 月。

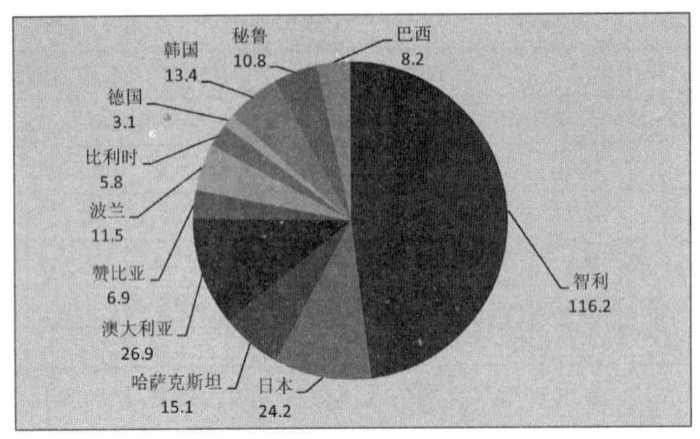

图5-9　2015年1—11月中国精炼铜分国别进口情况（单位：万吨）

数据来源：海关总署，2015 年 12 月。

原铝：2015 年 1—11 月，我国向中国台湾出口原铝 4644 吨，向日本出口原铝 2235 吨。进口方面，伊朗是我国最大的原铝进口国，进口量为 56406 吨，占进口总量的 58%；澳大利亚是我国第二大原铝进口国，进口量为 22455 吨，占比为 23%；俄罗斯是我国第三大原铝进口国，进口量为 9464 吨，占比为 10%。

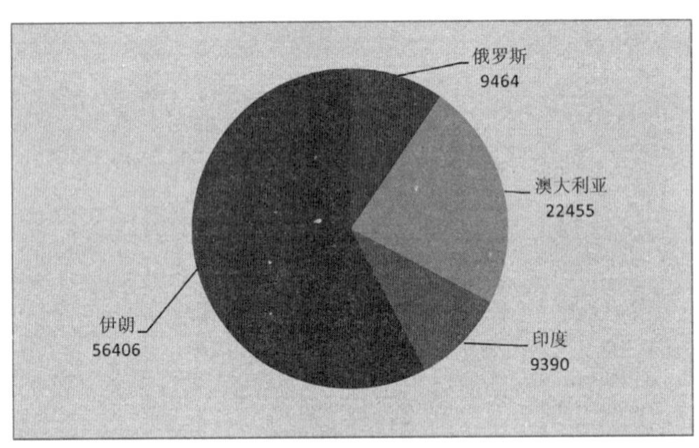

图5-10　2015年1—11月中国原铝分国别进口情况（单位：吨）

数据来源：海关总署，2015 年 12 月。

精炼铅：2015 年 1—11 月中国从日本进口精炼铅 140 吨，从韩国进口精炼铅 22 吨。

表 5-12　2015 年 1—11 月精炼铅进出口情况（单位：吨）

出口量			进口量		
泰国	中国台湾	韩国	韩国	澳大利亚	日本
——	——	——	22	——	140

数据来源：海关总署，2015 年 12 月。

精炼锌：2015 年 1—11 月向中国台湾出口精炼锌 3.9 万吨。哈萨克斯坦是中国最大的精炼锌进口国，中国从其进口的精炼锌为 13 万吨，占总进口量的 30%；韩国是中国第二大的精炼锌进口国，进口量为 8.6 万吨，占总进口量的 19.9%。

表 5-13　2015 年 1—11 月精炼锌进出口情况（单位：万吨）

出口量			进口量							
韩国	中国台湾	新加坡	澳大利亚	纳米比亚	哈萨克斯坦	日本	印度	韩国	墨西哥	巴西
——	3.9	——	7.1	——	13	2.2	8.2	8.6	——	0.3

数据来源：海关总署，2015 年 12 月。

第二节　需要关注的几个问题

一、部分产品供过于求矛盾突出

2015 年，尽管整体经济形势不容乐观，下游需求有所疲软，但有色金属产量仍总体保持增长态势，1—11 月产量同比增长 7.5%，高于 2014 年同期 1.3 个百分点。同期，汽车产销增速分别为 1.8% 和 3.34%，均低于 2014 年同期水平；房地产开发投资同比名义增长 1.3%，低于 2014 年同期 11.9% 的增长水平。在供给稳步增加、需求有所减少的情况下，有色金属供过于求压力增大，部分品种的供求矛盾愈发突出。以电解铝为例，为缓解供应压力，行业实行弹性生产，企业通过多种途径和措施限产、减产，如产能全部或部分停产，提前大修电解槽、延迟大修槽复产，提前淘汰低效产能等。据统计，已减少了 350 万吨 / 年的产能，三、四季度的电解铝供应压力一定程度上得到缓解。

二、企业经营压力不断加大

2015 年，有色金属行业实现利润 1563.7 亿元，比 2014 年同期减少 165.5 亿元，同比减少 9.6%。一方面是主要有色金属产品价格不断下跌，呈现近年来的新低水平。受国内经济下行压力增大影响，房地产、建筑、家电、汽车等主要下游行业需求明显减少，铜、铝、锌等产品价格震荡下降，导致企业销售利润率下降，如有色金属矿业销售利润率同比下降 1.64 个百分点。另一方面，企业成本压力较大。以电解铝行业为例，尽管煤炭价格持续下跌、自备电比例不断提升等使得企业生产成本有所下降，但这部分成本下降仅能削减电解铝行业平均 143 元 / 吨的电力成本，影响十分有限。截至目前，铝价格低于电解铝的企业成本，使得电解铝企业无法盈利，特别是四川、甘肃、青海、广西等地区的企业亏损严重，平均亏损额超过 3500 元 / 吨[1]。在需求、价格下降，同时成本上涨的情况下，有色金属行业普遍经营困难。

三、高端产品开发能力较弱

有色金属工业是国民经济的基础工业。在我国 100 多个产业中，超过 90% 的产业需要以有色金属作为原材料。我国已经连续多年成为全球有色金属生产第一大国，是重要的有色金属供应国，但我国并不是有色金属强国。 我国的有色金属工业产业结构不合理，低端产品占比高，高端产品占比较低，部分关键材料依赖进口，附加值高的产品的开发能力较弱，在全球产业链中处于中低端位置。数据显示，我国出口的未锻造铝及铝材出口价格为 298 美元 / 吨，而进口价格为 4692 美元 / 吨，进口价格是出口价格的 16 倍左右。此外，我国有色金属工业加工装备和工艺技术还比较薄弱，部分高端装备国内无法生产，只能依靠进口，严重制约了我国有色金属工业核心竞争力的提升。

[1] http://www.chinania.org.cn/html/xiehuidongtai/xiehuidongtai/2015/1127/22545.html。

第六章　建材行业

第一节　基本判断

一、主要产品产量回落

2015 年建材行业产品产量出现回落，水泥、平板玻璃等建材行业重点产品产量增速均为负值。

（一）水泥行业

2015 年全国累计水泥产量 23.5 亿吨，同比降低 4.9%，水泥产量增速为自 1991 年以来的首次负值，在当前我国经济增长步入新常态，经济发展动力发生转换时期，我国水泥行业需求也已经进入低速增长期的新常态。

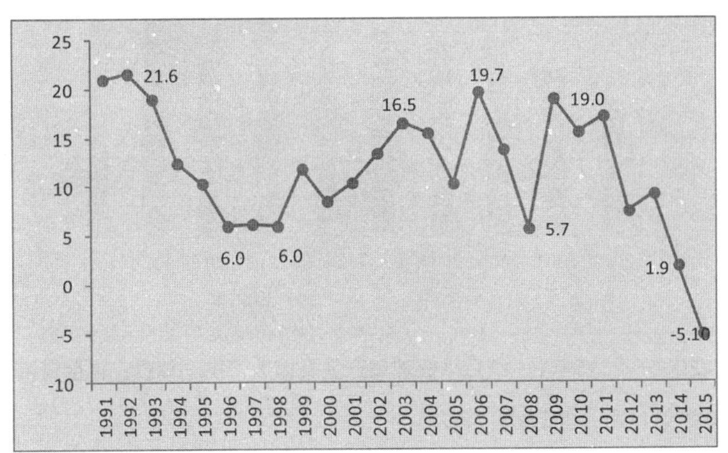

图6-1　1991年以来我国水泥产量增速走势图（单位：%）

数据来源：wind 资讯，2015 年 12 月。

从区域市场来看，全国六大区域有五个区域呈现下降趋势，其中下降幅度最大的是东北地区，下降约49%，表现最好的是西南地区，产量呈现上涨趋势，涨幅约为4%。

分省市来看，其中江苏省以1.9亿吨的产量继续蝉联全国产量第一位，其次是河南省和山东省，其中广东省不仅水泥产量大，增速也达到12.8%。

表6-1　2015年1—11月排名全国前五省区水泥产量及增速

排名	省份	产量（亿吨）	增速（%）
1	江苏省	1.64	–7.0
2	河南省	1.51	–2.6
3	山东省	1.41	–7.9
4	广东省	1.32	–1.7
5	四川省	1.28	–3.0

数据来源：wind资讯，2015年12月。

（二）平板玻璃行业

2015年1—11月我国平板玻璃产量为6.9亿重量箱，同比下降7.9%，增幅大幅下滑并呈现负增长。主要原因是受房地产不景气及库存压力影响。

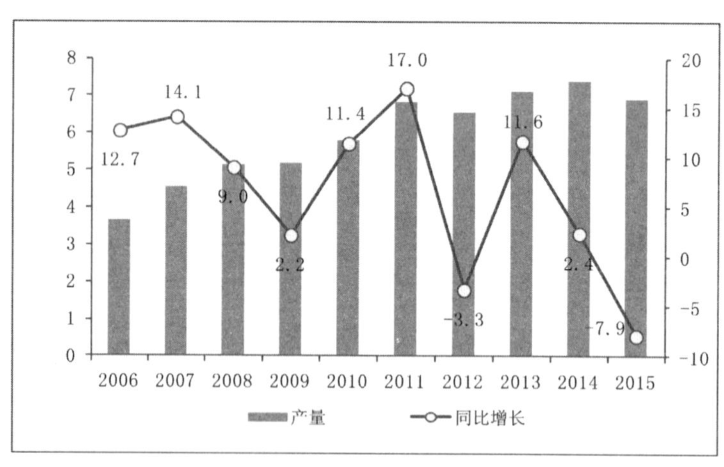

图6-2　2006—2015年1—11月平板玻璃产量及增速情况（单位：亿重量箱，%）

数据来源：国家统计局，2015年12月。

从地区来看，2015年1—10月河北省平板玻璃产量为9984.4万重量箱，湖北省平板玻璃产量为7771.6万重量箱，山东省平板玻璃产量为6186.5万重量箱，广东省平板玻璃 5974.9 万重量箱，四川省平板玻璃产量为 4293.2 万重量箱，福建省平板玻璃产量为 4289.8 万重量箱，六个地区产量占全国总产量的 60.6%。

二、主要产品价格持续下滑

2015 年前三季度建材及非矿产品出厂价格同比下降 3%。建材产品价格持续下滑是今年建材行业销售收入和利润大幅下滑的主要原因。

（一）水泥行业

2015 年 1—10 月全国水泥价格整体呈现下降趋势，且比往年价格总体走低。图 6-3 给出了近 4 年水泥月度价格的走势情况，从图中可以看出，2015 年水泥价格的走势情况整体呈现下行趋势，且每月价格较往年均为最低值，10 月份水泥价格呈现小幅回升，从 9 月份的 264 元 / 吨回升至 266 元 / 吨。从图中看，虽然第四季度出现季节性小幅反弹，但反弹力度明显较弱。

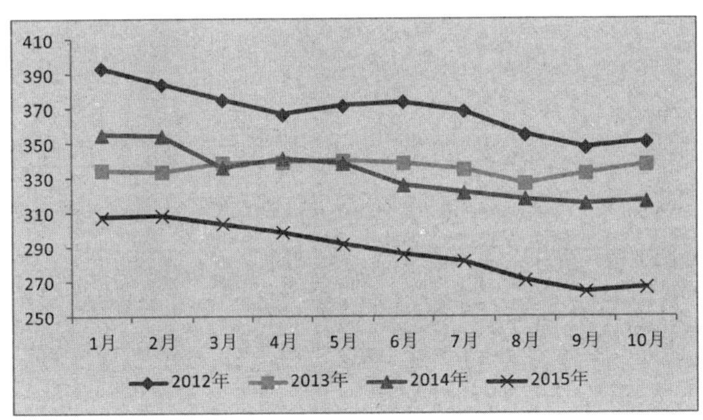

图6-3　2012—2015年重点企业月度水泥（P.O42.5）价格走势（单位：元/吨）

数据来源：wind 资讯，2015 年 12 月。

预计 2016 年水泥产品价格依旧处于下行通道，市场环境不容乐观。一是市场需求不振，虽然有海绵城市、地下管廊建设等需求拉动，但受反腐、资金等因素影响，房地产、基建等项目落地缓慢，需求下降明显；二是产能过剩矛盾依然突出，目前我国水泥行业产能利用率远低于国际通常水平，虽然国家不断加大对新增和在建产能的控制力度，但由于存量太大，短期内产能过剩矛盾仍难以得到有效缓解，产品价格难改下行趋势；三是出口不容乐观，非洲国家水泥产能的迅速扩张挤占了我国水泥出口的空间，水泥产品出口量一直低位徘徊，同时受制于税收、人才、资金等因素影响，水泥企业在国外建厂也遭遇重重障碍。

（二）平板玻璃行业

图 6-4 给出了 2012—2015 年重点企业月度平板玻璃（5mm）价格走势图，从图中可以看出，2015 年平板玻璃价格整体呈震荡下降趋势，一月份的最高价格 55 元 / 重量箱，7 月份价格下降至 47 元 / 重量箱，最高价格和最低价格价差约 8 元 / 重量箱，价格震荡下降的主要原因是由于产能严重过剩和库存增加，由于平板玻璃行业具有连续性生产的特点，因此企业的库存维持在一个合理的范围有利于抑制市场的波动，而库存过高则会给企业带来经营压力，目前看来，由于产能过剩矛盾突出，产品供过于求，平板玻璃企业普遍库存较高，对价格产生一定的影响。

预计 2016 年平板玻璃价格依然呈现震荡下行趋势，一是 2016 年国内宏观经济继续持稳，需求不会出现明显增长；二是平板玻璃作为严重过剩产能行业，虽然加快了落后产能的淘汰力度，当仍有部分新建产能释放，产能过剩矛盾依然突出，严重压制平板玻璃价格的上涨空间。

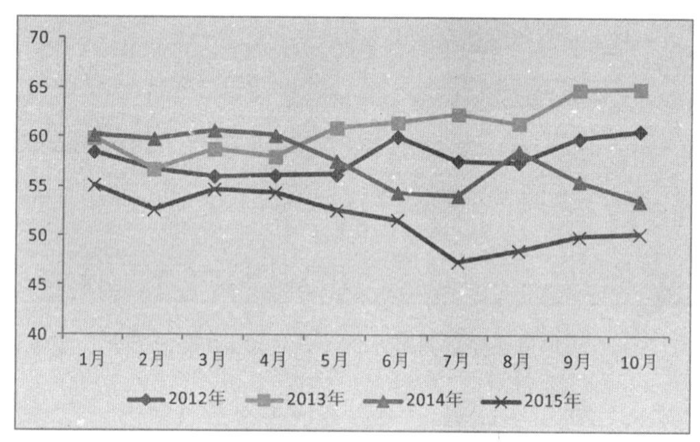

图6-4　2012—2015年重点企业月度平板玻璃（5mm）价格走势（单位：元/重量箱）

数据来源：wind 资讯，2015 年 12 月。

三、固定资产投资分化严重

2015 年 1—10 月建材工业完成固定资产投资 12890 亿元，相比 2014 年同期增长 7.9%。虽然整个建材工业完成的固定资产投资额实现同比增长，但出现行业分化现象。其中水泥制造业、平板玻璃制造业等传统产业固定资产投资额出现下降，其中水泥制造业 2015 年 1—10 月完成固定资产投资 816 亿元，相比 2014 年同期下降 11.2%，平板玻璃制造业 2015 年 1—10 月完成固定资产投资 208 亿元，相比 2014 年同期下降 12.6%，下降幅度均较大。

相比传统高耗能、高污染的传统制造业，低能耗和加工制品业的发展则较快，固定资产投资均呈现同比增长。其中混凝土与水泥制品业 2015 年 1—10 月实现固定资产投资 2099 亿元，相比 2014 年同期增长 6.2%；轻质建材制造业 2015 年 1—10 月实现固定资产投资 944 亿元，相比 2014 年同期增长 2.4%；技术玻璃制造业业 2015 年 1—10 月实现固定资产投资 579 亿元，相比 2014 年同期增长 2.4%。

预计 2016 年建材行业的投资分化现象仍将继续，水泥、平板玻璃等传统产业的固定资产投资额将继续回落，而混凝土与水泥制品、轻质建材制造业等新兴产业的固定资产投资将积极呈现同比增长。

四、主要产品进出口大幅回落

2015 年 1—10 月，全国累计出口水泥 717.38 万吨，同比下降 17.2%，出口量占全国总产量的 0.4%，水泥熟料累计出口 488.3 万吨，同比增长 46.3%，其中水泥熟料的出口国主要是孟加拉国、肯尼亚、澳大利亚、印度和菲律宾；平板玻璃累计出口 186.4 万吨，出口金额累计 9.6 亿美元，同比下降 22.7%。

2015 年 1—10 月，全国水泥进口 8.74 万吨，同比下降 56.2%，累计进口金额 1463 亿美元，累计进口熟料 0.06 万吨，同比下滑 99.38%；平板玻璃累计进口 22.7 万吨，同比降低 1.3%，累计进口金额 19.1 亿美元，同比降低 16.9%。

表 6-2　2015 年 1—10 月全国水泥进出口量及金额

商品名称	出口		进口	
	出口数量（万吨）	出口金额（万美元）	进口数量（万吨）	进口金额（万美元）
水泥	717.3	43151	8.7	1463
白色硅酸盐水泥	6.8	1307	0.6	229
硅酸盐水泥	704	39124	6.9	246
铝酸盐水泥	5.4	2542	1.0	721
其他水泥	0.8	179	0.2	267
水泥熟料	488.3	18624	0.06	28

数据来源：wind 资讯，2015 年 12 月。

第二节　需要关注的几个问题

一、去产能任务艰巨

2015年国家加大了对水泥、平板玻璃等产能过剩矛盾严重行业的整治，如严控新增产能、淘汰落后产能、强化环保能耗等事中事后监管等措施，虽然对化解产能过剩发挥了一定作用，但由于存量太大，再加上在建产能释放，2015年建材行业产能过剩矛盾依然突出。

2015年我国水泥熟料产能约18.8亿吨，由于经济下行压力较大、市场需求下滑，水泥熟料的产能利用率进一步下降，预计2015年水泥熟料的产能利用率约在65%左右，部分地区甚至可能更低，在这种情况下，目前全国仍有约5000万吨的在建产能，进一步增加了水泥行业去产能化的压力。平板玻璃行业也不容乐观，产能利用率从2012年以来一路走低，目前下降到不到70%，另外仍有一百余条平板玻璃生产线处于停产状态，一旦复产将进一步加剧产能过剩矛盾。

产能过剩矛盾的突出不仅导致企业成本提高、经营压力加大，盈利能力普遍下降，“僵尸企业”增多，也导致市场秩序失范，投资发展秩序、技术市场秩序、人才市场秩序受到严重影响，行业效益持续下滑，严重消耗行业升级发展的资源。因此未来的工作方向必须以提高建材行业发展质量和效益为中心，强化供给侧改革，压缩绝对过剩产能，严控新增产能，增强企业创新能力，扩大新型绿色建材应用，引导消费提档升级，扭转建材行业经济下行势头，推动建材行业平稳、健康、持续发展，产能利用率回归到合理水平。

二、产业结构有待优化

一是产能结构不合理。高能耗、高污染、附加值低的传统建材产业产能过剩，但低能耗、低污染、附加值高的无机非金属新材料、绿色建材、功能性矿物材料等发展不足，不能满足投资消费结构的变化。以玻璃行业为例，一般建筑用浮法玻璃和单一功能加工玻璃产能严重过剩，但一些风挡玻璃、建筑用镀膜真空（中空）玻璃、屏显用玻璃基板等供给不足，部分产品仍需要进口，海关数据显示，仅电子玻璃基板每年进口额就高达约100亿元。

二是产业集中度低，建材行业多以中小企业为主，且民营企业居多，行业发展带有明显的分散性，大而不强的特征非常明显，以水泥、平板玻璃、建筑卫生陶瓷行业为例：水泥规模以上企业 3400 余家，前 10 家企业熟料产能集中度约为 53%；平板玻璃生产企业有 200 多家，前 10 家企业生产集中度约为 52%；建筑卫生陶瓷生产企业有 1700 多家，前 10 家企业生产集中度仅为 13%。

三、市场竞争环境有待优化

建材行业市场化程度高，企业呈现“多、小、散”的特征，虽然目前国家针对产能过剩、效益下滑等出台了一系列政策，但由于市场竞争环境不够公平，导致许多工作无法达到预期效果。以环保为例，最新出台的《水泥工业大气污染物排放标准》将氮氧化物排放限值降低至 450/320mg/m^3，但由于一些地方之间环保执法尺度不一，造成不同企业间环保成本差异较大，不利用市场的公平竞争；平板玻璃行业也存在同样的问题，由于部分地区执法不严，对氮氧化物和二氧化硫的排放检测不到位，一些生产企业甚至仍在使用石油焦等燃料，相比使用天然气等清洁能源的企业，单位产品的生产成本大幅下降，对使用清洁能源的企业造成极大的不公。

除了环保执法外，目前仍有大量小、散、低水平企业生产的不合格产品充斥市场，在经济效益下滑情况下部分企业为了保住市场、维持生存竞相降价，严重冲击了整个建材行业的整体利益。这种现象在建筑卫生陶瓷行业表现得更加严重，由于建筑卫生陶瓷行业 90% 以上都是中小企业，有的甚至属于家庭作坊式生产，再加上建筑卫生陶瓷的销售渠道多属于传统经销商式，因此在 2015 年市场下行压力大、行业整体效益下滑的情况下，为了维护自身利益，许多小企业选择低价倾销的方式，严重扰乱了市场秩序，极大的阻碍了建材行业的平稳、健康发展。

四、新兴产业发展动力不足

随着我国步入经济发展新常态，经济增速由高速发展转入中高速发展，国内经济发展动能加速转换，建材行业也正处于结构调整、转型升级向纵深转折的关键时期，因此加快建材行业结构调整和转型升级，大力培育新兴产业，转换产业发展模式，是建材行业转型升级的必由之路。

但目前建材行业无机非金属新材料、绿色建筑和功能性矿物材料等建材新兴产业发展滞后，已不完全适应投资消费结构的变化，海洋工程等用特种水泥、屏显用玻璃基板等供给不足，部分产品仍需要进口。

五、“走出去”任重道远

在市场需求增速放缓、产能过剩矛盾突出、经济下行压力不减和节能减排形势严峻等多重压力下,建材行业遇到了前所未有的寒冬。借助“一带一路”和“互通互联”的国家战略，加强国际产能合作，积极“走出去”，实现建材行业从产品输出到资本输出的转变，无疑是建材行业化解困境、提质增效的新思路。

但是，目前我国建材行业“走出去”总体来看仍处于初步探索阶段，其中以水泥行业为例，从 20 世纪 80 年代水泥产品出口开始，水泥行业经历了从产品出口到设备出口再到国外投资建厂的“三步走”战略，也取得了一定的成绩，但总体看来水泥行业走出去主要以基础设施落后、市场需求空间大的发展中国家为主，且多集中在东南亚、非洲等地区；投资主体虽然呈现出多样化，但仍以国有企业为主；投资方式绝大部分采取与当地企业合资建设的方式，中方以控股的形式参与生产经营。相比国外水泥巨头，在国际竞争力、跨国经营等方面均处于初步探索阶段。

第七章　稀土行业

第一节　基本判断

一、市场供需分析

从供给方面看。2015 年，我国稀土矿（稀土氧化物 REO）开采总量控制指标为 10.5 万吨，与 2014 年持平。其中离子型（以中重稀土为主）稀土矿控制指标为 1.79 万吨，岩矿型（轻）稀土矿控制指标为 8 .71 万吨。获得离子型稀土矿指标的省份包括：江西省（9000 吨）、广西省（2500 吨）、广东省（2200 吨）、湖南省（2000 吨）、福建省（2000 吨）和云南省（200 吨）。获得岩矿型稀土矿指标的省份包括：内蒙古（59500 吨）、四川省（25000 吨）和山东省（2600 吨）。目前，我国继续对稀土资源实施较为严格的生态环境保护标准和保护性开采政策。根据稀土行业协会统计数据，2015 年 1—11 月，全国稀土精矿产量为 4.19 万吨（REO），稀土氧化物产量为 6.79 万吨，稀土金属及合金产量为 2.08 万吨（不包含包钢数据）。

从需求方面看。基本来说，钕铁硼行业对镨钕的需求决定了稀土行业对稀土矿的需求。2015 年，受国家对节能环保大力支持的影响，稀土功能材料需求呈上涨态势，稀土磁性材料、稀土储氢材料、稀土催化材料和稀土抛光材料应用均小幅提升，特别是在风力发电、新能源汽车等中高端领域应用需求增长较快。而稀土在传统领域应用的需求增长相对较为稳定。但稀土发光材料则受 LED 替代产品的冲击，需求逐步萎缩。根据稀土行业协会预测，2015 年全国国内市场对北方矿的需求为 12.52 万吨，对南方矿的需求为 2.66 万吨，缺口分别为 3.81 万吨和 0.87 万吨。因此，整个市场呈现供不应求的局面。而 2015 年，整个稀土市场整体呈下行趋势，价格大幅下跌。造成这一现象的原因包括：下游稀土市场需求变淡导致需求萎缩、稀土供给不足、低端稀土产品产能严重过剩以及稀土矿的非法开采。

二、行业投资情况

2015年稀土行业投资结构有所优化。根据有色金属工业协会统计，2015年1—8月，全国稀土金属矿采选业固定资产投资额为7.8亿元，同比下降32.9%；稀土金属冶炼业固定资产投资额为47.5亿元，同比下降3.34%；稀有稀土金属压延加工固定资产投资43.6亿元，下降31.90%。

随着5+1稀土集团的加速整合，稀土永磁产业链也拉开了资本运作的盛宴，多家上市公司纷纷通过资本市场发力实现改革及产业并购扩张。2015年，广晟有色、盛和资源、五矿稀土、宁波韵升、太原刚玉等都有并购、定增募资等动作，尤其盛和资源重组兼并表现甚为亮眼。此外，龙钇科技、赣州诚正、海天磁业在新三板挂牌。越来越多的企业也因看好稀土产业的前景，投资入股稀土企业。

三、产品价格走势

2015年以来，主要稀土产品价格总体呈现先扬后抑的趋势。受稀土收储、稀土资源税改革以及稀土出口配额和关税取消等影响，稀土价格在第一季度出现上涨幅度。3月19日，国内稀土价格指数达到顶点，为151.1。到第二季度，随着稀土出口和资源税政策实施，稀土价格失去支撑，而下游需求的走弱以及稀土收储计划的推迟，导致第二季度稀土价格开始回落。到第二季度末，国内稀土价格指数仅为127.8，与最高点相比，下降了15.4%。第三季度以来，由于美国加息预期、中国经济放缓、人民币贬值等一系列因素，全球大宗商品均出现了广泛的快速杀跌，主要稀土价格也出现了一波快速的探底过程，大部分产品价格跌幅在5%—25%区间。到第四季度，六大稀土集团纷纷采取限产保价措施，从而带动了稀土价格的回升。

从具体稀土产品来看，2015年以来，国内个别稀土氧化物价格下跌幅度已经超过60%(氧化铕下降64.2%)。根据稀土行业协会统计数据显示，2015年，中钇富铕矿价格略有下跌，均价为19万元/吨，同比下降5%。轻稀土中，氧化镨钕均价为27万元/吨，同比下降13.7%；镨钕金属均价为35万元/吨左右，同比下降13.4%；氧化镨均价为35.4万元/吨，同比下降35.4%。99.9%氧化镧均价为1.3万元/吨，同比下降31.6%；99.9%氧化铈均价为1.2万元/吨，同比下降 33.3%；99.99% 氧化铕均价为 124.8 万元 / 吨，同比下降 64.2%。重稀土中，氧化镝均价为 148.9 万元 / 吨，同比下降 7.8%；镝铁均价为 153.4 万元 / 吨，同比下降 7.0%；99.99% 氧化铽均价为 310 万元 / 吨，同比上涨 1.0%；99.999% 氧化钇均价为 3.2 万元 / 吨，同比下降 34.7%；氧化铒均价为 23 万元 / 吨，同比下降 26.3%。

表 7-1　2015 年我国具体稀土产品平均价格（单位：元 / 千克）

产品	纯度	1月	2月	3月	4月	5月	6月
氧化镧	≥99%	13.0	13.0	13.0	13.0	13.0	12.9
氧化铈	≥99%	12.0	12.0	12.0	12.0	12.0	11.9
氧化镨	≥99%	399.3	399.3	398.8	396.9	389.0	371.8
氧化钕	≥99%	279.3	279.3	309.5	295.7	290.5	275.3
氧化钐	≥99.9%	16.8	16.8	16.5	17.4	17.5	17.5
氧化铕	≥99.99%	1680.0	1680.0	1735.9	1726.9	1640.0	1513.0
氧化钆	≥99%	76.7	76.7	85.6	83.6	81.6	75.8
钆铁	≥99% Gd75% ± 2%	90.2	90.2	101.3	95.4	95.0	95.0
氧化铽	≥99.9%	3223.3	3223.3	4043.8	3732.7	3617.5	3451.3
氧化镝	≥99%	1565.3	1565.3	1844.4	1676.9	1640.0	1556.0
镝铁	≥99% Dy80%	1580.0	1580.0	1895.6	1811.5	1691.0	1604.0
氧化钬	≥99.5%	238.3	238.3	255.0	250.0	245.0	245.0
钬铁	≥99% Ho80%	255.0	255.0	260.0	261.9	255.0	255.0
氧化铒	≥99%	243.3	243.3	250.0	247.7	245.0	243.0
氧化镱	≥99.99%	196.7	196.7	190.0	190.0	190.0	190.0
氧化镥	≥99.9%	5993.1	5993.1	6150.0	6150.0	6150.0	6150.0
氧化钇	≥99.999%	34.0	34.0	33.5	34.8	34.4	34.0
氧化镨钕	≥99% Nd2O375%	286.5	286.5	313.5	298.6	291.2	272.3
镨钕金属	≥99% Nd 75%	367.4	367.4	405.4	385.1	380.6	355.3
产品	纯度	7月	8月	9月	10月	11月	1—12月均价
氧化镧	≥99%	12.5	12.2	12.0	12.0	12.0	13
氧化铈	≥99%	11.5	11.2	11.0	11.0	11.0	12
氧化镨	≥99%	350.6	327.6	313.3	309.7	310.0	354

（续表）

产品	纯度	7月	8月	9月	10月	11月	1—12月均价
氧化钕	≥99%	256.3	237.1	233.1	251.8	257.2	269
氧化钐	≥99.9%	17.5	17.5	17.5	15.3	15.0	17
氧化铕	≥99.99%	1235.7	964.3	887.8	842.0	675.0	1248
氧化钆	≥99%	70.0	67.0	67.0	72.9	75.5	76
钆铁	≥99% Gd75% ± 2%	92.0	88.0	88.0	88.3	87.8	92
氧化铽	≥99.9%	3050.0	2607.1	2468.8	2473.3	2500.0	3100
氧化镝	≥99%	1382.6	1244.1	1244.4	1358.0	1380.6	1489
镝铁	≥99% Dy80%	1436.9	1303.8	1280.0	1367.1	1405.0	1534
氧化钬	≥99.5%	237.0	230.1	227.0	238.7	245.0	242
钬铁	≥99% Ho80%	247.0	243.0	243.0	252.0	257.0	254
氧化铒	≥99%	232.3	222.9	215.0	208.9	208.0	230
氧化镱	≥99.99%	190.0	190.0	190.0	190.0	190.0	190
氧化镥	≥99.9%	6150.0	6150.0	5479.7	5325.0	5325.0	5876
氧化钇	≥99.999%	33.7	31.6	29.0	29.0	29.0	32
氧化镨钕	≥99% Nd2O375%	248.5	230.3	228.5	254.7	263.9	270
镨钕金属	≥99% Nd 75%	325.0	303.6	304.3	326.0	337.1	350

数据来源：稀土行业协会，2015年12月。

四、经济效益分析

2015年，稀土行业主营业务收入同比增长，据中国有色金属工业协会统计数据显示，2015年1—8月，全国稀土金属矿采选业主营业务收入为52.3亿元，同比增长6.4%，实现利润3.0亿元，同比下降27.6%；稀土金属冶炼业主营业务收入464.0亿元，同比增长3.8%，实现利润20.9亿元，同比小幅增长2.2%。

从具体稀土企业来看。稀土材料市场行情持续低迷，导致稀土企业盈利能力出现快速恶化。根据2015年各稀土上市公司前三季度企业报表，稀土企业生存压力巨大。6大稀土集团中的4家稀土上市公司稀土业务有1家盈利3家亏损。数据显示，报告期内，北方稀土实现营业收入44.9亿元，同比上升18.3%，实现归属于上市公司股东的净利润3亿元，同比下降24.0%；广晟有色实现营业收入21.4亿元，同比增长27.8%，净利润亏损9587万元，同比增亏911.0%；厦门钨业实现合并营业收入为60.6亿元，同比下降0.07%，净利润亏损6626万元，同比增亏131.2%；五矿稀土实现营业收入4.3亿元，同比下降14.1%，净利润-7223万元，同比增亏-1862.0%。在连续亏损状态下，五矿稀土等六大稀土集团先后加入限产保价阵营，以缓解市场供需矛盾。五矿稀土、厦门钨业、广晟有色三季报纷纷呈报大幅亏损。与之相反，其他稀土永磁产业链的企业经营状况表现良好，宁波韵升、正海磁材、横店东磁、科力远、中科三环等上市公司订单基本饱和，业绩出现同比大幅增长，行业活力呈现，去库存及国家政策导流下的行业复苏明显。

五、进出口贸易情况

总体来说，2015年我国稀土出口市场出口量环比整体上升，出口价格环比整体减少，呈现量增价跌的态势。根据海关统计数据显示，2015年1—11月，全国稀土产品累计出口量为2.999万吨，同比上涨20.8%。稀土产品累计出口额为3.3亿美元，同比下降2.1%。稀土产品出口均价为11.1美元/千克，同比下降19.0%。其中截止10月，稀土氧化物及盐类累计出口量为2.2万吨，累计出口额为2.3亿美元；稀土金属累计出口量为4380吨，累计出口额为6784万美元。

表7-2　2015年我国主要稀土产品出口量、出口额及出口均价

	出口量（吨）	出口额（万美元）	出口均价（美元/千克）
1月	1457.0	2037.0	14.0
2月	2052.0	2495.0	12.2
3月	2028.0	2109.0	10.4
4月	2506.0	2973.0	11.9
5月	2618.0	3164.0	12.1
6月	3219.0	4377.0	13.6
7月	3658.5	4095.0	11.2
8月	2827.5	3238.2	11.5
9月	3033.4	2976.2	9.8
10月	3353.8	2733.2	8.2
11月	3241.0	3165.3	9.8
1—11月累计	29994.2	33362.9	11.1

数据来源：海关总署，2015年12月。

表 7-3　2015 年我国稀土氧化物及盐类和稀土金属出口量及出口额

	稀土氧化物及盐类		稀土金属	
	出口量（万吨）	出口额（万美元）	出口量（吨）	出口额（万美元）
1月	1271	1703	186	336
2月	1755	2032	297	463
3月	1759	1572	270	437
4月	2218	2292	288	681
5月	2077	2242	541	922
6月	2725	3365	494	1012
7月	3004	3179	655	916
8月	2442	2845	386	414
9月	2538	2412	494	564
10月	2585	1695	769	1039
1—10月累计	22374	23337	4380	6784

数据来源：海关总署，2015 年 12 月。

第二节　需要关注的几个问题

一、出口配额和关税取消加剧竞争

经国务院批准，商务部决定从 2015 年 1 月 1 日开始取消稀土出口配额。1 月 1 日起，执行《2015 年出口许可证管理货物分级发证目录》，稀土许可证由特办签发，稀土的报关口岸限定为天津海关、上海海关、青岛海关、黄埔海关、呼和浩特海关、南昌海关、宁波海关、南京海关和厦门海关。另外，根据国务院关税税则委员会下发的《关于调整部分产品出口关税的通知》，自 2015 年 5 月 1 日起，取消稀土等产品的出口关税。

我国对稀土出口管理措施的调整，对国际国内稀土市场都产生了影响。稀土配额和出口关税的取消，一方面有利于我国稀土产品的出口贸易，国际采购成本降低，国外对国内稀土产品的需求进一步提升；但另一方面，我国稀土功能材料企业将直接面对全球同类企业的竞争，在失去原有稀土矿产品成本优势的基础上，如何提升自身的竞争实力，提高稀土在中高端应用的市场认可度，将成为我国稀土企业今后面临的一个重要问题。

二、稀土产业金融多元化趋势凸显

2015 年，稀土行业金融多元化发展趋势明显。对于众多中小稀土企业来说，稀土市场价格低迷给企业经营带来巨大压力，同时，稀土行业整体供求关系失衡，稀土企业在技术创新和深加工应用方面面临资金短缺的压力。在这个背景下，多元化的金融手段和灵活多变的金融平台能够给稀土企业带来多种融资的渠道。“稀土 + 金融”的模式成为稀土产业突破传统模式的一个重要方向。

稀土金融化的发展，一方面，可以有效缓解稀土价格与价值背离的问题，通过买卖双方共同实现公平的交易价格，让国内稀土企业主导稀土的定价权；另一方面，可以有效促进稀土深加工产业的发展，为稀土企业向中高端应用领域发展提供助力。稀土行业与新兴产业、金融和互联网的跨界融合，尤其是稀土产品电子交易平台的规模化发展，给稀土大数据、跨境电商、创新互联网服务体系等带来了发展的可能性。

三、稀土高端应用发展严重滞后

2015 年，我国稀土中高端应用领域发展仍严重滞后。目前，我国在稀土开采和冶炼等初级环节拥有一定比较优势，但是在稀土新材料研发和稀土终端应用领域方面，与国外相比差距较为明显。我国稀土功能材料和应用器件规模较小，产业链低端、产品附加值低，科技创新不强，稀土高端应用发展不足，稀土应用技术研发长期处于跟踪仿制多、独立创新少、技术含量低的状态，稀土材料和器件性能、质量稳定性都难以满足国防科工、战略性新兴产业等发展需要，部分材料和零部件还需要进口。稀土领域科技成果转化机制不健全，成果转化率低下，产学研用脱节的现象依然普遍存在。2016 年起，稀土材料制备和产品应用的高端化将是稀土行业发展的重点方向。

四、稀土资源与环境保护仍需加强

2015 年，我国稀土私挖盗采、买卖加工非法稀土矿产品、违规生产等问题仍时有发生，稀土大集团外稀土冶炼分离散、乱的状况依然存在。稀土综合回收领域产能增长过快，一些回收企业存在收购非法稀土矿产品的违规生产经营行为，严重扰乱稀土市场，应坚决加强监管，实现稀土冶炼分离生产的规范化。稀土资源保护的法律体系不完善，对违法违规行为打击力度不足。我国稀土资源开采过程中普遍存在过度开采、盲目竞争、资源综合利用率低等问题，矿山生态恢复重视不够，生产过程中存在污染。

区 域 篇

第八章　东部地区

第一节　石化化工行业

一、生产情况

2015 年 1—10 月，东部地区乙烯、苯和甲醇等产品产量分别为 999.7 万吨，464.5 万吨和 900.9 万吨。与 2014 年同期相比，分别增加 5.7%，8.5% 和 1.0%。

表 8–1　2015 年 1—10 月东部地区主要化工产品生产及同比情况（单位：万吨，%）

地区	乙烯		苯		甲醇	
	产量	同比	产量	同比	产量	同比
北京	64.8	–0.5	14.2	–12.1	——	——
天津	108.4	1.6	32.9	–4.2	19.3	–6.8
河北	——	——	53.0	26.7	81.8	18.2
辽宁	137.4	–4.5	44.2	19.5	10.8	–41.0
上海	176.1	14.0	71.8	9.4	76.1	–2.6
江苏	126.5	–0.5	50.2	–6.7	62.4	10.1
浙江	111.2	42.1	32.5	13.6	11.9	0.9
福建	——	——	49.8	22.6	22.5	–26.3
山东	84.5	21.5	76.1	15.8	498.4	6.9
广东	190.8	–4.4	26.6	–11.7	——	——
海南	——	——	13.2	–9.6	117.6	1.9
东部地区	999.7	5.7	464.5	8.5	900.9	1.0

数据来源：Wind 资讯，2015 年 12 月。

二、经营情况

2015 年 1—10 月，东部地区化工产业资产总计 41421.4 亿元，负债总计 22569.6 亿元，资产负债率为 54.5%，同比下降 1.2 个百分点。

表 8-2　东部地区化工产业资产与负债情况（单位：亿元，%）

地区	2015年1—10月			2014年1—10月
	资产总计	负债总计	资产负债率	资产负债率
北京	520.7	219.9	42.2	58.8
天津	1466.0	863.3	58.9	63.1
河北	1996.7	1115.2	55.8	58.6
辽宁	2400.6	1626.5	67.8	65.2
上海	2640.7	1251.4	47.4	48.8
江苏	10675.5	5565.2	52.1	54.2
浙江	5446.2	3095.1	56.8	58.3
福建	1438.4	875.5	60.9	61.9
山东	10471.2	5830.5	55.7	55.3
广东	4050.9	2004.0	49.5	50.0
海南	314.5	123.2	39.2	37.8
东部地区	41421.4	22569.6	54.5	55.7

数据来源：Wind 资讯，2015 年 12 月。

2015 年 1—10 月，东部地区化工产业实现主营业务收入 46170.7 亿元，利润 2645.5 亿元，销售利润率为 5.7%，较 2014 年同期上升 0.6 个百分点。

表 8-3　东部地区化工行业主营业务收入及利润情况（单位：亿元，%）

地区	2015年1—10月			2014年1—10月
	主营业务收入	利润总额	销售利润率	销售利润率
北京	274.3	8.4	3.0	0.7
天津	1138.7	69.9	6.1	3.0
河北	1966.8	119.6	6.1	6.0
辽宁	1949.9	17.8	0.9	–0.1
上海	2212.1	146.4	6.6	4.9

（续表）

地区	2015年1—10月			2014年1—10月
	主营业务收入	利润总额	销售利润率	销售利润率
江苏	14065.5	821.5	5.8	5.2
浙江	4361.6	220.4	5.1	5.1
福建	1231.2	23.3	1.9	1.2
山东	14154.8	844.5	6.0	6.2
广东	4660.5	361.8	7.8	6.2
海南	155.4	11.9	7.7	11.9
东部地区	46170.7	2645.5	5.7	5.1

数据来源：Wind 资讯，2015 年 12 月。

第二节　钢铁行业

一、生产情况

东部地区是我国钢铁主产区，2015 年 1—11 月生铁、粗钢和钢材产量分别为 40723.1 万吨、47141.1 万吨和 68447.7 万吨，同比增速分别为 0.2%、0.5% 和 3.1%。2015 年 1—11 月东部地区生铁、粗钢和钢材产量占全国总产量的比重分别为 63.8%、63.8% 和 66.6%，产量在全国占比进一步增加。

表 8-4　2015 年 1—11 月东部地区钢铁生产情况（单位：万吨，%）

地区	生铁		粗钢		钢材	
	产量	同比	产量	同比	产量	同比
河北	16082.8	2.5	17365.4	1	23103.4	5.4
江苏	6473.8	1.6	9959.1	10.1	12309.5	6.6
山东	6233.3	–2.7	6103.8	–0.5	8214.3	0.3
辽宁	5630	–2.3	5640.8	–5.2	5886.7	–7.2
天津	1825.2	–8.7	1904.6	–9	7519.9	14.6
上海	1542.2	2.8	1631.9	0.6	2012.9	–4.5
广东	1027	–1.8	1574.9	0.3	2923	–6.2
浙江	999.5	–4.1	1477.9	–6.5	3713.8	0.3

（续表）

地区	生铁		粗钢		钢材	
	产量	同比	产量	同比	产量	同比
福建	909.3	9.5	1459.2	-13.1	2572.3	-4.8
海南	/	/	22.1	7.8	30.5	22
北京	/	/	1.4	-26.3	161.4	-8.9
东部地区	40723.1	0.2	47141.1	0.5	68447.7	3.1

数据来源：Wind 资讯，2015 年 12 月。

二、经营情况

截至 2015 年 10 月末，东部地区 11 个省（市）钢铁产业资产总计 40277 亿元，负债总计 25946.4 亿元，资产负债率为 64.4%，较 2014 年 10 月末下降了 1.1 个百分点。

表 8-5　2015 年 10 月末东部地区钢铁行业资产与负债情况（单位：亿元，%）

地区	资产总计	负债总计	资产负债率	
			2015年10月末	较上年下降（个百分点）
北京	430.2	185.8	43.2	-25.0
天津	4363.7	3357.8	76.9	2.8
河北	10647.8	6691.9	62.8	-2.9
辽宁	6071.4	4062.6	66.9	3.9
上海	2258.8	969.8	42.9	-1.5
江苏	6822.8	4300.2	63.0	-2.5
浙江	1841.3	1162.1	63.1	-4.6
福建	1016.5	681.1	67.0	-0.1
山东	5038.9	3329.8	66.1	-1.4
广东	1773.2	1195.7	67.4	-4.6
海南	12.6	9.7	77.5	8.1
东部地区	40277.0	25946.4	64.4	-1.1

数据来源：Wind 资讯，2015 年 12 月。

2015 年 1—10 月，东部地区钢铁产业实现主营业务收入 34335 亿元，利润总额 615 亿元，销售利润率为 1.8%，较 2014 年 1—10 月下降 0.4 个百分点。

表 8-6　2015 年 1—10 月东部地区钢铁行业主营业务收入及利润情况（单位：亿元，%）

地区	主营业务收入	利润总额	销售利润率		
			2015年1—10月	2014年1—10月	较上年提高（个百分点）
北京	88.3	–5.5	–6.2	1.0	–7.3
天津	4068.3	100.6	2.5	1.8	0.7
河北	8226.1	72.2	0.9	1.6	–0.7
辽宁	3355.0	35.1	1.0	2.1	–1.0
上海	1212.6	12.3	1.0	3.5	–2.5
江苏	8269.7	248.2	3.0	2.9	0.1
浙江	1751.0	38.5	2.2	2.8	–0.6
福建	1304.9	–1.8	–0.1	0.5	–0.7
山东	4324.7	88.8	2.1	2.7	–0.7
广东	1727.1	27.3	1.6	1.7	–0.1
海南	7.4	–0.8	–11.4	–9.2	–2.2
东部地区	34335.0	615.0	1.8	2.2	–0.4

数据来源：Wind 资讯，2015 年 12 月。

第三节　有色行业

一、生产情况

2015 年 1—10 月，东部地区十种有色金属产量共计为 988.5 万吨，较 2014 年同期增长 96.6%。其中，山东省十种有色金属产量为 762.8 万吨，同比增长 9.6%。

表 8-7　2015 年 1—10 月东部地区十种有色金属生产情况（单位：万吨，%）

地区	产量	同比
北京	——	——
天津	3.4	–32.9
河北	11.4	–20.8

（续表）

地区	产量	同比
辽宁	77.1	42.4
上海	3.9	–50.2
江苏	33.0	29.1
浙江	32.5	10.6
福建	34.2	1.9
山东	762.8	9.6
广东	30.2	–6.4
海南	–	–
东部地区	988.5	96.6

数据来源：Wind资讯，2015年12月。

二、经营情况

2015 年 1—10 月，东部地区十种有色金属产业资产总计 13212.6 亿元，负债总计 7988.9 亿元，资产负债率为 60.5%，较 2014 年同期上升 0.9 个百分点。

表 8-8　东部地区有色金属产业资产与负债情况（单位：亿元，%）

地区	2015年1—10月			2014年1—10月
	资产总计	负债总计	资产负债率	资产负债率
北京	79.9	35.9	45.0	43.2
天津	354.2	248.6	70.2	67.2
河北	268.8	173.2	64.4	66.7
辽宁	1390.4	855.3	61.5	54.0
上海	322.0	190.8	59.3	59.7
江苏	1789.8	1099.3	61.4	62.7
浙江	1507.1	1018.8	67.6	68.5
福建	1221.1	724.3	59.3	58.4
山东	4353.9	2274.6	52.2	49.7
广东	1920.4	1365.3	71.1	71.4
海南	5.0	2.7	53.6	57.1
东部地区	13212.6	7988.9	60.5	59.6

数据来源：Wind 资讯，2015 年 12 月。

2015年1—10月，东部地区有色金属产业实现主营业务收入16490.2亿元，利润678.5亿元，销售利润率为4.1%，较2014年同期提高0.2个百分点。

表8-9 2015年1—10月东部地区有色金属行业主营业务收入及利润情况（单位：亿元，%）

地区	2015年1—10月			2014年1—10月
	主营业务收入	利润总额	销售利润率	销售利润率
北京	55.1	1.2	2.1	3.9
天津	776.3	37.7	4.9	2.3
河北	410.1	10.4	2.5	3.3
辽宁	835.8	47.7	5.7	5.2
上海	327.2	7.2	2.2	2.2
江苏	3137.8	97.9	3.1	3.2
浙江	1932.2	33.7	1.7	2.2
福建	1142.7	33.0	2.9	5.3
山东	5508.8	335.8	6.1	5.9
广东	2361.3	73.1	3.1	2.2
海南	3.0	1.0	33.8	32.1
东部地区	16490.2	678.5	4.1	4.0

数据来源：Wind资讯，2015年12月。

第四节 建材行业

一、生产情况

2015年1—11月水泥产量为77074.4万吨，同比下降8.1%。2015年1—10月东部地区平板玻璃产量为38173.8万重量箱。

表8-10 2015年东部地区建材生产情况

地区	水泥(1—11月)		平板玻璃（1—10月）	
	产量（万吨）	同比（%）	产量（万重量箱）	同比（%）
河北	8315.8	-16.6	9984.4	-11.6
江苏	16438.5	-7.0	4090.1	-18.3
山东	14061.3	-10.0	6186.5	-11.4
辽宁	4422.2	-20.4	1170.5	-49.4

（续表）

地区	水泥(1—11月)		平板玻璃（1—10月）	
	产量（万吨）	同比（%）	产量（万重量箱）	同比（%）
天津	727.8	-22.7	2665.5	-1.4
上海	392.5	-36.7	0.0	0.0
广东	13023.9	-1.9	5974.9	-16.5
浙江	10237.6	-6.6	3863.7	22.0
福建	7014.6	1.4	4189.8	-4.8
海南	1937.2	2.5	0.0	0.0
北京	503.0	-21.7	48.4	55.2
东部地区	77074.4	-8.1	38173.8	-9.6

数据来源：Wind资讯，2015年12月。

二、经营情况

截至2015年10月末，东部地区11个省（市）建材产业资产总计22834亿元，负债总计12562.7亿元，资产负债率为55.0%，较2014年10月末下降了0.5个百分点。

表8-11　2015年10月末东部地区建材行业资产与负债情况（单位：亿元，%）

地区	资产总计	负债总计	资产负债率	
			2015年10月末	较上年下降（个百分点）
北京	968.8	604.0	62.3	-0.2
天津	488.8	293.5	60.0	-0.1
河北	2224.3	1302.4	58.6	1.0
辽宁	1899.8	1045.8	55.0	-3.0
上海	766.1	452.1	59.0	-0.4
江苏	3545.8	2028.5	57.2	1.9
浙江	2461.3	1525.4	62.0	1.1
福建	1976.1	893.9	45.2	2.6
山东	4855.0	2333.5	48.1	-0.4
广东	3460.6	1990.1	57.5	-0.3
海南	187.3	93.5	49.9	-1.1
东部地区	22834.0	12562.7	55.0	0.5

数据来源：Wind 资讯，2015 年 12 月。

2015 年 1—10 月，东部地区建材产业实现主营业务收入 23260.3 亿元，利润总额 1321.0 亿元，销售利润率为 5.7%，较 2014 年 1—10 月下降 0.4 个百分点。

表 8-12　2015 年 1—10 月东部地区建材行业主营业务收入及利润情况（单位：亿元，%）

地区	主营业务收入	利润总额	销售利润率		
			2015年1—10月	2014年1—10月	较上年提高（个百分点）
北京	365.4	7.7	2.1	2.7	–0.6
天津	308.6	9.2	3.0	3.3	–0.3
河北	1494.3	57.1	3.8	4.2	–0.3
辽宁	2635.3	109.0	4.1	4.4	–0.2
上海	461.2	23.7	5.1	5.4	–0.3
江苏	3824.8	212.9	5.6	5.6	–0.1
浙江	1473.8	74.1	5.0	6.1	–1.0
福建	2297.0	163.2	7.1	7.1	0.0
山东	6616.0	454.1	6.9	7.5	–0.7
广东	3693.8	207.3	5.6	6.3	–0.7
海南	90.3	2.7	3.0	13.6	–10.6
东部地区	23260.3	1321.0	5.7	6.1	–0.4

数据来源：Wind 资讯，2015 年 12 月。

第九章　中部地区

第一节　石化化工行业

一、生产情况

2015 年 1—10 月，中部地区乙烯、苯和甲醇等产品产量分别为 119.3 万吨、123.0 万吨和 636.6 万吨。与 2014 年同期相比，产量均分别增长 -18.2%、0.3% 和 7.0%。

表 9-1　2015 年 1—10 月中部地区化工行业生产情况（单位：万吨，%）

地区	乙烯		苯		甲醇	
	产量	同比	产量	同比	产量	同比
山西	–	–	18.1	76.0	211.0	-1.5
吉林	54.0	-8.7	18.8	-8.8	0.8	17.1
黑龙江	65.4	-24.6	13.5	-21.0	35.0	-1.1
安徽	–	–	7.5	11.8	57.8	-1.4
江西	–	–	4.6	17.5	–	–
河南	–	–	35.0	-9.3	294.5	10.5
湖北	–	–	22.5	1.6	33.7	2.4
湖南	–	–	3.0	68.3	3.8	-47.1
中部地区	119.3	-18.2	123.0	0.3	636.6	7.0

数据来源：Wind资讯，2015年12月。

二、经营情况

2015 年 1—10 月，中部地区化工产业资产总计 13066.6 亿元，负债总计

7312.0亿元，资产负债率为56.0%，较2014年同期下降1.8个百分点。

表9-2　2015年1—10月中部地区化工行业资产与负债情况（单位：亿元，%）

地区	2015年1—10月			2014年1—10月
	资产总计	负债总计	资产负债率	资产负债率
山西	1278.7	996.9	78.0	75.2
吉林	822.9	400.0	48.6	48.7
黑龙江	381.2	219.3	57.5	57.3
安徽	1676.3	952.7	56.8	59.1
江西	1462.6	755.2	51.6	56.3
河南	3370.8	1750.1	51.9	52.8
湖北	2792.8	1674.0	59.9	63.3
湖南	1281.2	564.0	44.0	45.7
中部地区	13066.6	7312.0	56.0	57.7

数据来源：Wind资讯，2015年12月。

2015年1—10月，中部地区化工产业实现主营业务收入14187.3亿元，利润644.2亿元，销售利润率4.5%，较2014年同期提升0.4个百分点。

表9-3　中部地区化工行业主营业务收入及利润情况（单位：亿元，%）

地区	2015年1—10月			2014年1—10月
	主营业务收入	利润总额	销售利润率	销售利润率
山西	546.3	-7.5	-1.4	-2.2
吉林	1203.7	14.5	1.2	0.3
黑龙江	381.9	12.0	3.2	5.2
安徽	1622.8	70.9	4.4	4.1
江西	1765.6	120.5	6.8	6.9
河南	3233.4	195.9	6.1	5.9
湖北	3234.7	137.6	4.3	3.6
湖南	2198.8	100.3	4.6	4.3
中部地区	14187.3	644.2	4.5	4.1

数据来源：Wind资讯，2015年12月。

第二节　钢铁行业

一、生产情况

2015 年 1—11 月，中部地区生铁、粗钢和钢材产量分别为 14796.1 万吨、16268.1 万吨和 20017.7 万吨，同比分别下降了 4.7%、5.0% 和 2.9%。2015 年 1—11 月中部地区生铁、粗钢和钢材产量占全国总产量的比重分别为 23.2%、22.0% 和 19.5%。

表 9-4　2015 年 1—11 月中部地区钢铁生产情况（单位：万吨，%）

地区	生铁		粗钢		钢材	
	产量	同比	产量	同比	产量	同比
山西	3316.2	-15.2	3550.4	-11.9	3906.9	-9.6
湖北	2106.8	-6.1	2675.5	-4.8	3125.0	-0.5
河南	2666.7	3.3	2670.2		4417.6	1.9
安徽	1921.4	5.5	2300.0	2.4	3048.5	2.4
江西	1895.8	0.9	2014.0	-0.5	2317.1	
湖南	1620.3	-0.4	1698.9	-2.4	1776.6	-0.5
吉林	883.4	-14.3	965.0	-16.9	1046.3	-18.6
黑龙江	385.5	-9.8	394.1	-11.5	379.7	-15.0
中部地区	14796.1	-4.7	16268.1	-5.0	20017.7	-2.9

数据来源：Wind资讯，2015年12月。

二、经营情况

截至 2015 年 10 月末，中部地区 11 个省（市）钢铁产业资产总计 12695.7 亿元，负债总计 8380 亿元，资产负债率为 66%，较 2014 年 10 月末上升了 0.2 个百分点。

表 9-5　2015 年 10 月末中部地区钢铁行业资产与负债情况（单位：亿元，%）

地区	资产总计	负债总计	资产负债率	
			2015年10月末	较上年下降（个百分点）
山西	2653.0	1928.0	72.7	1.7
吉林	754.2	584.3	77.5	3.8

（续表）

地区	资产总计	负债总计	资产负债率	
			2015年10月末	较上年下降（个百分点）
黑龙江	509.5	483.6	94.9	11.0
安徽	1518.9	898.0	59.1	-1.9
江西	760.2	508.8	66.9	-0.2
河南	2364.8	1231.0	52.1	-0.4
湖北	2924.8	1868.5	63.9	-2.9
湖南	1210.3	877.9	72.5	2.1
中部地区	12695.7	8380.0	66.0	0.2

数据来源：Wind资讯，2015年12月。

2015年1—10月，中部地区钢铁产业实现主营业务收入10639.5亿元，利润总额10.8亿元，销售利润率为0.1%，较2014年1—10月下降1.7个百分点。

表9-6　2015年1—10月中部地区钢铁行业主营业务收入及利润情况（单位：亿元，%）

地区	主营业务收入	利润总额	销售利润率		
			2015年1—10月	2014年1—10月	较上年提高（个百分点）
山西	1624.4	-50.4	-3.1	-0.4	-2.7
吉林	458.4	-12.7	-2.8	0.0	-2.8
黑龙江	119.3	-5.7	-4.8	-2.9	-1.9
安徽	1659.6	-6.0	-0.4	1.6	-1.9
江西	987.1	12.9	1.3	2.1	-0.8
河南	2860.3	123.7	4.3	5.0	-0.7
湖北	1788.2	-52.2	-2.9	0.9	-3.8
湖南	1142.2	1.2	0.1	2.1	-2.0
中部合计	10639.5	10.8	0.1	1.8	-1.7

数据来源：Wind资讯，2015年12月。

第三节　有色行业

一、生产情况

2015年1—10月，中部地区十种有色金属产量共计1077.9万吨，同比下降

4.5%。其中，河南有色金属产量为436.1万吨，产量居中部第一。

表9-7 2015年1—10月中部地区十种有色金属生产情况（单位：万吨，%）

地区	产量	同比
山西	86.9	-14.4
吉林	0.1	-83.8
黑龙江	0.1	29.9
安徽	110.7	-1.7
江西	138.9	3.6
河南	436.1	-1.2
湖北	78.6	-7.4
湖南	226.6	-3.9
中部地区	1077.9	-4.5

数据来源：Wind资讯，2015年12月。

二、经营情况

2015年1—10月，中部地区十种有色金属产业资产总计11373.2亿元，负债总计7199.9亿元，资产负债率为63.3%，较2014年同期下降2.5个百分点。

表9-8 2015年1—10月中部地区有色金属行业资产与负债情况（单位：亿元，%）

地区	2015年1—10月			2014年1—10月
	资产总计	负债总计	资产负债率	资产负债率
山西	756.7	580.2	76.7	77.8
吉林	633.4	479.4	75.7	80.9
黑龙江	88.4	62.1	70.3	67.9
安徽	1252.3	900.1	71.9	72.1
江西	2840.0	1482.8	52.2	55.7
河南	3997.8	2628.3	65.7	68.3
湖北	616.0	405.3	65.8	69.2
湖南	1188.6	661.9	55.7	56.4
中部地区	11373.2	7199.9	63.3	65.8

数据来源：Wind资讯，2015年12月。

2015年1—10月，中部地区十种有色金属产业实现主营业务收入15184.3亿元，利润310.8亿元，销售利润率2.1%，较2014年同期下降0.1个百分点。

表9-9 2015年1—10月中部地区有色金属行业主营业务收入及利润情况（单位：亿元，%）

地区	2015年1—10月			2014年1—10月
	主营业务收入	利润总额	销售利润率	销售利润率
山西	424.0	-3.2	-0.8	-2.6
吉林	177.8	-6.9	-3.9	3.2
黑龙江	32.4	-0.1	-0.2	3.0
安徽	2305.6	7.1	0.3	0.2
江西	4678.1	150.7	3.2	3.4
河南	4080.6	109.6	2.7	2.5
湖北	1233.3	7.5	0.6	0.6
湖南	2252.4	46.0	2.0	2.3
中部地区	15184.3	310.8	2.1	2.2

数据来源：Wind资讯，2015年12月。

第四节 建材行业

一、生产情况

2015年1—11月，中部地区水泥产量为65650万吨，同比下降了5.8%。2015年1—10月中部地区平板玻璃产量为14446.9万重量箱，同比下降了6.3%。

表9-10 2015年中部地区建材生产情况

地区	水泥(1—11月)		平板玻璃(1—10月)	
	产量（万吨）	同比（%）	产量（万重量箱）	同比（%）
山西	3366.5	-20.8	1163.8	-22.4
湖北	10041.1	-4.7	7771.6	3.3
河南	15098.0	-4.1	839.3	-32.5
安徽	11902.6	1.2	1919.3	-18.3
江西	8345.7	-3.1	316.3	-28.3

（续表）

地区	水泥(1—11月)		平板玻璃(1—10月)	
	产量（万吨）	同比（%）	产量（万重量箱）	同比（%）
湖南	10502.2	–2.1	1751.6	40.7
吉林	3491.2	–11.7	366.1	–62.7
黑龙江	2902.7	–10.7	319.0	–8.8
中部地区	65650.0	–5.8	14446.9	–6.3

数据来源：Wind资讯，2015年12月。

二、经营情况

截至到2015年10月末，中部地区11个省（市）建材产业资产总计15082.5亿元，负债总计7019.8亿元，资产负债率为46.5%，较2014年10月末下降了0.8个百分点。

表9–11　2015年10月末中部地区建材行业资产与负债情况（单位：亿元，%）

地区	资产总计	负债总计	资产负债率	
			2015年10月末	较上年下降（个百分点）
山西	665.2	500.8	75.3	–2.6
湖北	1816.0	830.3	45.7	4.9
河南	5696.6	2154.6	37.8	–0.1
安徽	1957.9	996.0	50.9	0.2
江西	1610.9	712.7	44.2	3.8
湖南	1580.2	712.7	45.1	–0.1
吉林	1180.7	747.6	63.3	–4.7
黑龙江	575.0	365.0	63.5	–1.0
中部地区	15082.5	7019.8	46.5	0.8

数据来源：Wind资讯，2015年12月。

2015年1—10月，中部地区建材产业实现主营业务收入16960.4亿元，利润总额1116.6亿元，销售利润率为6.6%，较2014年1—10月下降0.9个百分点。

表 9-12　2015 年 1—10 月中部地区建材行业主营业务收入及利润情况（单位：亿元，%）

地区	主营业务收入	利润总额	销售利润率		
			2015年1—10月	2014年1—10月	较上年提高（个百分点）
山西	246.9	–10.2	–4.1	–0.7	–3.5
吉林	1327.6	41.6	3.1	4.1	–1.0
黑龙江	399.7	18.3	4.6	6.6	–2.0
安徽	1762.9	107.0	6.1	7.9	–1.9
江西	2013.7	165.2	8.2	8.9	–0.7
河南	6767.0	572.5	8.5	9.3	–0.8
湖北	2356.9	133.7	5.7	6.4	–0.8
湖南	2085.7	88.5	4.2	4.9	–0.7
中部合计	16960.4	1116.6	6.6	7.5	–0.9

数据来源：Wind资讯，2015年12月。

第十章　西部地区

第一节　石化化工行业

一、生产情况

2015 年 1—10 月，西部地区乙烯、苯和甲醇等产品产量分别为 140.1 万吨、51.5 万吨和 1733.0 万吨。与 2014 年同期相比，乙烯和苯产量分别下降 11.3% 和 11.0%，甲醇同比增长 9.0%。

表 10-1　2015 年 1—10 月西部地区化工行业生产情况（单位：万吨，%）

地区	乙烯		苯		甲醇	
	产量	同比	产量	同比	产量	同比
内蒙	–	–	4.1	–10.5	566.9	7.2
广西	–	–	–	–	13.2	–22.4
重庆	–	–	6.5	14.9	162.2	9.9
四川	–	–	4.6	–4.1	26.3	–58.6
贵州	–	–	–	–	34.9	6.6
云南	–	–	3.7	–39.6	40.1	–6.2
西藏	–	–	–	–	–	–
陕西	–	–	–	–	336.3	12.2
甘肃	53.3	2.5	15.7	11.3	33.3	–44.2
青海	–	–	–	–	17.3	–73.2
宁夏	–	–	–	–	415.0	73.3
新疆	86.8	–18.0	17.1	–25.1	87.7	–13.9
西部地区	140.1	–11.3	51.5	–11.0	1733.0	9.0

数据来源：Wind 资讯，2015 年 12 月。

二、经营情况

2015 年 1—10 月，西部地区化工产业资产总计 15913.5 亿元，负债总计 10783.6 亿元，资产负债率为 67.8%，较 2014 年同期上升 1.5 个百分点。

表 10-2　2015 年 1—10 月西部地区化工行业资产与负债情况（单位：亿元，%）

地区	2015年1—10月			2014年1—10月
	资产总计	负债总计	资产负债率	资产负债率
内蒙古	2955.4	2077.2	70.3	68.9
广西	661.5	399.4	60.4	60.2
重庆	1069.0	715.5	66.9	66.5
四川	2324.4	1357.6	58.4	55.3
贵州	1220.5	912.2	74.7	71.7
云南	1216.2	883.6	72.7	70.4
陕西	6.6	1.4	20.9	14.7
甘肃	2020.0	1382.6	68.5	72.4
青海	377.3	221.3	58.6	54.5
宁夏	1365.1	1013.6	74.3	72.5
新疆	737.8	478.9	64.9	62.9
西藏	1959.9	1340.4	68.4	66.2
西部地区	15913.5	10783.6	67.8	66.2

数据来源：Wind 资讯，2015 年 12 月。

2015 年 1—10 月，西部地区化工产业实现主营业务收入 7956.7 亿元，利润 161.8 亿元，销售利润率 2.0%，较 2014 年同期下降 0.2 个百分点。

表 10-3　西部地区化工行业主营业务收入及利润情况（单位：亿元，%）

地区	2015年1—10月			2014年1—10月
	主营业务收入	利润总额	销售利润率	销售利润率
内蒙古	1077.6	12.2	1.1	3.1
广西	819.2	33.3	4.1	4.9
重庆	712.6	6.0	0.8	0.3
四川	1940.4	64.2	3.3	3.1
贵州	795.7	24.3	3.1	0.3
云南	647.4	-4.2	-0.6	-0.9

（续表）

地区	2015年1—10月			2014年1—10月
	主营业务收入	利润总额	销售利润率	销售利润率
陕西	1.9	0.5	25.5	36.0
甘肃	735.7	25.4	3.5	2.8
青海	213.0	-8.1	-3.8	-1.9
宁夏	225.5	8.2	3.7	3.1
新疆	272.9	-3.6	-1.3	0.9
西藏	515.0	3.5	0.7	3.8
西部地区	7956.7	161.8	2.0	2.3

数据来源：Wind 资讯，2015 年 12 月。

第二节 钢铁行业

一、生产情况

2015 年 1—11 月，西部地区生铁、粗钢和钢材产量分别为 8327.2 万吨、10428.6 万吨和 14344.4 万吨，同比分别下降了 14.2%、9.2% 和 3.1%。2015 年 1—11 月西部地区生铁、粗钢和钢材产量占全国总产量的比重分别为 13.0%、14.1% 和 14.0%。

表 10-4 2015 年 1—11 月西部地区钢铁生产情况（单位：万吨，%）

地区	生铁		粗钢		钢材	
	产量	同比	产量	同比	产量	同比
内蒙古	1334.7	10.4	1593.1	3.9	1739.6	8.0
广西	1111.6	-1.3	1949.7	1.5	3187.6	9.0
重庆	351.6	-14.8	650.1	-9.5	1315.0	7.1
四川	1589.7	-10.1	1758.3	-8.6	2445.1	-4.3
贵州	371.9	-19.3	422.4	-17.2	418.7	-18.1
云南	1143.2	-25.9	1301.8	-15.9	1549.9	-11.7
陕西	779.3	-5.6	960.3	0.9	1570.9	3.7
甘肃	646.9	-21.4	796.2	-18.3	801.7	-20.7
青海	101.6	-11.3	112.1	-15.8	104.9	-11.7

（续表）

地区	生铁		粗钢		钢材	
	产量	同比	产量	同比	产量	同比
宁夏	163.0	−10.1	169.3	15.7	189.1	23.0
新疆	733.7	−40.9	715.3	−36.0	1021.9	−28.2
西部地区	8327.2	−14.2	10428.6	−9.2	14344.4	−3.1

数据来源：Wind资讯，2015年12月。

二、经营情况

截至2015年10月末，西部地区钢铁产业资产总计12811.8亿元，负债总计9424.1亿元，资产负债率为73.6%，较2014年10月末上升了0.4个百分点。

表10-5　2015年10月末西部地区钢铁行业资产与负债情况（单位：亿元，%）

地区	资产总计	负债总计	资产负债率	
			2015年10月末	较上年下降（个百分点）
内蒙古	3295.5	2128.3	64.6	−7.3
广西	1141.6	829.4	72.7	−0.7
重庆	721.3	555.8	77.1	1.0
四川	2502.2	1993.7	79.7	6.6
贵州	399.2	285.0	71.4	1.2
云南	961.1	717.2	74.6	3.7
陕西	623.3	466.2	74.8	0.4
甘肃	1397.9	994.3	71.1	1.6
青海	367.0	305.8	83.3	1.3
宁夏	403.9	310.9	77.0	3.3
新疆	998.7	837.5	83.9	5.7
西部地区	12811.8	9424.1	73.6	0.4

数据来源：Wind资讯，2015年12月。

2015年1—10月，西部地区钢铁产业实现主营业务收入8727.4亿元，亏损296.9亿元，销售利润率为−3.4%，较2014年1—10月下降2.8个百分点，产业亏损严重。

表 10-6　2015 年 1—10 月西部地区钢铁行业主营业务收入及利润情况（单位：亿元，%）

地区	主营业务收入	利润总额	销售利润率		
			2015年1—10月	2014年1—10月	较上年提高（个百分点）
内蒙古	1183.7	-39.3	-3.3	1.0	-4.3
广西	1783.4	37.1	2.1	2.4	-0.3
重庆	581.3	-14.8	-2.5	-0.3	-2.3
四川	1890.8	-53.7	-2.8	-0.7	-2.2
贵州	459.6	-10.3	-2.2	-1.6	-0.6
云南	529.5	-42.7	-8.1	-3.0	-5.0
陕西	716.1	-15.5	-2.2	-0.2	-1.9
甘肃	949.9	-76.2	-8.0	-1.2	-6.9
青海	136.3	-11.1	-8.1	-2.8	-5.3
宁夏	187.7	-8.5	-4.5	-1.2	-3.3
新疆	309.0	-61.9	-20.0	-8.4	-11.6
西部合计	8727.4	-296.9	-3.4	-0.6	-2.8

数据来源：Wind资讯，2015年12月。

第三节　有色行业

一、生产情况

2015 年 1—10 月，西部地区十种有色金属产量共计为 2194.0 万吨，较 2014 年同期增长 12.6%。其中，新疆十种有色金属产量最多，为 518.6 万吨，同比下降 8.6%。

表 10-7　2015 年 1—10 月西部地区十种有色金属生产情况（单位：万吨，%）

地区	产量	同比
内蒙	281.5	8.6
广西	127.3	15.9
重庆	55.8	3.9
四川	51.5	-5.9
贵州	76.3	33.6

（续表）

地区	产量	同比
云南	270.0	6.6
西藏	–	–
陕西	177.9	5.3
甘肃	326.6	5.3
青海	193.9	–6.2
宁夏	114.7	–8.6
新疆	518.6	–8.6
西部地区	2194.0	12.6

数据来源：Wind 资讯，2015 年 12 月。

二、经营情况

2015 年 1—10 月，西部地区有色金属产业资产总计 11378.2 亿元，负债总计 9027.5 亿元，资产负债率为 79.3%，较 2014 年同期上升了 1.3 百分点。

表 10-8　2015 年 1—10 月西部地区有色行业资产与负债情况（单位：亿元，%）

地区	2015年1—10月			2014年1—10月
	资产总计	负债总计	资产负债率	资产负债率
内蒙古	1519.3	979.5	64.5	61.8
广西	1249.7	1051.8	84.2	83.2
重庆	539.9	380.8	70.5	75.5
四川	626.8	375.4	59.9	65.2
贵州	428.1	318.9	74.5	73.4
云南	461.6	1299.6	281.5	269.2
陕西	1282.1	713.5	55.7	54.5
甘肃	2339.2	1614.7	69.0	65.7
青海	834.5	662.1	79.3	76.7
宁夏	718.1	558.2	77.7	78.1
新疆	1378.8	1073.2	77.8	74.4
西部地区	11378.2	9027.5	79.3	78.1

数据来源：Wind 资讯，2015 年 12 月。

2015年1—10月，西部地区有色金属产业实现主营业务收入9882.9亿元，利润-6.9亿元，销售利润率-0.1%，较2014年同期下降0.5个百分点。

表10-9 2015年1—10月西部地区有色行业主营业务收入及利润情况（单位：亿元，%）

地区	2015年1—10月			2014年1—10月
	主营业务收入	利润总额	销售利润率	销售利润率
内蒙古	1210.4	16.9	1.4	1.4
广西	760.6	-2.1	-0.3	-0.6
重庆	572.4	18.1	3.2	0.2
四川	553.1	7.6	1.4	1.3
贵州	310.6	1.8	0.6	-4.3
云南	1208.2	-26.0	-2.2	0.7
陕西	1274.2	39.2	3.1	2.9
甘肃	2564.7	-31.0	-1.2	0.1
青海	458.8	-22.4	-4.9	-3.9
宁夏	266.2	-15.1	-5.7	-3.2
新疆	703.7	6.2	0.9	3.3
西部地区	9882.9	-6.9	-0.1	0.5

数据来源：Wind资讯，2015年12月。

第四节　建材行业

一、生产情况

2015年1—11月，西部地区水泥产量为71984.8万吨，同比下降了2.4%。2015年1—10月西部地区平板玻璃产量10707.8万重量箱，同比增加6.1%。

表10-10 2015年西部地区建材生产情况

地区	水泥（1—11月）		平板玻璃（1—10月）	
	产量（万吨）	同比（%）	产量（万重量箱）	同比（%）
内蒙古	5643.7	-5.8	892.7	89.8
广西	9822.5	3.1	515.3	-0.5
重庆	6083.1	2.2	1079.7	-14.5
四川	12763.3	-3.1	4293.2	41.5

（续表）

地区	水泥（1—11月）		平板玻璃（1—10月）	
	产量（万吨）	同比（%）	产量（万重量箱）	同比（%）
贵州	9001.8	4.9	716.2	-10.8
云南	8308.4	1.2	522.8	-42.2
陕西	7949.8	-6.4	1541.6	-6.3
甘肃	4543.5	-0.6	124.8	-72.7
青海	1672.3	-3.6	329.5	-44.2
宁夏	1695.6	-9.6	0.0	0.0
西藏	453.6	40.1	0.0	0.0
新疆	4047.2	-15.4	692.0	2.5
西部地区	71984.8	-2.4	10707.8	6.1

数据来源：Wind 资讯，2015 年 12 月。

二、经营情况

截至 2015 年 10 月末，西部地区建材产业资产总计 10212.4 亿元，负债总计 6277.5 亿元，资产负债率为 61.5%，较 2014 年 10 月末上升了 1.7 个百分点。

表 10-11　2015 年 10 月末西部地区建材行业资产与负债情况（单位：亿元，%）

地区	资产总计	负债总计	资产负债率	
			2015年10月末	较上年下降（个百分点）
内蒙古	841.3	559.4	66.5	-1.3
广西	922.2	447.1	48.5	-0.1
重庆	1043.6	664.7	63.7	1.0
四川	2842.7	1769.4	62.2	-7.0
贵州	890.6	594.9	66.8	-1.9
云南	744.1	527.6	70.9	-0.5
西藏	44.8	19.1	42.7	-1.5
陕西	732.0	360.5	49.3	4.0
甘肃	562.7	312.7	55.6	-1.4
青海	264.3	190.8	72.2	0.0
宁夏	237.9	131.9	55.4	0.2
新疆	1086.3	699.4	64.4	-0.9
西部地区	10212.4	6277.5	61.5	-1.7

数据来源：Wind资讯，2015年12月。

2015 年 1—10 月，西部地区建材产业实现主营业务收入 7578.1 亿元，盈利 354.8 亿元，销售利润率为 4.7%，较 2014 年 1—10 月下降 1.4 个百分点，产业亏损较为严重。

表 10-12　2015 年 1—10 月西部地区建材行业主营业务收入及利润情况（单位：亿元，%）

地区	主营业务收入	利润总额	销售利润率		
			2015年1—10月	2014年1—10月	较上年提高（个百分点）
内蒙古	596.5	18.4	3.1	4.6	-1.5
广西	1153.5	98.1	8.5	9.5	-1.0
重庆	862.8	53.1	6.2	5.6	0.6
四川	2354.6	95.7	4.1	5.7	-1.6
贵州	716.6	18.4	2.6	6.6	-4.1
云南	336.8	2.4	0.7	2.8	-2.1
西藏	23.0	5.0	21.8	21.9	-0.1
陕西	843.4	49.3	5.8	5.9	0.0
甘肃	232.7	7.4	3.2	6.6	-3.4
青海	63.5	0.8	1.3	8.2	-6.9
宁夏	95.3	3.7	3.8	5.0	-1.1
新疆	299.5	2.5	0.8	2.9	-2.1
西部合计	7578.1	354.8	4.7	6.1	-1.4

数据来源：Wind 资讯，2015 年 12 月。

园 区 篇

第十一章　石化化工行业重点园区

第一节　宁波化学工业区

一、园区概况

宁波化学工业区是宁波市唯一的化学工业专业园区，成立于1998年8月。宁波化工区管理委员会于2003年2月正式开始运作。经浙江省人民政府批准，宁波化学工业区于2006年3月正式成为省级开发区。

宁波化学工业区规划面积56.22平方公里，位于杭州湾南岸。宁波化学工业区内地势平坦，依江临海，水源充沛，环境容量大，自然条件优越，同时园区提供“九通一平”等基础设施，配套设施齐全。园区水陆交通四通八达，区域优势明显。园区距宁波市区仅14公里，距东方深水良港北仑港仅24公里，紧邻中国最大的液体化工码头。329国道、未来沿海快速大道、世纪大道、舟山群岛大桥等贯通全区，随着杭州湾跨海大桥的建成和铁路专用线的建设，将大大拉近宁波化工区与整个长江三角洲的距离。

目前化工区已开发面积为6.5平方公里，镇海炼化、韩国LG甬兴、中金石化有限公司、杭州湾腈纶、中化进出口公司等70多家企业已落户园区。按照化工区总体规划（2002–2020），将重点发展以炼油及乙烯为龙头的石化源头产业、合成材料产业、高分子产品产业和精细化工产业。已建成的80万吨(一期)乙烯项目，可为整个化工区的发展提供丰富的石油化工原料，助力园区发展为华东乃至全国的重要石油化工基地。化工区将本着“外向型、高起点、跨世纪”和“持续、快速、安全、健康”的发展理念，按照建设现代化工园区的要求和化工行业的特点，努力营造一个高科技产业和支柱产业相对集聚、以大炼油和大乙烯项目为支撑、生产与生态均衡协调、可持续发展的世界一流的国家级石化产业基地。

二、园区产业布局

近年来，宁波化工区通过构建石化产业链、物流供应链、市场产销链来发挥产业集聚优势，石化产业链以纵向、横向两条链推进。纵向链以大型石化龙头企业为主线，按油头化尾的原则，以上一个企业的产品作为下一个企业的原料，顺流而下的发展，使资源得到最大限度的利用；充分利用大乙烯工程的部分产品生产乙醇胺、异丙醇、聚醚多元醇、C5 加氢石油树脂等化工中间产品，而这些产品又可以成为园区内其他企业的主要原料。横向链以大企业的“三废”副产品为原料，生产市场需要的各类终端产品。如利用副产品脱硫生产硫酸，硫酸生产钛白粉，废酸生产磷肥；大乙烯的焦油生产碳黑，碳黑供应橡胶厂作为原料等；利用电厂粉煤灰生产粉煤灰加气砖，以代替实心泥砖。

三、园区项目建设情况

2015 年，园区在建和已建的项目如下：荣盛石化的宁波芳烃项目装置调试按计划进行；四建吊装公司承建的中海石油宁波大榭石化有限公司馏分油综合利用项目大件设备统一吊装工程正式竣工，该工程包含 125 台大件设备的吊装，设备总吨位为 17777 吨；浙江省铁路投资集团年产 10 万吨聚碳酸酯项目全面实现量产，产品性能指标可与国际龙头企业相比；宁波大发化纤有限公司废弃化学纤维制品资源综合利用生产再生聚酯产品项目正式投产；阿克苏诺贝尔位于宁波的全新烷氧基化工厂破土动工；宁波戚家山液体化工码头竣工。

同时，园内企业宁波科元塑胶有限公司将完成技改，原料生产项目将预投产，投资 20 亿元。项目正式投产后，宁波科元塑胶有限公司的苯乙烯产量将从每年 8 万吨提升至 20 万吨，并新建 20 万吨裂解油、10 万吨变压器油等共 1.6 万立方米的罐区。

第二节　江苏连云港化工产业园区

一、园区概况

江苏连云港化工产业园区于 2003 年 6 月启动建设，2006 年 5 月经国家发改委审核、江苏省政府批准，成为苏北唯一的省级化工园区，2009 年又被确定为国家农药生产定点园区。园区规划面积 30 平方公里，目前开发面积达 16 平方公里。园区定位为“绿色园区、创新园区、高效园区、和谐园区”。

园区大力倡导清洁生产，致力推行循环经济，着力彰显产业特色，以严控单位 GDP 污染物排放量为准则，努力实现节能减排。在苏北省级园区中率先通过 ISO“双体系认证”，在全省同类园区中率先建立有机毒物污染控制与资源化工程技术研究中心科技示范基地，在全省率先实现环保、安全的监管模式——“灌南模式”。

园区建有日产 20 万立方米自来水的水厂，统一供应生产和生活用水，水供应达到国家一级水质。骆马湖常年可提供 100 亿立方米淡水资源，为港口开发和重型产业带建设提供充足的淡水资源。除企业污水预处理设施外，园区建有日处理量 5 万吨的污水处理厂，将全部生活污水和工业废水收集后进行生化处理，确保达标排放。电力取自华东电网，田湾核电站输电线路穿区而过，区内已有 1 个 110 千伏和 1 个 220 千伏的变电站，采用双回路供电方式，24 小时向企业不间断供电。企业用电保证率达 99.99%。园区现有年处理 10000 吨固废处置公司，可以解决企业产生的固体废物。园区现有供热管道 20 公里，向园区内所有企业供热。二期工程正在建设，将新上 2 台 130 吨锅炉，2016 年建成后将实现热电联供，确保满足园区发展需要。

二、园区产业布局

近年来，落户江苏连云港化工产业园区的企业近百家，中国中化集团、浙江物产、日本迪爱生、韩国京仁洋行、美国太阳化学等国际知名企业先后进驻园区。全球最大蒽醌染料生产企业——江苏亚邦染料股份有限公司连云港分公司等一批重点项目相继建成投产达效。以重点企业为龙头，已形成农药、染料、医药、生物化工四条产业链，下一步重点发展石化和大型造纸项目。企业产品远销日本、韩国、美国、欧洲、东南亚、南美等国家和地区。

三、园区项目建设情况

2015 年，江苏连云港化工产业园区共有 5 个重大建设项目。第一，浙江山裕染料化工有限公司投资兴建江苏迪安高档染料有限公司。该项目总投资 10 亿元，固定资产投资 8 亿元，注册资金 2 亿元，占地 248.5 亩。年产 100 吨泰诺福韦、3 万吨分散染料。目前正在进行试生产调试，办理环保试生产手续。第二，江苏恒隆作物保护有限公司。该项目占地 145.8 亩，由亚邦集团投资 10 亿元，注册资金 1 亿元。项目为年产 2000 吨嗪草酮、1200 吨苯嗪草酮、800 吨苯达松、1200 吨草铵膦、1200 吨克菌丹、1600 吨嘧菌酯、600 吨环唑醇、1200 吨三嗪酮、1000 吨 2- 氯 -5- 氯甲基吡啶项目等，生产产品 16 个。第三，连云港立本农药化工有限公司。主要生产农药及中间体，占地 1088 亩，总投资 30 亿元人民币。项目于 2015 年 10 月开工建设。到 2015 年 12 月，项目围墙已完成，综合楼装修结束，已经入驻，老厂区闲置土地正在建设，大部分车间在生产。第四，安阳双环助剂有限公司。总投资 1.5 亿元，固定资产投资 1.2 亿元，占地 66.96 亩，年产 5 万吨分散剂 MF。第五，连云港五环化工有限公司由江苏辉丰农化股份有限公司投资新建，总投资 1.5 亿元，占地 96.8 亩，年产 3000 吨氟苯及氟系列产品。主要产品为氟苯、二氟苯睛等氟系列产品。

第十二章　钢铁行业重点园区

第一节　安徽马鞍山经济技术开发区

一、园区概况

马鞍山经济技术开发区于1995年经安徽省政府批准设立，2010年升级为国家经济技术开发区，规划面积11.44平方公里，实际管辖面积33平方公里。是“钢铁深加工·国家新型工业化产业示范基地”、全国模范劳动关系和谐工业园区、省级高新技术产业开发区、安徽省首家省级电子信息产业园区，已被批准创建国家生态工业示范园区。

马鞍山经济技术开发区毗邻长三角，接壤南京，是皖江城市带承接产业转移的“桥头堡”和核心区。历经二十年的建设发展，已形成了以星马、华菱为代表的汽车及汽车零部，以马钢晋西轮轴、方圆回转支承为代表的高端装备制造，以蒙牛乳业、福建达利为代表的食品加工三大优势产业，此外，以数字硅谷、正崴科技、康佳LED为依托的电子信息产业也初具规模。

2015年，园区钢铁制造产业总产值预计实现1500亿元以上。其中，马钢公司实现产值超千亿元，长江钢铁公司、天兴钢制品公司产值超100亿元，中杭金属实现产值超50亿元。

二、园区产业布局

在安徽马鞍山经济技术开发区，钢铁制造产业分别形成了以马钢、芜湖新兴铸管、天大石油管材等特色产品为支撑的“专、精、特、新”钢铁企业生产格局，其中马钢具有明显的主导地位。一是依托马钢、长江钢铁等企业，围绕“板、线、型、轮”四大系列产品，重点发展适应市场需求的钢材精深加工业。完善产品销售、建筑、设计、钢结构、设备制造及安装、技术咨询及劳务服务等钢铁产业链。二是支持马钢走外向重组扩张道路，鼓励本地钢铁企业以参股、控股等形式，与两淮矿业集团公司建立紧密型合作，并与下游汽车、家电等企业建立产业体系联盟。三是加大勘探力度，推动地方矿产资源向马钢集团等优势企业集中，鼓励马钢等优势企业参与境内外铁矿资源的前期勘查、开采，增加其资源储备。四是加大马鞍山钢铁产品结构的调整。继续保持车轮产品世界第一的位次，进一步做大居全国前列的 H 型钢、管线钢、冷镦钢等优势产品，加快发展汽车板、船舶用板、家电板、高速铁路等市场潜力大的产品。重点开发低合金钢、冷镦钢、弹簧钢、齿轮钢、轴承钢、油井管和石油管线钢、不锈钢等特种钢，积极研发高牌号无取向硅钢、高磁感取向硅钢、高强度电力铁塔用钢、高强度建筑用钢等关键品种。五是大力推进技术创新，实施技术标准战略和品牌战略，围绕国家产业政策和国家振兴钢铁制造产业规划的实施，继续高强度、高起点实施技术改造。支持非高炉炼铁技术、连铸薄带技术、高效低成本纯净钢生产技术、大型板坯连铸技术、钢渣综合利用等关键共性技术研发和成果转化。六是推动钢铁企业信息化与自动化升级和应用，实现钢铁生产工艺自动化控制和信息化管理。继续推行生产制造执行系统（MES）、企业资源规划管理（ERP）、能源管理中心信息化建设、产销一体化及多业务系统集成在钢铁行业中的应用。七是鼓励企业加深国际化程度，引导和推动马钢等优势企业进一步拓展国际市场，支持企业采取技术合作、参股、入股等多种形式进行资源和市场开发，大力实施海外资源勘探开采和钢铁冶炼以及深加工项目，建立稳定的海外资源供应渠道，提高产品国际市场份额。

三、园区项目建设情况

近年来，园区加大转型升级，大力培育电子商务、公共技术与服务平台、技术研发、成果转化等高端服务业。2015 年 12 月 17 日，铜陵有色金属集团股份有限公司安庆铜矿东马鞍山矿体开采工程项目安全设施竣工。2015 年 4 月 13 日“马鞍山钢铁交易中心”正式挂牌。马鞍山市的 24 个引智项目中已建在建项目共有 9 个，分别为泰尔重工股份有限公司“质量管理体系实施与实验室检测平台打造”项目、马钢公司“钢材深加工关键技术开发与应用”项目（团队类）、含山县中医医院“腹腔镜胆道镜技术引进”项目、马鞍山市恒毅机械制造有限公司“焊接机器人研发”项目、安徽省三力机床制造股份有限公司“年产200台机械快进液压压力机科技成果产业化”项目、安徽久工健业股份有限责任公司“LC7800天工按摩椅的精密控制技术研发”项目、安徽三才体育用品有限公司“三段式羽毛球产业化生产技术研发”项目、和县利民现代农业投资开发有限公司“现代农业模式引进”项目、马鞍山市益江高温陶瓷制造有限公司“高温陶瓷耐火材料产品的改进与提高”项目，其中马钢公司“钢材深加工关键技术开发与应用”项目(团队类)获批国家高端外专项目。

第二节　太原不锈钢产业园区

一、园区概况

太原不锈钢产业园区于2002年开始筹建，2003年10月开工建设，2004年8月一期建成并正式开园，是2006年经国家发改委核准成立的省级开发区，也是工信部批准的国家新型工业化产业示范基地和国家发改委、财政部批准的国家级循环经济试点园区。2015年5月26日，太原不锈钢产业园区经山西省发展和改革委员会批准，成为省级低碳产业园区。

园区位于太原市北部尖草坪区的108国道两侧、新兰路以东区域，规划控制总面积16.98平方公里。园区地处中部地区，具有承东启西，连南接北，承接沿海地区产业梯度转移，辐射全国的区位优势。另外紧邻太钢，距离高速路口4公里，距离市中心10公里，距离太原国际机场25公里，交通非常便利。近年来，园区投入力度加大，配套设施进一步完善，统筹布局，整体推进，园区承载能力得到提升。一是自来水实现了主网贯通，完成供水主干线建设2.7公里。二是天然气实现了全网覆盖，全年完成燃气管网建设6.6公里，实现“双气源”燃气供应。三是区域集中供热改建一次到位，建成覆盖全区的区域集中供热体系，供热面积39万平方米。同时，全面取缔区内燃煤锅炉，拆除燃煤锅炉14台，成为太原市“煤改气”示范区。四是道路建设全面提速，完成阳兴南街等3路1桥建设，新增通车里程2.1公里，雨污水管网3.9公里。五是电力管沟建设与改迁同步推进，完成4.8公里5条线路迁改工程，新建电力管沟5.7公里，改造旧线入地6.9公里。六是园林绿化水平大幅提升，完成绿化工程6.3万平方米，创建3个省级园林绿化企业和5个市级绿化企业。七是城乡清洁工程稳居太原市前列。

二、园区产业布局

园区产业集群集聚成果明显，形成了三大支柱产业集群：一是以太钢不锈钢无缝钢管、大明不锈钢深加工中心为龙头的不锈钢加工产业集群；二是以太原锅炉循环硫化床、东杰智能物流装备、威迩思等为示范的现代制造产业集群；三是以太钢工业园、鼎泰交易中心为代表的现代商贸物流产业集群。现代商贸物流集群已经初步形成四大板块，即：润恒农产品物流，鼎泰、太钢工业园钢铁物流，华润、国药医药物流和海尔 3C 电子物流。随着四大板块项目逐步建成投产，现代商贸物流集群将会成为园区转型发展新的动力引擎。

三、园区项目及发展亮点

2015 年 1–9 月，太原不锈钢产业园区规模以上工业增加值完成 8.56 亿元，同比增长 34.69%，完成年计划的 91%，增幅居全市第一。固定资产投资完成 8.61 亿元，同比增长 6.03%。公共财政预算收入完成 9800 万元，同比增长 20.31%。2015 年全年，太原不锈钢产业园区共确定新续建项目共 29 个，总投资 150.71 亿元，年内完成投资 44.64 亿元。目前，东杰、国药、华润、华鑫等 13 个项目正在进行方案确定、土方回填、厂房建设等工作，部分主体已于2015年年底竣工。

第十三章　有色金属行业重点园区

第一节　广西百色工业园区

一、园区概括

广西百色工业园区于 2002 年 11 月开始筹建，2004 年设立园区管理办公室 ,2005 年 4 月正式成立百色市工业区管理委员会，园区开发建设也正式启动。2006 年 7 月百色工业园区获国家发改委核准、国土资源部审核公告，经广西壮族自治区人民政府批准入选为省级工业园区，是广西壮族自治区重点打造的 10 个百亿园区之一。2010 年成为工信部授牌的国家新型工业化产业示范基地，2011 年荣获广西壮族自治区人社厅、总工会、工商联、企业家联合会联合授予的“广西劳动关系和谐工业园区”称号以及荣获广西壮族自治区招商引资项目大兑现工作领导小组颁发的“2011 年度招商引资项目大兑现工作示范园区”称号。2014 获得“广西第二批专家服务基地依托单位”和“中国中小企业创新服务先进园区”等荣誉称号。

百色工业园区是以发展铝工业和以铝相关产业为主导，木材加工，机械制造，锰铁、铜、硫酸、钛白粉加工，商贸物流、研发、服务等产业共同发展的综合性园区。园区地处百色市城东，规划面积 17.3 平方公里，地理位置优越，区位优势凸显，处在国家确定的南（宁）、贵（阳）、昆（明）经济区的中心地带，同时具有沿江、沿边优势；拥有完善的立体物流配套体系，324 国道、南昆高速公路、百隆高速公路穿园而过；距离百色机场 35 公里；距离百色火车站 4 公里；园区内的百色综合港年吞吐能力达 300 万吨，可通行 1000 吨级船舶直达广州、香港。

二、园区产业布局

广西百色工业园区以建设“现代化、信息化”和“创新型、生态型、和谐型”的“两化三型”园区为目标，打造具有园区特色的六大产业板块：一是继续打造铝与铝相关的碳素、铝锰、铝铁，实现年产能60万吨，年产值100亿元；二是打造以多功能运输车、煤炭机械、矿山机械、电机等为龙头的机械装备制造业，实现年产能10万台套，年产值40个亿；三是打造锰铁、硫酸、钛白粉、硫酸锰等综合利用产业，实现年产能50万吨，年产值30个亿。四是打造以春天木业、丰林公司、粤港家居制造为龙头的木材家俱制造业，实现年产能80万立方的木材加工，10万套中高档家具产品，年产值30个亿；五是打造配套园区生产需要的商贸物流仓储业，围绕铁路、高速公路、港口及机场构建面向西南的产业集聚、业态丰富、贯通陆港空的商贸物流园区；六是依托园区新成立的科技企业孵化器，利用已入园的国家铝产品检验检测中心、铝新型材料研发中心以及与高等院校合作为平台，大力发展职业教育、高技术研发、高科技企业孵化，全力打造产学研聚集、技术创新及产业孵化基地。

三、园区项目及发展亮点

2015年12月30日，百色百矿集团有限公司煤电铝一体化项目（一期）竣工投产，作为广西铝工业发展突破电力制约的示范性项目，其投产标志着百色市向“再造一个工业百色”的目标又迈进一步。当天，“坐上高铁去百色——百家媒体进百色”采访团见证了这历史性的一刻。2015年，百色生态型铝产业区域电网项目建设整体进展顺利，一期（2014年—2015年）工程总投资93342万元，其中送变电工程投资80620万元，新建区域电网调度中心及配套通信工程、田阳新山和田东莲塘220千伏变电站两座、以及同塔双回220千伏线路及配套OPGW通信光缆约230千米。

第二节　宝鸡国家高新技术产业开发区

一、园区概括

宝鸡国家高新技术产业开发区（简称高新区）区是1992年国务院批准设立的国家级高新技术产业开发区。近年来，宝鸡国家高新技术产业开发区紧紧依托当地雄厚的工业基础，积极抢抓西部大开发、“一线两带”和宝鸡大城市建设的历史机遇，努力推动产业发展、技术创新和开发建设，走出了一条在西部内陆非省会城市发展高新技术产业的路子，是国家新材料高技术产业基地和火炬计划钛产业基地，陕西省知识产权试点区域和循环经济示范园区。孕育了亚太地区最大的真空断路器生产基地、石油钢管生产基地和纺织电子仪器及设备生产基地，全国最大的钛及钛合金生产研发基地，西北最大的专用车辆生产基地、新型化学建材生产基地和氨基酸生产基地。

宝鸡国家高新技术产业开发区是“关中高新技术产业开发带”的西部龙头，区位优越。宝鸡是新亚欧大陆桥重要交通枢纽，也是联接中原、西北、西南的咽喉要道；陇海、宝成、宝中铁路在此交汇，310 国道主干线穿越全境，通过西宝高速公路 100 公里到达西安国际机场，130 公里到达西安，辐射广阔，出口顺畅。宝鸡是陕、甘、川、宁毗邻地区重要物资集散地与新兴工业城市，极具辐射优势。

宝鸡高新区一期规划面积 5.6 平方公里。规划范围为：清水河以西，渭滨大道以北，高新一路以东，渭河以南。主要作为城市向东扩展区，用地性质以住宅、商业、文教为主，包括部分工业、公共服务设施、绿地、道路等。宝鸡高新区二期规划面积 17.13 平方公里。规划范围为：凤凰头以西，秦岭北麓坡角以北（或南环路以北），清水河以东，渭河以南。功能定位为工业发展区，兼顾城市扩展，用地性质以工业用地为主，包括文教、中小型公共服务设施、绿地、配套住宅及商业等。宝鸡高新区三期南依秦岭，北跨渭河，总规划面积 48 平方公里，是“十一五”期间宝鸡大城市建设的重点区域。地势平坦，交通便利，生态环境良好。区内重点发展先进装备制造、电子信息、新材料和生物医药工程等高新技术产业。设有“汽车配套工业园区”、“东南亚工业园区”等专业化、区域化园区。区内有宽 63 米的主干道高新大道，供水、供电、供热、通讯、天然气的基础配套设施亦同步到位。

二、园区产业布局

宝鸡高新区现有生物医药产业园、新材料产业园、电子信息产业园、新兴机电工业园，软件园和留学生博士园。新材料产业园重点发展钛材、钛合金板材及应用产品、锆管及稀有金属材料、贵金属材料、新型生命材料、特种钢管、特种油漆、防锈油、箱式钢结构桥梁、新型焊剂及电子信息基础材料等。

三、园区项目及发展亮点

2015 年，陕西法士特汽车传动集团公司总投资 30 亿元的“ 100 万台中轻卡变速器生产项目”、中国航天科技集团投资约 8 亿元的“小型近程无人侦察机生产项目”、宁夏黑金新型建材有限公司投资约 10 亿元的“微晶纳米级材料机械设备生产基地项目”、中国远洋物流有限公司投资 2 亿元的“钛谷有色金属交易中心指定交收仓库建设项目”等一批行业领军企业项目落地宝鸡高新区。

2015 年，宝鸡高新区成立了新材料应用产业园、航空安全装备产业园、汽车配套产业园、中低压输配电设备产业园、3D 打印产业园、节能减排环保产业园等 40 多个特色园区。

第十四章　建材行业重点园区

第一节　景德镇陶瓷工业园区

一、园区概况

景德镇陶瓷工业园区于2004年初由原浮梁工业园区整体划拨组建，作为江西省人民政府和科技部共建景德镇国家陶瓷科技城产业化基地。2004年10月，园区正式全面开工建设。2006年3月8日，获批为省级开发区、省级特色工业园区，同年被评为省级特色工业园区和资源节约先进集体。2008年5月，获批为国家火炬计划陶瓷新材料及制品产业基地。2010年9月，省政府批准园区陶瓷产业为省特色产业重点扶持项目。2011年7月被批准为江西省陶瓷产业基地，同年被批准为省级生态园区试点单位。2012年2月，成功申报全国陶瓷产业示范基地。

目前，园区内有4.3公里主干道唐英大道、6公里支线已建成通车，相配套的绿化、亮化同步推进；自来水、天然气已接入园区管网；污水处理设施前期工程完工，正在试运行；三龙220kv变电站、宝石110kv变电站已建成使用，500kv变电站正在抓紧建设中；8万多平方米科技孵化器—标准化厂房竣工并交付企业使用。园区基础设施逐步完善，生态环境优美，已列入江西省生态园区和特色产业集群。

2015年1至10月，景德镇市规模以上工业完成工业总产值107.96亿元，环比增长38.5%，同比增长6.75%。同期，园区实现主营业务收入146.91亿元，同比增长 14.6%。

二、园区产业布局

景德镇陶瓷工业园区以科学发展观为指导，加快陶瓷产业结构调整，形成以高技术陶瓷为核心，以陶瓷文化创意为特色，以高档日用陶瓷和陈色艺术陶瓷为主体，以建筑卫生陶瓷为补充陶瓷产业发展新格局。景德镇陶瓷工业园区已经成全国陶瓷产业基地，成为全国陶瓷科技创新核心区、陶瓷文化创意产业先导区、现代陶瓷技术改造提升区及传统陶瓷产业集聚区。入园企业共有 40 家，例如景德镇宝瓷林陶瓷有限公司、景德镇安华瓷业有限公司、法蓝瓷有限公司、清和陶瓷有限公司、景德镇欧陶建材科技有限公司、新纪元精密陶瓷，等等。

三、园区项目及发展亮点

2015 年，园区在建拟建的项目共有 10 项，分别为“中温平板型固体氧化物燃料电池”、“陶瓷机械设备生产基地”、“透明陶瓷金卤灯管”、“高热导率低温共烧陶瓷材料”、“年产 200 万件（套）高耐热陶瓷生产线”、“现代化的物流集散中心”、“商业街”、“B 超探头用压电陶瓷晶片”、“综合类大型百货商场”以及启动建设一家生产、研发色料、釉料、陶艺用特殊瓷泥，销售基础材料、辅助材料、石膏等的陶瓷釉料中心。

第二节 蚌埠国家级高新技术产业开发区

一、园区概况

蚌埠国家级高新技术产业开发区（简称高新区）1994 年 4 月经安徽省人民政府批准成立，1995 年 5 月启动建设，2010 年 11 月被国务院批准为国家高新技术产业开发区，是国家级科技兴贸出口创新基地、国家新型工业化（硅基新材料）产业示范基地、国家级汽车零部件出口基地、国家级滤清器产业基地。2009 年，蚌埠高新创业服务中心被科技部评为国家级创业服务中心，为皖北地区唯一的国家级孵化器。2011 年，高新区管委会被中央文明委授予第三批“全国文明单位”，是全国唯一获此荣誉的高新区管委会。2013 年 9 月，蚌埠市委市政府决定，蚌埠高新区整建制托管秦集镇和马城经开区，托管后，高新区总体规划用地面积达 123 平方公里，就业和居住人口约 12 万人。区内现有各类企业870多家；其中国家高新技术企业55家，来自美国、德国等十多个国家和地区的外商投资企业30家。

蚌埠高新区内基础设施日臻完善，形成了“十一纵十一横”的道路交通网络，道路总通车里程近70公里，供水、供电、供气、通讯、公交等逐步配套，建成区基本实现“七通一平”。区内学校、医院、商场、超市等一应俱全。区内分别设立了燃气站和污水处理厂，工业污水达到集中处理。区内还形成了以担保、典当、创投、风投、基金为主较为完善的金融服务体系，融资服务功能凸显，企业集聚能力极大提升。

二、园区产业布局

蚌埠高新区现已形成了装备制造及汽车零部件、电子信息、新材料和新能源、生物医药等四大主导产业。以汽车起重机、改装车、消防车、大型精整设备制造、大型建材成套设备、大中型环保装备、养殖孵化设备、数控机床、压缩机、离心机等产品为主导的装备制造产业集群在全国具有一定的影响力。以中电41所、华益导电膜、德豪润达为龙头而形成的新型显示、LED、特色电子等几个方向的光电产业集聚初具规模。新材料产业方面，安徽首文碳纤维公司碳纤维项目现已建成投产，填补了我国高端碳纤维产业化的空白。区内还拥有以金威、昊业滤清器为代表的全国最大的滤清器生产基地、全国最大的汽车空调电磁离合器和养殖孵化机生产基地以及世界最大的ITO导电膜玻璃生产基地。

三、园区项目及发展亮点

蚌埠高新区通过招商引资以加快产业集聚，共引进了广东德豪润达、中集安瑞科大型压缩机生产基地等50多个亿元以上项目，其中10亿元以上龙头项目20多个。2015年，苏州氢洁电源科技有限公司在蚌埠高新区投资2亿元建设氢燃料电池增程器项目，项目建成投产后预计年生产氢燃料电池增强器10000台，实现年销售收入5亿元。2015年8月4日，隶属于中国建材集团的凯盛科技集团在蚌埠市投资100亿元，计划采用全球领先的铜铟镓硒薄膜太阳能电池生产技术建设10条生产线，预计可形成1.5GW生产能力。2015年9月25日，安徽省硅基新材料产业集聚发展基地项目在蚌埠高新区正式落地。

第十五章　稀土行业重点园区

第一节　福建（龙岩）稀土工业园区

一、园区概况

福建（龙岩）稀土工业园区位于福建省龙岩市长汀城郊策武镇境内，长汀快速铁路客运站和长途汽车客运站就座落在园区内。龙长高速、赣龙铁路、赣龙快速铁路复线、319 国道、205 省道环抱园区四周，经龙长高速公路至厦门港 283 公里，距龙岩冠豸山机场 81 公里。

福建（龙岩）稀土工业园区规划总面积 12.82 平方公里，建设用地面积 7.98 平方公里，总投资超过 60 亿元，被列为福建省 20 个重点产业基地（集群）之一、是福建省省级新型工业化产业示范基地、工信部重点新材料产业基地。

2015 年，福建（龙岩）稀土工业园区围绕建设全国稀土产业基地的总体目标，按照“高起点规划、高标准建设、高效益发展”的要求，发展定位为绿色、科技、人文、创新的高标准国际化工业园区。重点发展稀土永磁材料、稀土发光材料、稀土储氢材料、中重稀土合金、稀土新材料等 5 条稀土精深加工产业链，把园区打造成稀土原材料的制造基地、稀土新材料的生产基地、稀土应用产品生产基地、稀土科技研发基地、稀土人才培训基地，“十二五”末园区稀土产业实现产值 300 亿元，基本建成“全国稀土产业基地”和国家稀土产业高新园区。

二、园区产业布局

园区稀土产业主要形成“三轴一环、两心三区”的布局结构。“三轴”就是稀土一期大道发展轴、中心大道发展轴和黄馆路发展轴；“一环”就是双边服务的外环路；“三区”就是东部“稀土分离片区”，北部、南部“工业片区”（包括永磁材料、发光材料、贮氢材料、合金材料、新材料五个分区）、西部公建配套区和“红江综合社区”。

三、园区项目及发展亮点

福建（龙岩）稀土工业园区中的厦门钨业全资子公司——金龙稀土公司，园区内是龙头稀土高科技企业，主要从事稀土分离、稀土精深加工以及稀土功能材料的研发与应用，已建成5000吨稀土分离、2000吨稀土金属、2000吨高纯稀土氧化物、1600吨三基色荧光粉生产线、6000吨钕铁硼磁性材料（首期3000吨）生产线。

2015年，福建（龙岩）稀土工业园区共签约引进16个稀土项目，其中已落地项目14个，总投资39.64亿元，预计后续可实现年产值80亿元，其中包括浙江台州诚质磁钢有限公司投资5000万元生产钕铁硼磁钢精深加工项目、中石油总投资11.76亿元，年产5万吨稀土石油裂化催化剂项目、总投资20亿元的安徽欣意稀土高铁铝合金电线电缆项目、总投资3亿元的紫荆永磁材料公司年产3000吨钕铁硼烧结永磁体项目、总投资2亿元的紫荆稀土永磁电机项目等。2015年，福建（龙岩）稀土工业园区已建和在建的基础设施项目共7个，分别为南湖小区城镇综合体项目，并已做好项目招商工作；总投资1.68亿元的中心大道工程建设，年内计划完成6500万元，主要建设全长4.78公里，宽40米的路基，其中从黄馆大道与中心大道交界处往319国道方向2.4公里铺设水泥路面；总投资1.11亿元的黄馆大道工程建设，年内计划完成3500万元，主要建设全长2.99公里，宽40米的路基，其中从黄馆大道与中心大道交界处往策武集镇方向1.6公里铺设水泥路面；总投资约2500万元、累计长8.26公里园区次干道及支路工程建设，年内建成通车；总投资1300万元的园区专用供水管网及水源点扩建工程，计划年内建成投入使用；总投资1500万元的园区工业固体废弃物填埋场，计划年底前建成；完成500亩土地的平整工作。

第二节　江西龙南经济技术开发区

一、园区概况

江西龙南经济技术开发区以105国道为主轴，北起里仁镇石油中心，南至东江乡中和村，南北纵跨16公里，中间与县城规划相连，规划面积20平方公里，远期规划控制面积为40平方公里。区内设有辐射赣州南部六县的海关、检验检疫、外汇管理、加工贸易等口岸机构，交通、道路、水电、通讯、排污等基础设施不断完善。

江西龙南经济技术开发区前身为江西龙南工业园区，始建于2000年7月，2006年3月升级为省级工业园，2009年2月更名为江西龙南经济技术开发区。2013年3月，升级为国家级经济技术开发区。龙南经济技术开发区树立发展为先、生态为重、创新为魂、民生为本的理念，坚定不移实施大开放主战略和重大项目带动战略，转型发展，率先发展，实现了园区的快速发展。先后被批准设立江西龙南稀土产业基地、江西龙南再生资源回收利用产业基地、江西龙南生产性服务业基地、江西龙南承接产业转移示范基地和江西龙南新材料省级战略性新兴产业基地。

2015年，江西龙南经济技术开发区建成面积达9.31平方公里，新增6家规模以上工业企业，区内企业总数达到83家，其中11家企业进行了增资扩产，增资额达14.7亿元。

二、园区产业布局

龙南经济技术开发区紧紧围绕建设“一极两市四区”发展战略，坚定不移实施大开发主战略，着力引进制造业企业，积极发展高端制造业，培育优势制造产业集群，目前已经形成了规模以上稀土精深加工制造、电子信息制造、食品药品制造、现代轻工制造等四大制造业。产业领域涵盖稀土精深加工、电子信息、食品药品、纺织服装、玩具、绿色照明、家具、玻璃、农用塑料、印刷包装等。

三、园区项目及发展亮点

2015 年，龙南新增 6 家规模以上工业企业，总数达到 83 家，其中 11 家企业进行了增资扩产，增资额达 14.7 亿元。2015 年 6 月 18 日，龙南恋伊工业有限公司主体工程成功封顶。2015 年 8 月 13 日，赣粤边际（龙南）跨境商品展示交易中心正式落户龙南。同时,现有企业的转型升级也在稳步推进,南裕稀土、江西新正耀科技等公司增资扩产，新增了稀土除杂废渣建设和新能源汽车配件项目，不断延伸产业链条。通过挖掘闲置厂房效能，鼓励中小产业项目租用现有厂房建设投产，园区土地综合利用率也得到进一步提高。

企 业 篇

第十六章　重点石化化工企业

第一节　中国石油化工集团公司

一、企业生产经营范围

1998 年 7 月，在原中国石油化工总公司基础上，国家重组成立特大型国有独资石油石化企业集团——中国石油化工集团公司 (Sinopec Group)(简称"中石化")，注册资本 2316 亿元，总部设于北京。生产经营范围主要包括：实业投资和投资管理；石油、天然气勘探，开采，储运，销售及综合利用；煤炭生产，储存，运输及销售；石油炼制；成品油储存，运输，批发及零售；石油化工、天然气化工、煤化工及和其他化工产品的生产，储存，运输及销售；新能源、地热等新能源产品的生产，储存，运输，销售；石油石化工程勘探，设计，施工，安装及咨询；石油石化设备检修维护；机电设备研发，制造及销售；电力、水务、蒸汽和工业气体的生产，销售；技术、信息、电子商务、替代能源产品的研发，应用及咨询服务；自营及代理相关商品、技术的进出口；对外工程承包，招标采购及劳务输出；国际化仓储和物流业务等。

二、企业规模

截至 2014 年底，中石化在职员工人数为 358571 人，其中：勘探开采 144103 人，占 40%；炼油 78725 人，占 22%；化工 67017 人，占 19%；油品销售 57256 人，占 16%；科研及其他，11470 人，占 3%。2015 年第三季度末固定资产达到 1.4 万亿元，同比下降 3.2%。2015 年 1–3 季度生产销售规模较上年同期波动不大，其中：原油产量 262.38 百万桶，同比下降 2.41%；天然气产量 5301.4 亿立方英尺，同比下降0.12%。原油加工量1.78亿吨，同比增长1.42%；生产成品油1.12亿吨，同比增长2.94%；生产化工轻油2.94千万吨，同比下降1.01%。成品油总销量1.41亿吨，同比增长1.88%；中国石化品牌加油站总数3.05万座，同比减少0.17%。乙烯产量827.3万吨，同比增长5.28%；合成树脂产量1126.5万吨，同比增长4.81%；合成橡胶产量66.8万吨，同比减少7.86%；合纤单体及聚合物产量668.4万吨，同比增长6.89%；合成纤维产量96.7万吨，同比下降1.93%。

三、企业经济效益分析

2015年1–3季度，受国际油价同比下降影响，集团多项经营指标呈现下降态势：营业收入15368亿元，同比减少27.4%；利润总额450亿元，同比减少36.8%；净资产收益率4.0%，同比减少4.7个百分点。

表16–1　2015年1–9月中国石化财务信息（单位：百万元）

	总资产	归属于母公司股东权益	营业收入	利润总额	净资产收益率（%）
2014年1–9月	1451368.0	594483.0	2115648.0	71227.0	8.7
2015年1–9月	1404414.0	675496.0	1536837.0	45013.0	4.0
2015年同比增长（%）	–3.2	13.6	–27.4	–36.8	–4.7

数据来源：中国石化季报，2015年10月。

四、企业创新能力分析

2015年上半年，研发支出费用为19.3亿元，同比增加1.7%。取得的主要新成果：中石化页岩气勘探开发技术取得实质性进展，掌握涪陵地区页岩气钻井、压裂等配套技术，有效支持了涪陵页岩气示范区建设。自主研发生产的生物航煤成功用于商业客机试飞，获得适航许可证书，该产品进入产业化和商业化阶段。大湾高含硫气田水平井高效开发关键技术开始形成，建成全国第一个水平井整体开发高含硫气田。原油混输及调和技术上线运行。柴油液相循环加氢技术已在多套装置推广应用。利用自主知识产权技术建设的武汉80万吨/年乙烯项目开车运营。60万吨/年对二甲苯成套技术及第三代环管法聚丙烯技术实现工业应用。另外稀土异戊橡胶工业示范装置顺利投产。

第二节　中国海洋石油总公司

一、企业生产经营范围

中国海洋石油总公司(简称“中海油”)成立于1982年，总部在北京，是国务院国有资产监督管理委员会直属特大型国有企业，也是中国最大的海上油气生产商。成立以来，发展态势良好，由一家只从事油气开采的上游公司，发展为主业突出、产业链完整的国际能源公司。2015年，中海油在《财富》“世界500强企业”排名中位居第72位，较上年上升了7位。中海油现已形成据有油气勘探开发、工程技术及服务、炼化及销售、天然气及发电、金融服务等业务板块的综合性企业。公司一直坚持以油气勘探开发为龙头,带动其他业务板块发展,以“寻找大中型油气田”为指导思想，在中国近海勘探、深水勘探和海外勘探以及非常规天然气开发利用等方面都取得新的突破；工程技术与服务板块是公司油气主业持续发展的坚实基础，物探勘察、钻完井、油田技术、船舶服务构成中海油四大主营业务板块，涉及石油天然气勘探、开发、生产三阶段，服务范围遍及亚太、欧洲、美洲、中东四大区域，海油工程为“做实做细项目全过程”目标，围绕海洋石油天然气、液化天然气等工程建设，着力降本增效、提升服务，打造亚太地区领先的海洋石油工程EPCI（设计、采办、建造、安装）总承包能力；炼油业务是油气勘探开发的产业延伸，也是石油化工、化肥生产和市场营销的业务主导，公司下属12家炼化企业，根据原油品质需求，统筹协调，配置原油资源，公司通过合作经营、油气联手布局、与优质资本合作、建设油库等多种模式拓宽销售思路；天然气及发电业务是公司最具发展潜力的效益增长点，累计天然气发电量超过1000亿千瓦时，投产LNG接收站至7座；金融服务依托集团产业发展，拓展服务网络，创新服务模式，加强产融结合和风险管控。

二、企业规模

2014年底，中海油员工人数达到11.5万人，其中：海外员工9041人，女性员工占比23%，管理岗占比28.4%，技术岗占比22.7%，操作岗占比48.9%。2015年，公司资产总额超过1万亿元，1–3季度实现净产量127.5百万桶油当量，同比增长 23.8%。其中，中国海域净产量 83.3 百万桶油当量，同比上升 28.2%，主要来自渤海及南海东部新投产项目的产量贡献；海外净产量 44.3 百万桶油当量，同比上升 16.5%，主要由于英国北海的 Buzzard 油田去年同期停产检修，以及 GoldenEagle 项目投产带来的产量贡献。中海油在国内共有四个主力油田，分别为渤海、东海、南海西部、南海东部，其中，渤海油田对油气产量贡献最大，并陆续有新油气田被发现，储量替代率达 100% 以上。

三、企业经济效益分析

2014 年，中海油实现营业收入 6118 亿元，利润总额连续四年超过 1000 亿元。2015 年 1–3 季度，油气销售收入约为 362.5 亿元，同比下降 32.3%；平均实现油价为 48.84 美元 / 桶，同比下降 50.7%；天然气平均实现价格为 6.41 美元 / 千立方英尺，同比下降 3.0%。为应对低油价行情，公司降本增效，削减资本开支约 147.5 亿元，同比下降 44.0%。

四、企业创新能力分析

2014 年，研发投入资金 33 亿元，科技机构人员数量 8643 人，获授权专利数量 833 项。2015 年取得的主要新成果："超深水半潜式钻井平台研发与应用"项目获得国家科技进步特等奖；"高酸重质原油全额高效加工的技术创新及工业应用"项目荣获国家科学技术进步奖二等奖；"海洋钻井隔水导管关键技术及工业化应用"项目荣获国家技术发明奖二等奖；"海洋石油 981"用了将近 10 年的时间，从构想到现实；中国海域获得 3 个新发现油田，且有 14 口评价井获得成功。其中，曹妃甸 6–4 油田经评价证实为中型油田，实现了渤海西部海域油气勘探重大突破；新发现的流花 21–2 油田证实了珠江口盆地白云凹陷原油勘探潜力，有望与流花 20–2 等周边构造联合开发；旅大 10–1 油田综合调整项目宣布投产。

第十七章　重点钢铁企业

第一节　宝钢集团有限公司

一、企业生产经营范围

宝钢集团有限公司（简称“宝钢”）是中国改革开放的产物，成立于 1978 年，总部设在上海，经过 30 余年发展，宝钢成为中国现代化程度最高并最具竞争力的钢铁联合企业，业务遍布全球各地。2015 年，宝钢第 12 次进入美国《财富》杂志“世界 500 强榜单”，位列第 218 位。钢铁是宝钢主业，主要生产高技术含量、高附加值钢铁精品，具有普碳钢、不锈钢、特钢三大产品系列。产品通过全球营销网络，满足国内市场需求，还出口到亚非欧美等四十多个国家和地区，被广泛应用于汽车、能源交通、石油化工、机械制造、航天航空、核电、金属制品、电子仪表、家电等行业。在汽车板领域，宝钢是世界上第一个具备第一、二和三代先进高强钢供货能力的企业。围绕钢铁主业发展需求，宝钢着力发展相关多元产业，围绕钢铁供应链、技术链和资源利用链，加强内外部资源整合力度，提高综合竞争力和行业地位，形成了资源开发及物流、钢材延伸加工、煤化工、工程技术服务、生产服务、金融投资、信息服务等相关产业，与钢铁主业协同发展。

二、企业规模

宝钢员工超过 13 万人，2015 年第三季度末，总资产达到 2365.8 亿元。2015 年宝钢完成钢产量 3611 万吨，位列全球钢铁企业第 5 位。宝钢下属宝钢股份、八一钢铁、韶关钢铁、宝钢特钢、宝钢金属、一钢公司、浦钢公司、五钢公司等多家钢铁企业。

三、企业经济效益分析

2015年1–3季度，受国内宏观经济低迷，内需不足影响，钢铁市场深度调整，钢材价格继续下行，宝钢多项经营指标呈现下降态势：营业收入1221亿元，同比减少14.9%；利润总额400亿元，同比减少18.9%；净资产收益率2%，同比减少2.5个百分点。

表17–1　2015年1–9月宝钢股份财务信息（单位：百万元）

	总资产	归属于上市公司股东的净资产	营业收入	利润总额	净资产收益率（%）
2014年1–9月	228653.0	114258.0	143592.0	493.2	4.5
2015年1–9月	236584.0	113963.0	122192.0	400.1	2.0
2015年同比增长（%）	3.5	–0.3	–14.9	–18.9	–2.5

数据来源：宝钢股份季报，2015年10月。

四、企业创新能力分析

2015年上半年，宝钢研发投入18亿元，比上年同期减少0.1%。主要新成果有：第三代汽车用钢QP1180GA成功下线，实现全球首发；无取向硅钢，取得比亚迪新能源汽车认证，将用于驱动电机替代进口材料；欧洲市场首个订单土耳其TANAP项目交付，UOE焊管实现大批量供货；BP阿曼项目高标准抗酸油管批量供货；为中石油塔里木油田提供S级超高韧性钻杆钻探8038米，打破其最深井纪录；“低温高磁感取向硅钢制造技术的开发与产业化”项目荣获国家科技进步一等奖；“高等级无取向硅钢制造技术的开发与产业化”项目荣获上海市科技进步一等奖；建设上海市单体规模最大的云计算机房——宝之云IDC项目。

第二节　鞍钢股份有限公司

一、企业生产经营范围

鞍钢股份有限公司（简称“鞍钢股份”）成立于1997年，总部设于辽宁省鞍山市，隶属于鞍山钢铁集团公司，并于1997年分别在香港联交所和深圳证券交易所挂牌上市。公司注册资本72.34亿元，是国内大型钢材生产企业，主要业务涉及生产和销售热轧产品、冷轧产品、中厚板及其他钢铁产品。公司可生产16

大类、600个牌号、42000个规格的钢材产品，主要包括彩涂产品、冷轧硅钢产品、镀锌产品、厚板产品、冷轧产品、大型产品、热轧产品、无缝钢管产品、线材产品、型材产品、中板产品等。围绕钢铁主业，鞍钢积极开展其他业务，包括焦化产品及副产品、冶金原燃材料、电力、工业气体、铁合金等生产和销售，冶金运输、装卸搬运、仓储等物流业务，技术咨询、开发、转让等服务，以及小型设备、标准物资研制，试样加工，理化性能检验，检验设备维修等多种业务。

二、企业规模

鞍山钢铁生产基地位于辽宁省鞍山市，主厂区面积约24平方公里。2015年年拥有员工38477人，含生产员工30668人、技术员工4852人、销售员工375人、财务员工301人、行政管理员工1179人。其中，本科以上学历9113人，占员工总数23.7%；专科9911人，占25.8%；中专17928人，占46.6%。2015年上半年，生产铁、钢、钢材分别为1095、1075和978万吨，分别比上年同期减少0.4%、0.9%和3.8%；实现销售钢材937万吨，比上年同期下降6.5%，钢材产销率达到95.8%。拥有焦化、烧结、炼铁、炼钢、轧钢等全部整套现代化钢铁生产工艺流程及配套设施。主要产品包括热轧板、冷轧板、中厚板、镀锌板及彩涂板、型材、线材、无缝钢管、冷轧硅钢等，广泛应用于家电、汽车、机械制造、石油石化、造船、铁路建设等领域。近年在绿色环保家电用钢、先进高强汽车用钢、集装箱用钢、造船用钢、管线钢产品上，已形成独有先进品种和质量优势。

三、企业经济效益分析

2015年1–3季度，受钢材价格和销量双降、美元借款产生的汇兑损失、固定资产报废损失、投资收益下降等影响，鞍钢股份多项经营指标呈现下降态势：营业收入416亿元，同比减少27.3%；利润总额–8.9亿元，同比减少163.1%。

表17–2 2015年1–9月鞍山股份财务信息（单位：百万元）

	总资产	归属于上市公司股东的净资产	营业收入	利润总额
2014年1–9月	91291.0	47793.0	57186.0	1411
2015年1–9月	96706.0	46977.0	41563.0	–890
2015年同比增长（%）	5.9	–1.7	–27.3	–163.1

数据来源：鞍山股份季报，2015年10月。

四、企业创新能力分析

2015年上半年，鞍钢股份投入研发资金2500万元，比上年同期增加212.5%。主要成果有：新研发的核一级设备用SA-533Ty.B Cl.1钢板，中标徐大堡机组合同；20HR-B核电用钢供货中国广核集团公司；开发高性能海洋工程用钢，E级钢板DNV船级社复验认证完成；开发完成热轧耐候钢新产品09CrCuSb；热轧215011线生产刹车片用钢满足欧洲标准要求；开发铁大线L450M管线钢并按期交货；风电钢入选国家海外“一带一路”建设项目（巴基斯坦大沃风电工程）；全程供轨的广州首条有轨电车线路（广州海珠区环岛新型有轨电车试验段线路）正式通车；试制并量产全长热处理钢轨；开发时速250Km/h 60N新廓形高速钢轨；开发AG110S非API抗H_2S腐蚀油井管；试制AG80H-9C火驱热采油井管；汽车内饰件冷镦钢实现稳定应用；“高硫高酸油气环境下低合金钢的耐腐蚀及强韧化技术”、“高强度耐腐蚀石油天然气集输和输送用管线钢生产技术”和“油船货油舱用耐腐蚀钢板工业生产技术”三个项目通过验收。

第十八章　重点有色金属企业

第一节　宝鸡钛业股份有限公司

一、企业生产经营范围

宝鸡钛业股份有限公司（简称“宝钛”）成立于1999年，由宝钛集团有限公司作为主发起人设立，并于2002年作为中国钛工业第一股在上海证券交易所上市。宝钛是中国最大的钛及钛合金生产和科研基地，是国家高新技术企业，所在地区被誉为“中国钛城”、“中国钛谷”。宝钛主要从事钛及钛合金等稀有金属材料和各种金属复合材料的生产、加工、销售业务，拥有先进的钛材生产体系，涉及“熔铸、锻造、板、带材、无缝管、焊管、棒丝材、精密铸造、残废料处理、海绵钛”十大生产系统，主体装备从美国、日本、德国、奥地利等国家引进。产品广泛用于航空航天、电力、化工、冶金、医药等领域，销往美国、日本、德国、法国、英国等几十个国家和地区，国际影响力逐渐增强。

二、企业规模

宝钛拥有国际先进完善的钛材生产体系，从美、日、德、奥等15个国家引进冷床炉、10吨电弧炉、2500吨快煅机、精锻机等一大批熔铸、锻造、轧制、检测等方面的国际先进设备，占设备总价值70%以上，整体装备水平已达到国际先进水平。公司具备年产25000吨钛铸锭和15000吨钛加工材的生产能力，2009、2010年钛产品产量分别为1.7、1.8万吨，位居世界第二。产品通过美国波音公司和古德里奇公司、加拿大庞巴迪公司、欧洲空客公司、英国罗罗公司、法国AUBERT&DUVAL公司和SNECMA公司、德国OTTO FUCHS公司等数十家国外公司的体系认证和产品认可，在国际上树立了宝钛品牌地位。

三、企业经济效益分析

2015 年前三季度，钛行业市场需求不景气、各企业竞争激烈，宝钛主要产品平均售价下滑，并且工程项目转固后折旧费用增加，宝钛股份多项经营指标呈现下降态势：营业收入 15 亿元，同比减少 14.8%；利润总额 –8765 万，同比减少 7656%；净资产收益率 –2.5%，同比减少 2.5 个百分点。

表 18–1　2015 年 1–9 月宝钛股份财务信息（单位：百万元）

	总资产	归属于上市公司股东的净资产	营业收入	利润总额	净资产收益率（%）
2014年1–9月	6936.4	3617.9	1767.6	1.2	0.0
2015年1–9月	7019.1	3506.5	1505.9	–87.7	–2.5
2015年同比增长（%）	1.2	–3.1	–14.8	–7656.0	–2.5

数据来源：宝钛股份季报，2015 年 10 月。

四、企业创新能力分析

宝钛作为中国钛工业龙头企业，是钛加工材国家标准主要制订者，参与 ISO 国际标准化组织钛加工材相关标准制定，可生产国际上所有钛合金牌号产品，代表我国钛加工技术最高水平，创建中国钛及钛合金加工材科研和生产基地，为我国首次在航空与航天工业钛应用、海洋工程用钛合金的推广与应用、“神舟”系列宇宙飞船、“嫦娥”工程，提供了钛合金和其他有色金属材料产品和服务，引领着中国钛加工技术的发展方向。宝钛拥有国内一流的熟练掌握钛及钛合金熔炼、加工操作技术的高素质职工队伍，有一批掌握钛加工关键技术的专业技术人员和一批能解决重大技术难题的技术专家。为国防军工、尖端科技累计承担了 6000 多项新材料与新产品的研制、开发和生产，完成了一大批国家重点科研课题和攻关项目，取得重大科技成果 571 项，其中国家级奖 19 项，获省部级科技进步奖 115 项。获国家发明专利 8 项。先后研制并转化为生产力的钛合金牌号有 60 个，试制了近 7000 项新产品。

第二节　江西铜业股份有限公司

一、企业生产经营范围

江西铜业股份有限公司（简称“江西铜业”）成立于1997年，总部在江西省南昌市，由江西铜业集团公司与香港国际铜业（中国）投资有限公司、江西鑫新实业股份有限公司、深圳宝恒（集团）股份有限公司及湖北三鑫金铜股份有限公司共同发起设立。1997年发行境外上市外资股，在伦敦股票交易所和香港联合交易所同时上市交易，2001年在上海发行股票上市。江西铜业形成了以铜的采、选、冶炼、加工，硫化工和稀贵稀散金属提取与加工为核心的产业业务链，同时经营范围涉及贸易、金融等多个领域。江西铜业矿山资源优势明显，将发展矿山放在集团发展战略首位，已查明资源储量铜金属1036万吨、钼23.7万吨、黄金331吨、银9352吨、硫10068万吨，拥有100%所有权，同时与其他公司联合控制的资源储量中约拥有铜479万吨、黄金42.4吨。铜冶炼产能不断扩张，阴极铜产能超过120万吨，所辖贵溪冶炼厂是世界单体冶炼规模最大的铜冶炼厂。

二、企业规模

江西铜业股份有限公司经营业务领域广，覆盖海内外市场。拥有六座在产矿山，国内规模最大、技术最先进、环保最好的粗炼及精炼铜冶炼厂，八家现代化铜材加工厂和两家技术先进的硫酸厂。2015年上半年，生产阴极铜58.2万吨，同比增加2.2%；黄金13471千克，同比增加2.2%；白银281吨，同比减少6.6%；硫酸155万吨，同比增加4.7%；铜精矿含铜10.3万吨；钼精矿折合量（45%）3351吨；硫精矿118万吨，均与上年同期基本持平；铜杆38.8万吨，同比增加7.2%；除铜杆外的其他铜加工产品6.3万吨，同比增加12.7%。

三、企业经济效益分析

2015年1–3季度，受经济下行压力影响，大宗商品价格下降，江西铜业业务受到一定影响，多项经营指标呈现下降态势：营业收入1148.8亿元，同比减少22.1%；利润总额13.2亿元，同比减少59.4%；净资产收益率2.6%，同比减少2.6个百分点。

表 18-2　2015 年 1-9 月江西铜业财务信息（单位：百万元）

	总资产	归属于上市公司股东的净资产	营业收入	利润总额	净资产收益率（%）
2014年1-9月	95322.4	45733.9	147427.2	3247.7	5.2
2015年1-9月	91755.5	46419.9	114880.9	1317.4	2.6
2015年同比增长（%）	-3.7	1.5	-22.1	-59.4	-2.6

数据来源：江西铜业季报，2015 年 10 月。

四、企业创新能力分析

江西铜业股份有限公司成功创建“国家铜冶炼及加工工程技术研究中心”、“江西铜业集团公司技术中心”、“江西铜业股份有限公司院士工作站”、“江西铜业集团公司博士后工作站”四个科研平台，公司的知识产权创造能力强。2015 年上半年，江西铜业研发经费投入 9 亿元，比上年同期减少 11.88%。江西铜业是江西省首家专利申请过千件企业，专利授权量在 10 年间增长 90 多倍，年均复合增长率超过 100%。

第十九章　重点建材企业

第一节　北京东方雨虹防水技术股份有限公司

一、企业生产经营范围

北京东方雨虹防水技术股份有限公司（简称“东方雨虹”），成立于1998年，总部在北京，是集防水材料研发、生产、销售和施工服务于一体的中国防水行业龙头企业。东方雨虹拥有国家认定的企业技术中心和博士后科研工作站，主营建筑防水业务，提供系统防水解决方案，将各种专项防水系统应用于房屋建筑、城市道桥、地铁及城市轨道、高速公路、高速铁路、机场、水利设施等诸多领域。在人民大会堂，鸟巢、水立方等85%以上的北京奥运场馆，其他中国标志性建筑和大量地铁、高铁等国家重大基础设施建设项目中的防水系统应用，取得优良效果。东方雨虹控股广东东方雨虹防水工程有限公司、四川东方雨虹防水工程有限公司、山东天鼎丰非织造布有限公司、上海东方雨虹防水技术有限责任公司、锦州东方雨虹建筑材料有限责任公司、徐州卧牛山新型防水材料有限公司、岳阳东方雨虹防水技术有限责任公司、昆明风行防水材料有限公司等，在北京顺义、广东惠州、山东德州临邑、上海金山、辽宁锦州、江苏徐州新沂、湖南岳阳和云南昆明等地布局了全国性生产物流网络，另外河北唐山基地部分投产，四川泸州、陕西咸阳礼泉、安徽芜湖基地在建中。其优质防水产品远销德国、波兰、土耳其、巴西、委内瑞拉、安哥拉、南非、尼日利亚、印度等100多个国家和地区。

二、企业规模

东方雨虹在国内建有13家生产基地，拥有全球领先的冷自粘沥青防水卷材生产线、多功能进口改性沥青防水卷材生产线、高分子卷材生产线和环保防水涂料、砂浆、保温、非织造布生产线。2014 年销售各类防水卷材过亿平方米，防水涂料近 20 万吨，防水施工面积近 3000 万平方米。截至 2015 年第三季度末，公司固定资产额达到 61.4 亿元。公司旗下品牌有雨虹、卧牛山、天鼎丰、风行、华砂，投资涉及非织造布、建筑节能、砂浆和能源化工等多个领域。公司主要产品包括防水卷材、防水涂料等种类，共有 150 余细分品种，800 多种规格 / 型号的产品，基本覆盖了国内新型建筑防水材料的多数重要品种，是国内生产新型建筑防水材料品种最齐全的企业。

三、企业经济效益分析

2015 年 1–3 季度，东方雨虹多项经营指标呈现平稳上升趋势：总资产 61.4 亿元，同比增加 19.4%；营业收入 36.3 亿元，同比增加 0.2%；利润总额 5.3 亿元，同比增加 11%。

表 19–1　2015 年 1–9 月东方雨虹财务信息（单位：百万元）

	总资产	归属于上市公司股东的净资产	营业收入	利润总额	净资产收益率（%）
2014年1–9月	5141.2	3436.5	3625.8	480.9	4.3
2015年1–9月	6135.9	3759.1	3632.5	533.8	12.8
2015年同比增长（%）	19.4	9.4	0.2	11.0	–8.5

数据来源：东方雨虹季报，2015 年 10 月。

四、企业创新能力分析

东方雨虹是中国防水行业唯一上市的国家高新技术企业，研发力量和科研能力都位于国内同行业领先位置，也是国家火炬计划重点高新技术企业和北京市高新技术企业。公司防水技术研究所是“国家认定企业技术中心”，是国内防水行业第一家国家级企业技术中心。2015 年上半年，研发投入资金 5995.4 万元，比上年同期增加 8.3%。取得的主要成果：承担了 3 项国家火炬计划项目，1 项国家 863 计划项目和 1 项国家重点新产品技术研发项目，以及 40 项自主创新产品研发项目，有 4 项技术达到国际先进水平，填补了国内该领域技术空白。截至 2015 年 11 月底，共申请专利 421 项，其中发明专利 315 项、实用新型专利 95 项、外观设计专利 11 项，已获得授权专利 171 项，另有 121 项专利处于实质审查阶段。

第二节　北京金隅股份有限公司

一、企业生产经营范围

北京金隅股份有限公司（简称“金隅股份”）经商务部和北京市发展和改革委员会批准，于 2005 年在北京成立。是全国最大的建筑材料生产企业之一，是中国环渤海地区最大的建筑材料生产企业。金隅股份利用自身独特的资源优势，以建材制造为主业，纵向延伸出房地产开发和不动产经营产业，相互支撑、相互促进，是中国大型建材生产企业中具有完整纵向一体化产业链结构的建材生产企业。金隅股份坚持走新型工业化道路，注重自主创新，大力发展循环经济和节约型经济，逐步形成了以高标号水泥、家具、矿棉吸声板、加气混凝土和耐火材料为代表的建材制造业体系，发展和培育了一批如“金隅牌”水泥、“天坛牌”家具和“星牌”矿棉吸声板等为代表的中国和北京名牌产品；并以产业结构调整为契机，通过资源整合和“走出去”战略的实施，金隅股份的房地产开发业和以高档物业管理、度假休闲为代表的不动产经营业已成为新的强劲的经济增长点，并呈现出良好的可持续发展态势。

二、企业规模

金隅股份是名列中国企业 500 强和世界建材企业 100 强的大型综合性产业集团，拥有境内外（A+H 股）两个资本市场平台，旗下独资及控股公司 60 余家，形成了以水泥及预拌混凝土、新型建材与商贸物流、房地产开发、物业投资与管理为核心的产业链，是国家重点支持的 12 家大型水泥企业（集团）、中国水泥“十强”企业和全国最大的建材制造商之一，在京津冀地区具有显著的区域规模优势和市场控制力。金隅水泥及预拌混凝土是金隅股份核心产业之一，水泥产能 5000 多万吨、预拌混凝土产能 2500 万立方米，石灰石、骨料等资源储量分别超过 11 亿吨和 1.5 亿吨，产销网络覆盖北京、天津、河北、河南、山西、山东、内蒙、吉林、新疆等省区。金隅股份也是中国最大的新型、绿色、环保、节能建材制造商之一，是环渤海经济圈建材行业的引领者，是北京奥运会场馆建设中产品品种最多、用量最大、应用最广的建材供应商，现已形成节能保温材料、家具木业、耐火材料、装饰装修材料和商贸物流5大重点业务，和大厂工业园、窦店科技产业园、金隅国际物流园三个园区的发展格局。

三、企业经济效益分析

2015年1–3季度，受建材行业产能过剩及房地产开发降温等影响，金隅股份多项经营指标呈现下降趋势：营业收入259亿元，同比减少10.1%；利润总额16.6亿元，同比减少37.2%；净资产收益率3.4%，同比减少2.7个百分点。

表19–2　2015年1–9月金隅股份财务信息（单位：百万元）

	总资产	归属于上市公司股东的净资产	营业收入	利润总额	净资产收益率（%）
2014年1–9月	115685.0	31107.3	28797.1	2646.1	6.1
2015年1–9月	122308.9	31544.8	25902.7	1662.3	3.4
2015年同比增长（%）	5.7	1.4	–10.1	–37.2	–2.7

数据来源：金隅股份季报，2015年10月。

四、企业创新能力分析

金隅股份在广泛参与国家重点工程和重大基础设施建设的同时，始终坚持以“绿色发展、循环发展、低碳发展”的理念为指导，以自主创新的知识产权为依托，全面促进集团水泥产业环保转型的步伐。已建成的余热发电装机总量186.5兆瓦，可实现年发电12.7亿度，节约标煤45万吨，减少二氧化碳排放117万吨。建成并运行了国内首条具有自主知识产权的无害化处置工业废弃物示范线、国内首条飞灰工业化处置示范线、国内首条依托水泥窑资源化处置城市污水处理厂污泥生产线、国内首条无害化处置城市生活垃圾示范线、北京规模最大的城市危险废弃物处置中心，这些项目的成功运行，不仅发挥了建材工业的自身优势，也培育了新的经济增长点，为城市发展、环境安全和社会和谐做出了贡献。成立了水泥工业环保节能技术北京市工程研究中心和金隅中央研究院大厂园区分院。公司已形成成熟的创新环境，能进一步加速产业转型升级和构建创新驱动型经营模式。

第二十章 重点稀土企业

第一节 中国北方稀土（集团）高科技股份有限公司

一、企业基本情况

中国北方稀土（集团）高科技股份有限公司（简称“北方稀土”）拥有 34 家分子公司，其中 3 家直属单位、4 家全资子公司、10 家绝对控股子公司、11 家相对控股子公司、6 家参股公司。其全面掌控北方轻稀土资源，并积极整合布局南方中重稀土资源，资源优势奠定了公司发展的坚实基础；公司主导产品—北方轻稀土产品，具有随铁开采的成本优势，确保了其在市场竞争中的有力地位；公司旗下的包头（包钢）稀土研究院，是全球最大的以稀土资源开发利用为宗旨的专业研究机构，辅以公司内部 18 家企业技术（研发）中心，科研优势明显；稀土资源作为国家战略资源，其开发与应用得到了国家密集出台的各项政策支持，北方稀土作为行业内骨干企业，在行业整合、发展中下游产业等方面得到了国家政策的大力支持。

三、企业经济效益分析

2015 年 1–3 季度，随着稀土大集团组建方案落实的进一步影响及北方稀土一系列新项目和产品面世，北方稀土多项经营指标呈现上涨趋势：营业收入 44.9 亿元，同比增加 18.3%；利润总额 3 亿元，同比增加 11.2%。

表 20-1　2015 年 1-9 月北方稀土财务信息（单位：百万元）

	总资产	归属于上市公司股东的净资产	营业收入	利润总额	净资产收益率（%）
2014年1-9月	17086.2	8303.8	3796.1	266.6	4.9
2015年1-9月	15182.5	8303.9	4492.0	296.3	3.6
2015年同比增长（%）	-11.1	0.1	18.3	11.2	-1.3

数据来源：北方稀土季报，2015 年 10 月。

四、企业创新能力分析

2015 年上半年，北方稀土研发支出为 4748 万元，同比增加 93.74%。取得的主要成果：2014 年，设立技术质量部，改进科研工作运行体制机制；积极建设科研平台，建成稀土镁合金、烧结钕铁硼磁环、钐钴永磁材料、PVC 稀土稳定剂等中试线，促进科研成果产业化转化；建成稀土院天津分院并进行科研立项；申报国家专利 30 件，获得发明专利授权 2 项，实用新型专利授权 6 项；推进磁制冷和 PVC 稀土助剂等科研成果转化；加大镧铈产品应用研发力度。2015 年，新型镧铁硼系储氢合金、铬酸镧陶瓷电热器件、用于提高钕铁硼材料腐蚀性能的锌基复合涂层、纳米氧化铈半导体抛光液、高灵敏非晶丝弱磁感器、高性能永磁材料的产业化关键技术开发、大规模集成电路专用高精度超细稀土抛光粉这 7 项科研成果获评“中国好技术”称号；包头（包钢）稀土研究院出资 1 亿元，与中国科学院北京分院、包头市人民政府、内蒙古自治区科学技术厅共同组建中国科学院包头稀土研发中心。

第二节　北京中科三环高技术股份有限公司

一、企业基本情况

北京中科三环高技术股份有限公司（简称“中科三环”）成立于 1999 年，总部设于北京，由隶属于中国科学院的北京三环新材料高技术公司与美国 TRIDUS 公司、台全（美国）公司、宁波电子信息集团公司、宁波联合集团股份有限公司和联想集团控股公司等其他五家发起人联合创立，于 2000 年在深交所上市。中科三环是一家从事磁性材料及其应用产品研发、生产和销售的高新技术企业，主营产品为烧结钕铁硼磁体、粘结钕铁硼磁体、软磁铁氧体和电动自行车，产品主要应用于计算机硬盘驱动器、光盘驱动器、风力发电、汽车电机及核磁共振成像仪等。

二、企业规模

中科三环旗下拥有五家烧结钕铁硼稀土永磁生产企业，分别是宁波科宁达、北京三环瓦克华（与德国真空熔炼有限公司合作）、天津三环乐喜（与台全金属合作）、肇庆三环京粤和盂县京秀，以及一家粘结钕铁硼稀土永磁生产企业——上海爱普生磁性器件（与日本精工爱普生株式会社合作），一家软磁铁氧体生产企业——南京金宁三环富士电气（与日本富士电气株式会社和南京金宁电子集团合作）。公司控股南京大陆鸽高科技股份有限公司，主要生产钕铁硼稀土永磁电机驱动的电动自行车，进一步延伸了公司现有产业链。中科三环中高端产品钕铁硼产能 12000 吨，是全球第二大、中国最大的钕铁硼永磁体制造商。公司中高端产品营收占比达 60%，参股两家上游稀土公司，与五矿有色签署了战略合作协议。

三、企业经济效益分析

2015 年 1–3 季度，受经济下行，市场需求不足，产品价格下降等影响，中科三环多项经营指标呈现下降趋势：营业收入 25.9 亿元，同比减少 11.4%；利润总额 3 亿元，同比减少 9.5%；净资产收益率 4.9%，同比减少 1.4 个百分点。

表 20–2　2015 年 1–9 月中科三环财务信息（单位：百万元）

	总资产	归属于上市公司股东的净资产	营业收入	利润总额	净资产收益率（%）
2014年1–9月	5386.4	3710.8	2919.9	327.2	6.3
2015年1–9月	5169.8	3805.1	2586.5	296.0	4.9
2015年同比增长（%）	–4.0	2.5	–11.4	–9.5	–1.4

数据来源：中科三环季报，2015 年 10 月。

四、企业创新能力分析

中科三环一直保持国内领先、国际先进的研发水平，自主研发优势突出，多项产品获评国家科技部“国家自主创新产品”称号，具有突出的业内产品优势。2015 年上半年，投入研发资金 6731.3 万元，比上年同期减少 10.5%。取得的主要成果有：与中国钢研科技集团有限公司等五家单位联合完成的“稀土永磁产业技术升级与集成创新”项目获得国家科技进步二等奖。公司自主研发的高性能稀土永磁材料 N42UH 被列入首批国家自主创新产品名单中。公司被北京表面工程协会授予“技术创新先进单位奖”。

政 策 篇

第二十一章　2015年中国原材料工业政策环境分析

第一节　国家宏观调控政策促进原材料工业转型升级

一、加强转型发展的宏观指导

2015 年全球经济呈现缓慢复苏的发展态势，但仍缺乏强劲发展动力，总体保持稳定，国内经济下行压力依然很大，原材料工业生产和投资进一步回落，产品价格低位震荡，行业经济效益不佳，供求矛盾依然突出，其中钢铁、水泥、电解铝、平板玻璃等行业尤为突出。从长远看来，在经济发展步入中高速的新阶段，原材料行业必须摒弃以往依靠投资拉动的发展模式，唯有主动适应经济新常态、推进两化融合、积极化解过剩产能、深化管理改革、继续实施创新驱动战略和供给侧改革才是原材料行业转型发展的必由之路。

作为“十二五”规划的收官之年，在认真总结“十二五”期间取得的成就和存在的问题前提下，积极开展了包括钢铁、建材、石化、稀土、有色、新材料等原材料行业的“十三五”规划和重大问题研究，明确了“十三五”期间的发展环境、发展目标和发展重点，引导原材料行业健康、持续发展。为促进原材料工业稳增长、调结构、防风险，进一步提高发展质量和效益，工信部研究制定了《2015 年原材料工业转型发展工作要点》，对 2015 年原材料工业转型发展工作做出了整体部署。除此以外还修订了《钢铁行业规范条件（2015 年修订》和《水泥行业规范条件（2015 年本）》、制定了《铅锌行业规范条件（2015）》和《耐火材料行业规范公告管理办法》等，进一步加强和完善行业规范条件，加强了对原材料行业转型升级的宏观指导。

二、大力推进两化深度融合

原材料工业作为典型的流程工业，信息技术的普及和应用对加快原材料行业健康平稳发展发挥了重要作用。近年来，建材行业两化融合工作稳步推进。信息化服务平台建设、公共服务平台建设日益完善，在管控一体化、营销一体化方面取得重要进展，大中型原材料企业数字化设计工具普及率、关键工艺流程数控化率分别达到 70% 和 60%。以建材行业为例，其中玻璃产品现货和期货两大电子商务平台初步建成，玻璃产品营销模式不断优化，水泥行业高效粉磨技术、高压变频技术等已经全面应用，在线仿真技术、可视化以及其他信息化优化管控技术推广速度加快。但同时，企业重视程度不够、信息化投资不足、关键核心软件装备受制于人、复合型人才缺乏、公共服务平台缺失、政策标准建设滞后等问题依然突出，制约了两化融合的发展进程。

为进一步加快推进原材料工业两化融合进程，2015 年工信部下发《原材料工业两化深度融合推进计划 (2015–2018 年)》，从现状和问题、总体思路、主要目标、主要任务、重大工程和保障措施六个方面对原材料工业的两化融合工作进行了总体部署，着力解决原材料工业的突出问题和两化深度融合的薄弱环节，充分发挥企业在推进两化融合进程中的主体作用，大力推动原材料生产企业向服务型和智能型转变，不断提升原材料工业综合竞争力。

三、着力化解过剩产能

虽然国家制定了一系列化解过剩产能的文件，各地也都积极做好落实工作，但在 2015 年市场需求趋缓、生产能力严重供大于求的局面下，钢铁、水泥、平板玻璃、电解铝等行业的产能过剩矛盾并未得到有效化解，产能利用率依然很低。因此化解过剩产能仍然是 2015 年原材料工业重中之中的工作。

2015 年化解过剩产能工作主要从三个方面进行 ：一是严控新增产能，继续做好对未经审核项目的认定和公告工作，及时掌握产能变化情况；二是优化存量，加快产业布局调整和企业“走出去”步伐，工信部印发了《促进化工园区规范发展指导意见》等有关文件，优化产业布局，组织符合准入规范条件企业的评价和公共工作，加强监督和动态管理；三是扩大高端应用，加强对绿色建材、高强钢筋、高性能电工钢等产品的推广应用，工信部印发了《促进绿色建材生产和应用行动方案》《预拌混凝土绿色生产评价标识管理办法（试行）》（征求意见稿）等有关文件，积极推进高品质、高性能和高附加值产品的生产和应用。

第二节　尚需完善的配套政策

一、转型升级的具体措施亟待制定

随着我国经济发展步入中高速阶段，原材料行业转型升级的压力也越来越大，虽然国家从宏观层面一直在努力推进原材料行业的转型升级，但针对具体行业的具体问题，尚未出台细化方案。因此要进一步明确原材料工业及细分行业转型升级的具体目标，并将指标进行细化和量化，指导各地方行业主管部门根据目标指标制定符合本地区的实施方案。同时，还要随着国家能源、资源、环境保护等法律法规的完善，加强原材料工业事中事后监管，对生产企业的环保、产品质量和安全生产进行监督检查，倒逼竞争力差的企业主动退出市场，加快原材料工业转型升级步伐。

二、两化融合标准急需完善

推进原材料行业两化融合进程是促进原材料工业转型升级的重要途径。但是，当前我国原材料工业两化融合发展水平参差不齐，一些基础性工作较为落后，与国外相比存在较大差距。行业标准是规范和引领行业发展与行业水平提升的重要基础，但当前行业信息化的标准工作尚处于起步阶段。因此，原材料行业两化融合一定要标准先行。这就要求围绕石化、化工、钢铁、有色、建材等行业特点，做好标准体系研究及技术归口工作，同时要围绕产品质量控制、安全生产、节能减排、物流管理、数字化研发等，加快制定数据采集、传输、交换机接口标准等，以及产品识别、定位和可追溯通用规范。目前这些工作都刚处于起步阶段。

三、退出机制尚需完善

产业的发展必然存在进入和退出。原材料工业在化解产能过剩的进程中，势必会有一些企业、产品、技术和产能等主动或被动退出，但目前我国原材料工业过剩产能的退出机制尚不完善，在资产处置、员工安置、企业关停并转等方面尚缺乏完善、有效的机制和配套政策。这就需要：一是从金融财税政策上支持，对主动退出的企业给予资金支持或补贴，或对退出企业转产其他领域的给予信贷优惠政策；二是妥善安置退出企业的员工，保障员工权益，对退出企业员工的社会保险关系的转移和接续问题做到妥善处理，对退出企业员工的再就业或再培训，参照各地标准，给予一定的社会保险或资金补贴，对于自主创业的，要给予小额贷款扶持，维护社会稳定。

第二十二章　2015年中国原材料工业重点政策解析

第一节　综合性政策

一、《中国制造2025》

（一）政策出台背景

制造业是国民经济的基础和支柱产业，也是一国经济实力和竞争力的重要标志。国际金融危机期间，德国凭借强大的制造业优势依然保持了经济的稳定增长，成为受危机影响最小的国家。德国提出的“工业 4.0”被誉为以智能制造为主导的第四次工业革命。金融危机后，各国都开始高度重视制造业的发展，美国提出了“先进制造业国家战略计划”，并采取多种措施“吸引制造业回流”，英国提出了“高价值制造业战略”，日本提出了“产业复兴计划”、法国提出了“新工业法国”等。制造业的竞争将成为未来大国竞争的关键。中国作为全球制造业中心和制造业大国，却离制造业强国还有着很大的差距，因此，要实现制造业大国向制造业强国的转变，中国需要以大国战略思维和战略布局，提升制造业的国际竞争新优势。

（二）政策主要内容

《中国制造 2025》从“一二三四五五十”七个方面的内容来促进中国制造业由大变强。

“一”是一个目标，即成为制造强国。

“二”是指通过信息化和工业化两化深度融合发展来实现这个目标。

“三”是通过“三步走”战略来实现目标，大体上每一步用 10 年左右的时间。

第一步，到 2025 年迈入制造强国行列；第二步，到 2035 年我国制造业整体达到世界制造强国阵营中等水平；第三步，到新中国成立 100 年时，我国制造业大国地位更加巩固，综合实力进入世界制造强国前列。

“四”就是四项原则：市场主导、政府引导；立足当前，着眼长远；全面推进、重点突破；自主发展、合作共赢。

第一个“五”是五条方针，即创新驱动、质量为先、绿色发展、结构优化和人才为本，针对的是中国制造业的五大短板。

第二个“五”是五大工程：制造业创新中心建设工程；工业强基工程；智能制造工程；绿色制造工程；高端装备创新工程。

“十”是十个重点领域：新一代信息技术、高档数控机床和机器人、航天航空装备、海洋工程装备及高技术船舶、先进轨道交通装备、节能与新能源汽车、电力装备、新材料、生物医药及高性能医疗器械、农业机械装备。国家将引导社会各类资源集聚，大力推动十大重点领域突破发展。

为保证任务的顺利实施和目标的顺利实现，《中国制造 2025》还提出了具体的战略支撑和保障，分别是深化体制机制改革、营造公平竞争市场环境、完善金融扶持政策、加大税收政策支持力度、健全多层次人才培养体系、完善中小微企业政策、进一步扩大制造业对外开放。

（三）政策影响

《中国制造 2025》是我国实施制造强国战略第一个十年的行动纲领。“创新驱动、质量为先、绿色发展、结构优化、人才为本”是《中国制造 2025》提出的基本方针，也是中国制造发展的总体要求。这一基本方针也为原材料行业的发展指明了方向。

二、《关于2015年深化经济体制改革重点工作的意见》

（一）政策出台背景

2015 年是全面深化改革的关键之年，是全面推进依法治国的开局之年，是全面完成“十二五”规划的收官之年，也是稳增长、调结构的紧要之年，经济体制改革任务更加艰巨。根据《中央全面深化改革领导小组 2015 年工作要点》和《政府工作报告》的部署，制定了《关于 2015 年深化经济体制改革重点工作的意见》（以下简称《意见》）。

（二）政策主要内容

《意见》主要从八个方面进行了规划部署：

一是持续简政放权，加快推进政府自身改革。分别从继续深入推进行政审批制度改革、多管齐下改革融资体制、不失时机加快价格改革、加快形成商事制度新机制、制定清理废除妨碍全国统一市场和公平竞争的各种规定做法的意见、全面实施中央和国家机关公务用车制度改革和推进地区生产总值统一核算改革等七个方面进行重点布置。

二是深化企业改革，进一步增强市场主体活动。主要从推进国企国资改革、制定进一步完善国有企业法人治理结构方案、出台加强和改进企业国有资产监督防范国有资产流失的意见、落实进一步深化电力体制改革的若干意见、支持非公有制经济健康发展、完善产权保护制度等六个方面进行重点部署。

三是落实财税改革总体方案，推动财税体制改革取得新进展。《意见》主要从实行全面规范公开透明的预算管理制度、力争全面完成营改增、研究提出合理划分中央与地方事权和支出责任的指导意见等三个方面进行重点部署。

四是推进金融改革，健全金融服务实体经济的体制机制。《意见》主要从制定完善金融市场体系实施方案、推动利率市场化改革、实施股票发行注册制改革和推出巨灾保险等四个方面进行重点部署。

五是加快推进城镇化、农业农村和科技体制等改革，推动经济结构不断优化。分别从推进城镇化体制创新、建立规范多元可持续的城市建设投融资机制、制定深化农村改革实施方案、增投国家自主创新示范区等四个方面进行重点部署。

六是构建开放型经济新体制，实施新一轮高水平对外开放。主要从以下六个方面进行部署，健全促进外贸转型升级的体制和政策，提高贸易便利化水平；实施新的外商投资产业指导目录；加快完善互利共赢的国际产能合作体制机制；积极推进内销货物选择性征收关税政策先行先试，统筹研究推进货物状态分类监管试点；实施“一带一路”战略规划，启动实施一批重点合作项目；实施落实“三互”推进大通关建设改革，建立信息全面交换和数据使用管理办法。

七是深化民生保障相关改革，健全保基本、兜底线的体制机制。分别从落实考试招生制度改革和开展高考综合改革试点，推动医改向纵深发展，逐步推进基本公共文化服务标准化均等化和推动政府向社会力量购买公共文化服务，完善机关事业单位工作人员工资制度等四个方面进行重点部署。

八是加快生态文明制度建设，促进节能减排和保护生态环境。分别从出台加快推进生态文明建设的意见，制定生态文明体制改革总体方案；强化节能节地节水、环境、技术、安全等市场准入标准，制订或修改50项左右节能标准；扎实推进以环境质量为核心的环境保护管理制度改革；推进国有林场和国有林区改革等四个方面进行重点部署。

（三）政策影响

《意见》推出了一批激活市场、释放活力、有利于稳增长保就业增效益的改革新举措，使改革新红利转化为发展新动力，对于促进钢铁、建材、石化等原材料行业调结构、稳增长、转型升级、提质增效发挥了巨大的推动作用。

第二节 行业政策

一、《原材料工业两化深度融合推进计划》（2015-2018）

（一）政策出台背景

石化化工、钢铁、有色金属、建材、黄金、稀土等原材料工业是典型的流程工业。近年来，信息技术的普及应用，对原材料工业的快速健康发展发挥了重要作用。目前，企业资源计划（ERP）、制造执行系统（MES）等两化融合技术在原材料工业已得到广泛使用，大中型原材料企业数字化设计工具普及率、关键工艺流程数控化率分别达到70%和60%，两化融合开始由单项应用向综合集成提升和整合创新阶段迈进。宝钢、中石化、中石油等特大型企业正逐步向智能化转型。

但也要看到，我国原材料工业两化融合深度与国际先进水平相比还存在很大差距，企业重视程度不够、信息化投资不足、关键核心软件装备受制于人、复合型人才缺乏、公共服务平台缺失、政策标准建设滞后等问题仍比较突出。当前，发达国家纷纷启动“再工业化”战略，正在重塑制造业竞争新优势。新一代信息技术迅猛发展，网络化、数字化、智能化已成为抢占产业发展制高点的关键所在。加快推进原材料工业两化深度融合机不可失。

（二）政策主要内容

《原材料工业两化深度融合推进计划》（简称《计划》）明确提出推进原材料工业两化深度融合的总体思路和主要目标，以及八项主要任务和六项重大工程。

主要目标：从行业引导工作明显加强、平台建设取得重要进展和示范工作稳步推进三个方面提出具体的指标。

八项主要任务：主要包括深入推进两化融合管理体系贯标工作、建立完善两化深度融合技术标准体系、研究推广重点行业两化融合解决方案、加快建设行业关键共性技术创新平台、稳步推进重点领域工业云服务平台建设、着力培育电子商务和物流业发展、大力推动行业大数据应用、建立健全行业监管及产品追溯系统。同时针对每项重点任务都给出了具体的做法及措施。

六大重点工程：分别包括数字化设计工具开发应用工程、关键工艺流程数控化工程、智能工厂示范工程、数字矿山示范工程、供应链协同管理促进工程、关键岗位机器人替代工程。其中每项重点工程都针对石化化工、钢铁、有色金属、建材、黄金、稀土等原材料工业进行专项规划，提出具体的重点工程，引导行业两化融合发展路径。

（三）政策影响

《计划》以公共平台建设、智能工厂示范、技术推广普及为着力点，努力实现集研发设计、物流采购、生产控制、经营管理、市场营销为一体的流程工业全链条全系统智能化。到2018年底，标准引导、平台服务、示范引领、推广普及的原材料工业两化深度融合推进机制初步形成。《计划》不仅促进原材料工业智能化发展，而且对其他行业和全面贯彻落实《制造业2025》起着重要的支撑作用。

二、《关于加快石墨烯产业创新发展的若干意见》

（一）政策背景

石墨烯是从石墨材料中剥离出来、由碳原子组成的二维晶体，受到科技界和投资者的广泛关注。据介绍，石墨烯的强度、韧性、透光率和导电性能较好，在光、电、热、力等方面具有优异性能，极具应用潜力，可广泛服务于经济社会发展。发展石墨烯产业，对带动相关下游产业技术进步，提升创新能力，加快转型升级，激活潜在消费等，都有着重要的现实意义。为引导石墨烯产业创新发展，工信部、国家发改委、科技部三部门专门印发了《关于加快石墨烯产业创新发展的若干意见》（简称《意见》）。

（二）政策主要内容

《意见》指出，要抓住机遇培育壮大石墨烯产业。石墨烯是在光、电、热、力等方面具有优异性能，极具应用潜力、可广泛服务于经济社会发展的新材料。在能源装备、交通运输、航空航天、海工装备等产品上已呈现良好应用前景。《意见》提出石墨烯产业的发展目标、四大推进举措和四大保障措施。

把石墨烯产业打造成先导产业。到 2018 年实现石墨烯材料稳定生产，在部分工业产品和民生消费品上的产业化应用；到 2020 年，形成完善的石墨烯产业体系，实现石墨烯材料标准化、系列化和低成本化，形成若干家具有核心竞争力的石墨烯企业。

推进产业发展关键技术创新。突破石墨烯材料规模化制备共性关键技术；加强知识产权体系建设；搭建产业发展服务平台。

推进首批次产业化应用示范。创新石墨烯材料产业化应用关键技术；开展终端应用产品示范推；促进军民融合发展。

推进产业绿色、循环、低碳发展。壮大石墨烯材料制造业规模；促进产业集聚发展；实现产业绿色发展。

推进拓展应用领域。积极服务于国家重点工程建设；不断开拓工业领域新应用；努力提升服务民生能力。

相关保障措施：加大政策扶持；加强投融资引导；完善标准规范体系；加强行业管理和服务。

（三）政策影响

《意见》的出台，明确要将石墨烯产业发展成为先导产业，强调了产学研用协调发展的重要性，并具体落实了石墨材料规模化制备技术创新、知识产权体系建设、产业发展平台搭建 3 个发展方向，对有效引导我国石墨行业走出实验室，真正应用在各行各业中，抢占新材料前沿和提升材料工业水平，都具有重要的意义。

热点篇

第二十三章　石化化工行业

第一节　国际油价持续暴跌

一、发生背景

国际油价持续暴跌的主要原因是市场持续处于严重的供过于求状态，以及有关全球经济增长前景黯淡的预期导致了需求不振。同时，中东地区长期战乱，中东各原油生产国出于对未来前景的担心，加快石油生产和出售；另外，美国加大对原油开采的力度，一跃成为世界第一大石油生产国，并且解除美国长达40年的原油出口禁令，从而加剧了世界能源竞争，导致全球石油供应过剩。

二、事件内容

从2014年夏天开始，国际油价就从每桶110美元的高价一路走低。2015年，油价从大约每桶110美元的相对高位急挫到近30美元左右，未来有可能跌到20美元。数据显示，2015年12月21日英国北海布伦特原油期货价格跌至每桶36.17美元，创2004年以来最低价；美国西得克萨斯中质原油期货价格跌至每桶34.4美元。高盛集团研究团队认为市场储存能力可能已达上限，这些都会使2016年全球油价延续跌势，最低甚至有望跌破20美元/桶。

国际油价的快速下跌，导致国内成品油下调幅度不断拉宽。2015年国内成品油零售限价累计下调12次，累计上调7次，搁浅6次。汽油累计下调2165元/吨，上调1495元/吨；柴油累计下调2155元/吨，上调1440元/吨。

三、事件影响

石油是现代工业的血液，能源是很多国家经济的命脉。正是这种特殊重要性，使得石油不仅仅是一种大宗商品，更是一种重要的战略武器。随着石油产量供过于求，以及新技术的出现，国际油价出现了断崖式下跌。一方面，对国内石油化工产业来说，降低了上游原料供应成本；另一方面，石油价格下跌带来了整个产业链流动性短缺，进而影响了下游石化产品的价格。此外，国际油价的下跌，也影响到国内石油开采企业的运营和市场。

第二节　油气改革打破上游垄断

一、发生背景

长期以来，以中石油、中石化为主的国有油企主导我国原油进口，“两桶油”进口原油总量约占全国的90%。自2014年开始电力体制改革开始，多个领域开始实施能源体制改革。以全面深化改革为时代背景，展开新一轮的油气总体改革，打破上游垄断，进行市场化改革，释放市场空间，成为已经确定的重大改革任务。

二、事件内容

2015年，国家发改委发布《首家申报使用进口原油的地方炼厂核查评估结果对外公示》。根据相关规定和要求，审验山东东明石化集团有限公司（下称“东明石化”）的申报材料，并进行了现场查验和核实。经核查，该公司申请使用进口原油的炼油装置规模，安全、环保、消防、储运等设施，及产品质量和能耗指标，符合有关规定。初步确认该公司可使用进口原油750万吨/年。

这标志着开始正式拆除各种隐性的政策准入壁垒和管制壁垒，允许各种不同性质的资本和企业进入原油进口领域，同时伴随以主要油企在不同领域里的分拆和重组，新一轮油气改革将打破上游垄断。

三、事件影响

长期以来，上游的高度垄断制约了油气改革的实际效果，因此后续还需进一步破除原油进口权垄断，形成以国有油企为主，其他民企配合进行原油进口活动的局面。在促进勘探开发及进口放开、管网独立的同时，多主体参与将有利于我国实现油气领域的市场化改革，形成市场化原油定价机制，从而提高石化行业原料的供给保障能力。

第三节 《促进化工园区规范发展指导意见》发布

一、发生背景

2015年，天津“8·12”事故后，工信部启动了城镇人口密集区危险化学品企业搬迁工作，各地城镇密集区的危化品生产企业加快了搬迁入园的步伐。我国化工园区发展水平参差不齐，环境污染事件、安全生产事故频发，暴露出我国化工生产企业仍在安全水平差、园区发展不规范等重大问题，迫切需要提升安全生产水平、规范化发展。

二、事件内容

2015年，工信部发布《促进化工园区规范发展指导意见》(以下简称《意见》)。《意见》明确严禁在生态红线区域、自然保护区、饮用水水源保护区、基本农田保护区及其他环境敏感区域内建设园区，要求建立入园项目评估制度，组织专家对项目土地利用率、工艺先进性、安全风险、污染控制、能源消耗、资源利用、经济效益等进行综合评估。《意见》要求，通过开展入园项目评估、建立产业升级与退出机制、承接退城入园及产业转移项目、控制投资强度等措施，加强项目管理。特别明确规定，到2020年，省级以上园区土地投资强度不低于20亿元/平方千米。《意见》强调了对安全风险的控制，已建成投用的园区每5年开展一次整体性安全风险评价，鼓励大型园区或离居民区较近的园区实行封闭管理，到2020年，80%的省级以上园区建成应急救援指挥中心。《意见》提出建立园区信息化公共服务平台，鼓励建设智慧园区，据悉工信部将争取利用专项资金支持化工园区智能化改造，并开展以提升园区本质安全和环境保护水平为目的的智慧化工园区试点，鼓励园区内骨干企业建设智能工厂。

三、事件影响

《促进化工园区规范发展指导意见》是我国针对化工园区规范发展出台的首个综合性指导意见，《意见》出台旨在推动化工行业发展和新型城镇化良性互动，实现行业安全、绿色和可持续发展。

第四节　智能制造引领新型石化工业发展

一、发生背景

当前我国石化行业在传统增速下降、产能过剩矛盾突出、要素推动日益减弱、资源环境约束进一步强化的新形势下，主要依靠资源要素投入、规模扩张的粗放发展模式已经难以为继，必须探索低成本、绿色、智能的创新发展道路。

二、事件内容

中石油建成并应用了统一的经营管理平台、生产运行管理平台、办公管理平台和网络基础设施，推动了生产经营管理的网络化运行。如长庆油田将传统的经验管理、人工巡检转变为系统扫描，巡井效率提高数十倍，一线用工大幅度减少，油气当量从 2000 万吨 / 年增加到 5000 万吨 / 年，用工总量仍保持 7 万人不变。中石油对分布于全国各地的加油站内的非油品进行管理，实现批量采购进货、统一配送、统一定价，每年增加非油品销售近 100 亿元，非油品销售利润约占加油站总利润的 50%。

中石化构建以用户为中心、互联网为载体的石化商业新业态，选择燕山石化、茂名石化、镇海炼化、九江石化 4 家企业开展试点，打造世界一流的智能石化。目前 4 家企业的劳动生产率已经提升了 10% 以上，2017 年预计可提升 30%，九江石化被工信部列为“智能制造试点示范项目”。“十三五”期间，中石化要全面打造智能油田、智能工厂的试点示范企业，建立统一的大数据平台，全面提升数字化、网络化、智能化的水平。

三、事件影响

利用信息化在内的新技术手段提升改造传统行业，提升传统石化产业价值链，实现从传统向数字化、智能化转变，从初创向质量效益转变，从资源消耗向绿色制造转变，从生产向服务制造转变，这有利于降低企业的生产成本、提升企业的效益、增强企业的核心竞争力。

第五节　煤化工技术首获国家技术发明一等奖

一、发生背景

煤炭是我国具有资源优势的能源,《国家中长期科学和技术发展规划纲要（2006—2020）》中将煤化工技术列为重要研究方向，发展新型煤化工技术是实现工业化的必要条件。

二、事件内容

2015 年，大连化物所“甲醇制取低碳烯烃（DMTO）技术项目”获得国家技术发明一等奖。DMTO 技术开发及工业化应用的成功，在国际上实现了该项技术零的突破，贯通了煤化工与石油化工的主要通道。该项发明成果获授权发明专利 37 项，发表相关论文 67 篇。依托该项技术建设的世界首套煤制烯烃装置已持续运行 3 年以上，综合效益显著。DMTO 技术累计实现技术实施许可 20 套大型工业装置（含第二代技术），合计烯烃总产能为 1126 万吨 / 年，这些装置的建设预计可拉动上下游投资 2500 亿元，新增产值 1200 亿元。

三、事件影响

甲醇制取低碳烯烃技术的突破及其产业化,开启了我国“甲醇化工”新纪元，标志着我国在甲醇制烯烃工业应用领域已进入世界领先水平。

第二十四章　钢铁行业

第一节　中国钢铁产销量20年来双双首降

一、发生背景

当前中国钢铁行业产能严重过剩，国家出台了不少于20项针对淘汰钢铁落后产能的政策，但是这些举措对压缩中国钢铁的总体产能收效甚微。

二、事件内容

2015年，我国钢材实际消费约为6.68亿吨，同比下降4.8%；预计2016年，我国钢材实际消费量将继续下降，同比下降3.0%。这意味着中国的钢铁产量已经达到峰值，中国钢铁价格降至20多年来最低水平。由于消费的绝对量下降，国内钢铁产量出现下降，市场低迷，但国外市场却相对火热，2015年出口达到1.1亿吨的峰值，大约占钢铁生产总量的10%。

三、事件影响

随着大规模基本建设放缓，特别是环境保护压力不断增加，中国钢铁行业迎来大规模衰退，面对着大规模的钢铁厂关停潮，需要相关企业和政府要及早压减产能、谋划新的产业、困难企业要主动退出、妥善安置企业职工。

第二节　中冶集团整体并入五矿集团

一、发生背景

目前金属和矿业处于发展的低潮，但是金属和矿产资源对于经济和社会发展的支撑作用依然重要，加强优势企业的资源、市场和业务整合，强强联合，增强企业在行业的竞争力和全球话语权，参与国际竞争和国际产能合作，是企业摆脱困境的重要途径。

二、事件内容

经国务院批准，中冶集团将与五矿集团实施战略重组。按照两大央企重组方案，预计未来二至三年，中冶集团将整体并入五矿集团，成为其下属上市公司。五矿集团是我国金属矿产资源方面的龙头企业，中冶集团在矿业建设、矿业开发、工程建设以及矿业设计研究领域具备优势，这两家央企的重组整合，将发挥两家企业的各自优势，不仅可进行资源与业务的互享共利，实现协同效应，还能实现双方优势互补，共同做大做强双方的优势业务。

三、事件影响

两家央企重组后，将整合工程建设优势和综合服务能力，形成集资源获取、工程设计、项目建设、开发运营及产品流通为一体的全业务集团，大力提升我国在国际金属矿产资源领域的竞争实力，保障我国金属矿产资源安全和紧缺金属产品领域的生产供应。

第三节　工信部《钢铁产业调整政策(2015年修订)》发布

一、发生背景

《钢铁产业发展政策(2005年)》执行已近10年，随着宏观环境和产业自身发展变化，我国钢铁工业正面临“低价格、低效益、低消费、低增长和高压力”困境，钢铁产业发展需要提出新方向。

二、事件内容

2015年，工信部发布《钢铁产业调整政策》(征求意见稿)，明确到2025年，前10家钢铁企业粗钢产量占全国比重不低于60%，形成3至5家全球范围内有较强竞争力的超大型钢铁企业集团；大中型钢铁企业新产品销售收入占企业销售收入比重超过20%，建成一批具有先期介入、后续服务及推广应用功能的研发中心、实验室和产业联盟等创新平台；钢铁企业污染物排放、能耗全面符合国家和地方规定的标准，固体废弃物实现 100% 利用；全行业电子商务交易总额占销售总额比重达到 20%，建成一批钢铁智能制造示范工厂。

三、事件影响

《钢铁产业调整政策(2015 年修订)》的发布，以调整行业结构和升级为主线，以构建公平竞争、统一开放的市场秩序为目标，通过市场退出机制化解过剩产能，通过环保、法律和监管手段倒逼钢铁转型升级，通过技术创新提高钢铁行业效益，促进中国企业走出去，发挥市场配置资源的决定性作用，更好地发挥政府作用，从而对钢铁行业新时期的发展予以引导和规范。

第四节　生铁、钢坯出口关税下调

一、发生背景

目前，我国钢铁行业面临着供过于求、产能严重过剩、钢价跌势不止的困境，在这样的境况下，加大出口、加快国际产能合作、化解产能过剩是当务之急。

二、事件内容

2015 年 12 月，财政部公告称，经国务院关税税则委员会审议，并报国务院批准，自 2016 年 1 月 1 日起，我国将对进出口关税进行部分调整。其中，为充分发挥关税对国内产业的保护作用，根据国内生产满足需求情况，2016 年将适当降低生铁、钢坯等商品的出口关税。根据公告附最新《出口商品税率表》，税则号 7201 项下生铁出口税率为 20%；税则号 7207 项下钢坯 2016 年暂定税率为 20%，而 2015 年其暂定税率为 25%。

三、事件影响

我国生铁和钢坯的出口关税适当下调，符合国家推进国际贸易市场化的总体思路，这一政策的实施将有益于我国钢材走出去，在经济增速放缓的背景下，也将有利于钢铁产业化解产能过剩和转型升级。

第五节　工信部《钢铁行业规范条件及管理办法》修订后发布

一、发生背景

当前，钢铁行业发展进入新常态，行业管理机制也需要新变化。钢铁项目投资管理由国家核准改为地方备案，新《环境保护法》进一步严格了环保标准。为适应我国钢铁行业发展实际以及行业管理工作的需要，结合相关法规政策变化，需要对我国钢铁行业管理进行改革。

二、事件内容

2015年，工信部经修订发布《钢铁行业规范条件及管理办法》（以下简称《管理办法》）。《管理办法》强化环保节能约束、增加了新建和改造项目准入条件，进一步明确和细化了新建、改造钢铁企业的污染物排放和能耗指标准入条件；并根据不同产品设定了不同的冶炼装备准入条件，将板材与棒线材对冶炼装备的炉容要求加以区分要求；本次修订取消了规模产能要求，但细化了产品质量、工艺与装备、环境保护、能源消耗和资源综合利用、安全卫生和社会责任等5个方面内容。

三、事件影响

钢铁行业规范管理是一种事中事后监管手段，不是审批行为，根据钢铁行业发展需要，建立钢铁行业规范管理长效机制，规范管理的效果也将日益显现。

第二十五章　有色金属行业

第一节　国际有色金属价格创七年新低

一、发生背景

中国是世界主要有色金属消费国，在中国需求放缓以及美元走强的双重压力下，国际有色金属价格全面下跌。

二、事件内容

2015 年，国际铜价和锌价下跌约四分之一，镍价下跌逾 40%，主要有色金属价格已跌到 2008 年金融危机以来的最低点，创七年最低点。作为主要有色金属消费国，中国经济增长放缓、全球供应过剩以及美元走强都打击了有色金属价格，在矿商大幅减产以抵消不断放缓的需求增长之前，2016 年金属价格将会进一步下跌。

三、事件影响

有色金属价格下降将对其上游的行业构成严重冲击，国内矿山面临巨大的经营压力，但对下游部分企业在原材料采购方面构成一定利好。

第二节　有色行业联合减产保价

一、发生背景

我国有色金属行业产量增长而下游需求却在萎缩，有色金属价格一泻千里，全行业出现大面积亏损，市场倒逼有色金属行业减产降价。

二、事件内容

2015 年，国内主要镍生产企业联合发布声明，不参与低价竞销，同时 2015 年 12 月计划减产 1.5 万吨镍金属量，2016 年计划削减镍金属产量不少于 20%。继镍生产企业联合减产后，国内主要 11 家镍铁企业发表《中国中、高镍铁企业倡议书》，声明不参与低价竞销，同时计划减少产量，2016 年根据自身计划减产镍金属量不少于 20%。江西铜业、铜陵有色在内的中国 10 家铜冶炼企业发布削减铜产量的声明，2016 年将把产量削减 35 万吨，超过此前彭博报道的 20 万吨减产规模，占中国今年铜总产量的 8.75%。中国锌行业骨干企业代表在上海召开锌产业运行形势分析座谈会，并公布了倡议书，计划 2016 年精锌产量减少 50 万吨。

三、事件影响

国内有色金属行业集中度不高，如果只是少数企业减产并不能有效减少供给，未来需要进行新一轮的兼并、重组，淘汰落后产能，提高行业的集中度。

第三节　中铝成功研制世界最大级铝环

一、发生背景

国家重大机械装备制造业的发展，对高性能大型环件提出了迫切需求，大型环件的制造能力已经成为国家基础制造能力的标志和国防的重要保障。

二、事件内容

中铝西南铝与天津特钢精锻有限公司合作研发，首件新型运载火箭用 9 米级超大型铝合金整体环件研制成功，这是迄今全球最大级别的铝合金整体环件。传统制造超大型环件方法主要以铸造成形和焊接成形为主，但这两种工艺无法满足承受重载、高冲击、超低温等恶劣工作情况所需的性能要求，须采用整体制造工艺。西南铝突破了锻压制坯和轧制成形两大关键技术，成功轧制出尺寸完全满足设计要求的铝合金整体环件，环件表面光滑无缺陷，尺寸完全达标，精度超出预期效果。

三、事件影响

首件最大级铝环的研制成功，对满足我国未来航天事业发展要求，推动我国航天工业发展，有着极其深远和重要的意义。

第二十六章　建材行业

第一节　建材行业国际产能合作

一、发生背景

在国内经济增速下滑和房地产市场不景气的大背景下，建材行业正面临着产能严重过剩、经济效益下滑等诸多挑战，探索新的发展之路已迫在眉睫。

二、事件内容

2015年，国务院公布了《关于推进国际产能和装备制造合作的指导意见》(以下简称《意见》)，《意见》明确开展建材行业优势产能国际合作，根据国内产业结构调整的需要，发挥国内行业骨干企业、工程建设企业的作用，在有市场需求、生产能力不足的发展中国家，以投资方式为主，结合设计、工程建设、设备供应等多种方式，建设水泥、平板玻璃、建筑卫生陶瓷、新型建材、新型房屋等生产线，提高所在国工业生产能力，增加当地市场供应。

三、事件影响

通过国际产能合作，实现建材行业从利用国内生产要素打开国外市场向利用国外高级生产要素加快转型升级转变，实现更深层次的全球化发展。

第二节　《促进绿色建材生产和应用行动方案》发布

一、发生背景

生产和应用绿色建材是未来趋势，为了更好地服务于新型城镇化和绿色建筑发展，政府将加快绿色建材生产和应用。

二、事件内容

2015 年，工信部和住建部联合发布《促进绿色建材生产和应用行动方案》（简称《行动方案》），《行动方案》提出到 2018 年，绿色建材在行业主营业务收入中占比提高到 20%，品种质量较好满足绿色建筑需要；与 2015 年相比，建材工业单位增加值能耗下降 8%，氮氧化物和粉尘排放总量削减 8%；新建建筑中绿色建材应用比例达到 30%，绿色建筑应用比例达到 50%，试点示范工程应用比例达到 70%，既有建筑改造应用比例提高到 80%。《行动方案》包括十个部分共三十条规定，涵盖绿色建材的生产和应用，包括水泥、玻璃、钢结构、保温材料、节水洁具等多个行业。

三、事件影响

《促进绿色建材生产和应用行动方案》的出台，不仅对绿色建材产业做了进一步的深度规划，而且也为中国绿色建材产业描摹了一幅新的发展蓝图。

第三节　建材行业转型升级“去产能”

一、发生背景

过去十多年，我国基础设施与房地产行业的飞速发展，带动了提供重要基础原材料的建材业飞跃发展，而今随着经济下行、房地产市场疲软，建材业面临着严重的产能过剩。

二、事件内容

除了淘汰落后产能，严控新增产能等禁止系政策之外，国家层面也出台了很多引导市场发展的新政。在“一带一路”政策的指引下，不少玻璃企业加快了走出国门的步伐，福耀、旗滨等龙头企业已经率先在国外设厂。水泥、玻璃等过剩建材行业在政策指引下，2015 年全年，尤其下半年过剩情况有了较大程度的缓解。以玻璃为例，全年产量连续 10 个月呈下降走势，下降幅度约 6%。而在京津冀建材工业转型大潮中，仅河北一地，近 2 年淘汰水泥落后企业万家。

三、事件影响

建材行业消费市场未有明显复苏迹象，水泥、玻璃等行业仍将发展重点集中去产能，建材行业转型升级任重道远。

第四节　多项建材行业标准颁布

一、发生背景

建材国家标准的颁布旨在实现我国建材行业与国际先进技术发展的一致性，为开展重要标准国际互认，推动中国装备走出去和促进产能国际合作夯实基础。

二、事件内容

2015 年，国家标准委批准发布了 357 项国家标准，其中新制定标准 235 项，采用国际标准 86 项，在 357 项国家标准中，多项国标涉及防水、涂料、陶瓷卫浴等多个建材领域，涵盖多项强制性条文，这些将对建材行业产生深远影响。

三、事件影响

建材行业新标准对于建材行业制品的要求有所提升，促使产品升级换代。可以预见，“创新升级”将成为建材行业制品技术突破的方向，也促使企业加强研发设计，促使行业的创新升级。

第二十七章　稀土行业

第一节　六大稀土集团整合

一、发生背景

中铝集团、北方稀土、厦门钨业、中国五矿、广东稀土、南方稀土六家集团将整合绝大部分稀土开采和冶炼分离企业，但从六家集团整合的实际进度来看，仍存在资金、地方资源利益分配等诸多问题。

二、事件内容

2015，中铝集团召开组建大型稀土企业集团工作验收会，基本完成了整合方案提出的各项任务。受福建省政府委托，厦门钨业在福建省经济和信息化委员会的指导下，在厦门市组织召开了厦门钨业稀土集团组建工作验收会议，专家组一致同意厦门钨业组建大型稀土企业集团通过验收。北方稀土通过控（参）股的方式，完成了对内蒙古自治区 8 家稀土冶炼分离企业和甘肃稀土新材料股份有限公司的整合重组。中铝集团通过盛和资源参股子公司中铝四川稀土有限公司，中铝方面在四川的资源整合进入实质性阶段。赣州稀土集团、江铜集团、江钨控股集团共同组建中国南方稀土集团，涵盖稀土勘探、开采、冶炼分离、加工、贸易、研发全产业链条，其中高价值的中重稀土储量产能产量均位居国内第一。

三、事件影响

稀土集团的重组整合已基本完成，部分未完成的企业也在加速整合中。通过整合重组，稀土上游产业集中度显著提高，资源配置更加合理，生产秩序显著改善，为推进产业结构优化，提高产业链附加值，推行清洁生产，搞好节能减排与环境保护奠定了良好基础。

第二节　稀土资源税改为从价计征

一、发生背景

稀土是我国战略资源，既需要强化对资源保护和合理开发，也需要实现国家和企业利益的激励相容。

二、事件内容

2015 年 5 月 1 日起，稀土、钨、钼资源税实行从价计征，轻稀土按地区执行不同的适用税率。其中，内蒙古为 11.5%、四川为 9.5%、山东为 7.5%。中重稀土资源税适用税率为 27%。钨资源税适用税率为 6.5%。钼资源税适用税率为 11%。与稀土共生、伴生的铁矿石，在计征铁矿石资源税时，准予扣减其中共生、伴生的稀土矿石数量。与稀土、钨和钼共生、伴生的应税产品，或者稀土、钨和钼为共生、伴生矿，在改革前未单独计征资源税的，改革后暂不计征资源税。

三、事件影响

稀土资源税改为从价计征，有利于提高资源利用率、增加地方财力、提高企业市场竞争力和促进产业转型升级。

第三节　浙江探获大型稀土矿床

一、发生背景

我国的稀土资源主要分布在江西、内蒙古、广东、广西、四川、山东等省区，浙江省稀土应用产业发达，对稀土需求量较大，浙江省地质勘探大队二十年来不断在庆元山区开展寻找稀土矿的工作。

二、事件内容

2015 年，浙江省丽水市庆元县探获一个大型稀土矿床，预估资源量超 10 万吨，该矿床将成为浙江第一个配分类型较优的大型轻稀土矿区，而且也是具有工业开发意义的大型稀土矿床，潜在经济价值巨大。

三、事件影响

浙江省稀土矿的发现，为稀土成矿理论、成矿模式、找矿方向提供了新的素材，为全国同类型矿床勘探和开发提供了理论基础及实践经验。

展 望 篇

第二十八章　主要研究机构预测性观点综述

第一节　石化化工行业

一、中国石油和化学工业联合会

目前全国石化行业面临下行压力。2015 年 1—10 月，石化行业主营业务收入同比下降 6.1%，利润总额下降 24.1%，进出口总额下降 22.3%，这是首次出现三方面指标同时下降，对整个行业的影响空前严重。

当前制约石化行业发展的主要因素并非绝对产能过剩，而是结构性过剩。为此，2016 年石化行业工作重心应放在调结构上，主要包括以下几方面：一是推动淘汰落后产能迈出实质性步伐，推动传统产业转型升级，对不符合国家能耗、环保、质量、安全等标准和长期亏损、产能过剩的“僵尸企业”加快退出，对一些产能过剩和能耗、排放超标，处于半停工甚至停产状态的企业，实行关停并转和剥离重组，同时培育战略性新兴产业，提高企业管理效率、效益；二是提高行业自主创新能力，建设高水平产学研用创新平台，完善创新体系和平台建设，实现石化大国向石化强国的迈进；三是推进绿色发展、责任关怀，建设全国统一碳排放市场，搭建节能技术、管理实践交流平台，加强节能、低碳、节水等方面标准制修订，制定环境经济政策。

二、国海证券

行业面临的宏观环境持续低迷，受原油价格连续下跌影响，国内化工品跌多涨少，传统化工企业仍处于去产能、去库存阶段，多数企业仍处于淘汰落后产能的阵痛期，寻求积极转型的新兴产业，仍然需要一定的过程。2016 年全球经济整体低速增长，复苏步伐缓慢，国内经济下行压力依然较大，改革和创新是经济发展的不竭动力，同时稳增长政策将于 2016 年逐渐显现成效，国内经济进入转型的关键期，部分新兴产业将呈现较快增长的态势。

锂电池材料需求爆发。目前我国超过美国成为最大的新能源汽车市场，2015 年 1—10 月，我国新能源汽车产量 20.69 万辆，同比增长 3 倍，预计 2015 年新能源汽车有望达到 30 万辆。随着稳增长成政策重心，新能源汽车有望成为重点扶持领域，国家和地方补贴政策将极大推动新能源配套设施建设，解决新能源汽车发展的关键瓶颈。我国持续推出新能源汽车新品，加快市场布局，占有率逐步提高。新能源汽车布局加速，应用领域延伸至出租车和物流车领域，未来发展前景广阔，锂电池材料需求也将随之快速增长。

碳纤维迎来发展新契机。电动汽车、航空航天、风电大叶片三大应用领域驱动碳纤维需求快速增长。电动汽车领域，宝马率先与西格里 (SGL) 联合开发碳纤维增强复合材料，并成功应用 i3 电动汽车系列，开创碳纤维大批量应用新时代，预计 2020 年，电动汽车领域碳纤维需求量有望达 18750 吨。航空航天领域，国产 C919 大型客机商业化进一步推动碳纤维行业快速发展，预计 2020 年航天航空领域碳纤维的需求量将达到 22800 吨。

第二节　钢铁行业

一、冶金工业规划研究院

2015 年 12 月 7 日，冶金工业研究院对外发布了《2016 年我国钢铁需求预测成果》报告，报告根据国内外经济以及下游行业的发展形势，对 2015 年和 2016 年中国钢铁需求情况进行了预测，具体情况如表 28–1。

表 28–1　2015 年和 2016 年中国钢铁需求情况（单位：亿吨，%）

名称	2015年	2015年同比增速	2016年	2016年同比增速
钢材需求量	6.68	–4.8	6.48	–3.0
粗钢产量	8.06	–2.1	7.81	–3.1
生铁产量	7.09	–0.4	6.79	–4.2
铁矿石需求量	11.2	–0.4	10.73	–4.2

数据来源：冶金规划研究院，2015年12月。

2015 年，中国钢材消费量出现下降，这是自 1995 年以来中国钢材消费量首次出现下降，随着经济发展进入新常态，建筑、机械和汽车等钢铁下游产业发展增速均有所放缓，2016 年钢材消费量仍将继续下滑。

表 28–2　2015 年分领域钢铁消费情况及 2016 年消费预测

下游行业	2015年钢铁消费情况	2016年钢铁消费情况
建筑行业	钢材消费量3.6亿吨，同比下降7.2%	房地产市场仍将处于供大于求，城市轨道交通建设、电力、供水、燃气等城市基础设施建设规模仍将保持增加的趋势，预计建筑行业钢材消费量为3.5亿吨，同比下降2.8%
机械行业	钢材消费量将出现拐点，钢材需求从峰值下滑，回落到1.29亿吨左右，同比下降6.5%	重型机械、冶金矿山机械、石化通用机械等行业受宏观经济结构调整影响较大，预测钢材需求量将达到1.24亿吨，同比下降3.9%
汽车行业	钢材消费量4950万吨，同比下降1.0%	汽车产量将保持小幅增长，钢材消费量回升至5000万吨，同比增长1.0%
能源行业	钢材消费量为3200万吨，与2014年基本持平	电工行业运行态势将继续走弱，石油产量将与2015年基本持平，天然气产量将同比增长3%，预测消费钢材3150万吨，同比下降1.0%
造船行业	钢材消费量1350万吨，同比增长3.8%	航运市场供过于求的局面仍不会改变，但大量手持订单临近交付期，造船完工量将会小幅增长，钢材需求量约1400万吨，同比增长3.7%
家电行业	钢材消费量约1080万吨，同比增长2.9%	中国宏观经济增速放缓将导致家电市场需求持续低迷，此外，我国家电产品出口仍将承受较大压力，预测钢材需求量比2015年小幅下降，为1050万吨，同比下降2.8%
铁道行业	钢材消费量为480万吨，同比下降7.7%	大量铁路在建和新开工项目将继续推动中国铁路建设投资保持在高位运行，预计2016年铁道行业钢材需求量基本与2015年持平
集装箱行业	消费钢材570万吨	中国货物出口增幅不大，集装箱产量同比持平，钢材需求量570万吨

数据来源：冶金规划研究院，2015 年 12 月。

二、中国产业信息网

2015 年，钢铁供求关系的核心驱动因素是需求的下滑，一方面内需增速持续负增长，另一方面出口虽然保持了快速增长，但总量难以扭转内需的回落，前三季度粗钢产量同比下滑 2.1%。

2015 年 1—10 月，我国累计出口钢材 9213 万吨，同比增长 25%。东南亚新兴市场国家是出口增长主要来源,是全球钢材需求增长的主要驱动力。2015 年 1–8 月，中国钢材出口的前十大国家和地区占总出口量的比例为 50%，其中有 7 个国家为东南亚和南亚国家，这些国家对钢材需求的增长潜力大，但其自身的产能规模有限，2016 年亚洲和泛太平洋地区国家（除去中国）钢材需求将同比增长接近 3.8%，为中国钢材出口提供了机会。

在政策推动和市场倒逼的淘汰进程中，2016 年产能出清将加速，预计 2016 年行业关停产能或达到 4000 万吨，是 2015 年关停的产能数量的 2 倍，从 2015 年起，随着需求下降造成供求关系恶化，行业亏损大幅增加，越来越多的高成本钢厂将被市场淘汰。

钢价的走势一方面受到自身供求关系的影响，另一方面也受到成本支撑。由于目前钢铁行业普遍严重亏损，因此钢价的走势主要将受到铁矿石和焦煤价格走势的影响。

第三节　有色金属行业

一、中国有色金属工业协会

2015 年，相比钢铁、煤炭等全行业亏损状态，有色金属行业经营情况较为乐观，1—10 月，国内 8651 家规模以上有色金属工业企业中亏损企业 1965 家，亏损面 23%，亏损额 413 亿元，同比增长 27.7%。预计 2015 年，电解铜产量为 711 万吨，同比增长 9.7%，精铜进口 350 万吨，同比下降 3%，表观消费量为 1041 万吨，同比增长 7.5%，供应增速明显大于需求增速；国内电解镍产量同比减少 4.54%，目前月停产产能 0.87 万吨；氧化铝产量约为 5800 万吨，产能达到 6900 万吨，进口量约为 450 万吨，电解铝减产约 380 万吨，分别来自河南、青海、甘肃等 16 个省份，而新增加产能主要来自山东、新疆、内蒙等区域，电解铝建成并投产产能约 310 万吨；锌精矿产量 480 万吨，同比下降 4.22%，但进口锌精矿为 320 万吨，预计精炼锌产量达到 621.2 万吨，同比增加 7.5%，2015 年国内锌冶炼厂产能利用率比较高，大型冶炼企业平均在 86.55%，中型冶炼企业在 73.92%。

2016 年，铜市供应大于需求将导致铜价重心下降至 36000–37000 元；镍铁产能继续向原料端靠近，减停产继续，国内镍铁及电解镍产量预计约减少 20%

左右，国内开工率不会太高，镍价处于长期的低位震荡格局，预计 LME 镍均价 8000–12000 美元 / 吨；我国氧化铝产能继续增加，主要来自山东、山西及云南，预计新增产能约 700 万吨，新建电解铝项目涉及产能约 300 万，主要来自山东、内蒙、新疆、广西等区域，铝市场供大于求格局难改，成本维持低位，消费增长缺乏亮点，铝价反弹有限，LME 价格波动区间维持在 1450–1700 美元 / 吨，电解铝现货价格波动区间维持 10000–12000 元 / 吨；锌市场供需失衡，预计锌价将大幅震荡，LME 主要运行区间在 1400–2000 美元，沪锌在 10000–15000 元之间运行。

二、平安证券

2016 年，有色金属行业将发生十大变革：

一是供给侧改革，中央经济工作会议再次强调推进供给侧结构性改革，行业自发供给收缩有望加速传统产能出清。

二是国企改革将进入供给侧管理新时期，未来有色国企改革在混合所有制、集团资产整体上市以及人才激励机制等领域都有较大推进空间。

三是新材料将成十三五规划重点领域，有色“十三五新材料”规划将与《中国制造 2025》紧密结合，重点关注新能源、新材料、智能制造、节能环保、生物技术、信息技术等新兴产业材料需求。

四是上下游跨界深度推动新材料应用，未来新材料与下游应用领域结合更加紧密，上下游跨界深度结合推动新材料领域的应用将成为未来主要趋势。

五是传统行业上市公司通过设立并购基金加速向新兴行业转型升级，未来并购基金将成为有色行业传统企业加速转型和进行资本运作的主要途径之一。

六是供应链服务转型正值佳际，有色等大宗商品转型供应链服务迫切性增强，具有充分线下积累的公司将向线上电子供应链端的整合发力。

七是有色迎来大数据时代，产业链环节上服务型企业潜力充分挖掘，由单纯的项目制盈利模式向信息挖掘盈利模式转型。

八是有色产融结合，未来会有更多企业走上产融结合道路，借助金融手段进行资源整合及战略收购，提升对产业链和金融资本的双重控制能力。

九是寒冬并购将成为矿企壮大的最佳时期，2016 年仍将成为国内矿企业进行价值挖掘的好时机，通过审慎并购对企业战略资产进行重新配置。

十是“一带一路”战略加速国内矿企走出去，“一带一路”将为我国矿业投资“走出去”，有效弥补国内资源环境不足带来良好机遇。

第四节　建筑材料行业

一、中国保温网

2015年建材行业生产增速回落，主要产品价格持续下降，经济效益大幅下滑，行业下行压力继续加大，“去产能”成为2015年建材行业的关键字。建材行业面临着严重的产能过剩，而过剩产能带来的结果是利润的大幅下滑，甚至大面积亏损，数据显示，2015年前三季度，近半数水泥、平板玻璃企业亏损，水泥亏损企业亏损额高达170亿元，平板玻璃亏损企业亏损额30亿元。更为严重的是，当前水泥、平板玻璃行业虽然有半数企业保持微利，但实际情况是其中许多企业是处于隐性亏损状态。除了淘汰落后产能，严控新增产能等禁止系政策之外，国家层面也出台了很多引导市场发展的新政，在“一带一路”的新指引下，不少玻璃企业加快了走出国门的步伐，福耀、旗滨等龙头企业已经率先在国外设厂。

严禁新增，淘汰落后，产业升级，走出国门，水泥、玻璃等过剩建材行业在政策指引下，2015年下半年过剩情况有了较大程度的缓解，以玻璃为例，全年产量连续10个月呈下降走势，下降幅度在约6%。而京津冀建材工业转型大潮中，仅河北一地，近2年淘汰水泥落后企业万家。建筑材料的行业规律呈现，伴随着的是房地产行业的兴衰过程，就行业规律而言，房地产行业目前仍未有明显复苏迹象。预计，水泥、玻璃等产业2016年仍然将集中在“化解过剩产能”上，行业的去产能进程，仍远未结束。

二、工信部原材料司

2015年建材行业呈现整体增速放缓，下行压力持续加大，行业分化明显，“走出去”成为亮点等特点，建材行业困难仍较为严峻，主要包括：产能过剩矛盾没有得到根本解决，影响提质增效；需求结构变化、固定资产投资结构变化，对行业影响较大；产业结构矛盾大，新兴建材比重明显不足；产业集中度较低；低价倾销影响行业效益；经营环境有待改善，企业负担较重，等等。面对复杂的形势，行业管理重点进行了以下几方面：化解产能过剩，清理违规建设；积极推动绿色建材发展；修订行业准入条件；发展新兴建材，组织组建绿色建材、石墨、玻璃纤维与复合材料等产业发展联盟等。

预计2016年需求结构将不断升级，产能严重过剩行业需求下降，新兴建材行业将快速增长。2016年建材行业管理重点集中在以下方面：化解过剩产能，改善供求关系；淘汰落后产能，提升行业标准；促进绿色消费，扩大绿色建材市场需求，开展好绿色建材评价标识工作；加快技术改造，提高行业竞争力；推动建材行业兼并重组，提高产业集中度；营造良好环境，促进公平竞争；发挥协会作用，加大监管力度；支持企业走出去，扩大国际市场。

第五节　稀土行业

一、中华网

2015年稀土行业经历了国家政策监管、行业整顿、市场调控及自我修复等过程，又逢以改革创新、绿色发展为理念的"十三五"时期，2016年行业发展及市场行情均有望走出寒冬。

稀土大集团完成整合的意义重大，将基本控制生产指令性计划、甚至新增采矿证等，可以做到彻底改变稀土行业"零、散、乱"的不规则现象，甚至可以冲击黑色产业利益链，有利于行业快步走向规范，培育有实力走出去发展的大集团。截至12月，"5+1"稀土集团整合的企业中，仅中铝公司以中国稀有稀土有限公司为平台组建大型稀土企业集团工作通过验收。2016年，"5+1"稀土大集团整合将整体完成，区域整合中隐含的争议将得到解决，地方和主管部门的意见分歧最终的解决方案是共同持股。

2016年，国家将围绕环保脱硫脱硝治理、储氢储能及LED新技术运用、新能源汽车及风电设备等产业应用制定"十三五"规划，并有望围绕稀土永磁、发光、催化等新技术运用领域进行。同时，将强调提高稀土功能材料性能、扩大高端领域应用、增加产品附加值。

2016年，稀土企业生产指令性计划指标将维持现状，不会有新的产能审批通过。新产品开发和合作推广应用会成为企业经营的重点。钕铁硼磁钢的原材料镨钕系、镝系等产品价格重心必将上移，也有可能出现在价格超跌过后持续上涨的黑马品种。同时，考虑到供需关系和改革红利的释放，预计到2016年三季度末，稀土价格将实现真正的企稳回升，并正式步入长线上升趋势。稀土材料的国际需求依然保持着稳定的增长，预计2016年，中国稀土的出口量增幅在20%左右。

国企改革和产业链扩张要求，企业兼并重组更加活跃。随着资本市场的关注和升温，稀土企业开始从传统产业、新兴产业、金融、互联网四个领域联合跨界，撬动行业转型升级。随着“互联网 +”概念的提出，稀土金融交易平台的发展备受关注，国家也在进一步探寻稀土期货交易的可行性。2016 年，随着南交所稀土交易中心等交易平台的成熟运营，更多的民间资本会加入稀土产业，越来越多的新金融服务业务将推出为稀土企业服务。

二、中国产业信息网

目前稀土打黑已在落地，显示了政策层面对稀土行业资源贱价外流、行业盈利恶化的关切。2016 年，在稀土打黑基础上，国家可能酝酿新一轮的收储，此外，六大集团先后实行限产保价，2016 年我国稀土价格有望触底反弹，作此预测主要基于以下几方面：

第一，稀土价格已进入历史大底，成本支撑较强，而且由于稀土专用发票、打黑等政策的组合规制，以及前期资金成本的高企，使得中间商难以大量囤积库存，进一步系统性抛售的压力也已很有限。

第二，稀土打黑、组建六大稀土集团见成效，2015 年的新一轮打黑，直指废料加工环节，正中行业痛点，在此背景下，六大集团限产保价的控制力系统性提升，切实收缩供应。

第三，新一轮稀土收储有望开启，这将进一步收紧供需。如果有新一轮收储，从品种结构上会优化，主要针对镨钕、镝铽等战略性品种，从价格上不见得比现价更高，但只要有一定规模的收储，就会通过抽紧供需结构来影响价格。

第四，此次六大集团限产保价，产能收缩力度较大。此次宣布减产的产量达到正规稀土的 10%，这种政策引导下的限产保价从减产力度和执行力上是史无前例的，有望在政策调整的基础上形成较明显的产能收缩。

第五，需求预期正在改善。需求及其预期的改善主要来自两方面：一是目前宽货币、宽财政的刺激政策对缓解稀土企业资金压力，并改善需求预期，使得不少供应商选择在旺季时采取适当的囤货惜售行为；二是 2015 年以来的配额和关税取消，再加上人民币贬值，使得稀土出口的改善对国内需求带来的提振效果正在加大。

第六，稀土打黑导致黑稀土被封存，正规稀土的配额出现一定程度的紧张现象。

第七，一旦形成涨价预期，稀土产业链的囤货惜售现象将加剧价格的上涨。

第二十九章　2016年中国原材料工业发展形势展望

第一节　原材料工业总体形势展望

预计 2016 年，全球经济仍缺乏强劲增长动力，国内经济仍处于周期性缓慢调整阶段，预计原材料工业生产增速进一步回落，投资增速继续放缓，国际贸易形势依然严峻，产品价格低位震荡，行业经济效益难有较大改善。

一、生产增速进一步回落

预计 2016 年，我国原材料工业生产仍将持续低迷。一是全球经济复苏进程缓慢，缺乏强劲的增长动力。在最新发布的《世界经济展望》中，IMF 进一步下调了 2016 年全球经济增速至 3.6%；世界银行预测 2016 年全球经济增速为 3.3%。主要发达国家表现分化，美国经济温和复苏，但受“加息”预期影响复苏态势会有所减弱；欧元区经济弱复苏，受难民问题和“法国版 911”影响，欧洲经济或将再次陷入危机；日本经济缓慢复苏，日元贬值和政府债务规模维持高位带来的风险会减弱复苏势头。俄罗斯、巴西、南非等新兴市场国家面临不同经济困境，经济增长继续恶化。二是国内经济进入周期性放缓阶段，经济增长呈现中高速的新常态。以往经济高速增长依赖的低成本优势逐渐消失，出口需求增长持续放缓，传统行业去产能加大经济下行压力，OECD 预测 2016 年我国经济增速为 6.5%。但作为“十三五”开局的第一年，稳增长政策会陆续出台，国家和地方投资规模会有所扩大，经济增长形势或有改善。三是主要下游行业需求难有较大幅度增长。2015 年以来，房地产开发投资增速持续回落，1—10 月房地产开发投资增速降至 2% 的年内最低水平，预计 2016 年房地产开发投资会触底回暖，但增长幅度不会太大；今年前十个月汽车产销增速出现不同程度回升，其中汽车产量结束了连续下降势头，预计2016年汽车产销会继续小幅增长，特别是新能源汽车的产销将会有所增长。综合以上因素，预计2016年年我国原材料工业增加值增速可保持在6.5%–7%。

二、固定资产投资增速继续放缓

2016年，虽然行业政策环境向好，但在市场因素影响下，企业投资意愿仍不强烈，预计原材料工业投资增速会进一步趋缓，钢铁、有色行业投资规模仍存在缩小的可能性。一是“稳增长”政策逐渐起作用。“一带一路”战略和《中国制造2025》等重大发展战略的刺激，将会带动轨道交通、基础设施、装备制造等产业的快速发展。2015年前三季度，发改委密集批复的铁路、城轨项目已经达万亿元，这些项目的投资乘数效应有望在2016年显现。受天津“8.12爆炸”的影响，国家和地方加快推进城镇密集区危化品企业的搬迁，目前已经确立了三批项目，这将在2016年拉动石化行业的投资。这些下游行业的走强和相关项目的投资对原材料投资将起到一定的拉动作用，但总的来讲，市场上充斥着对下游行业需求增长乏力的预期，一定程度上抑制了原材料企业的投资积极性。二是我国经济处在结构调整的关键期，钢铁、有色、建材等传统行业饱受产能过剩困扰，去产能的压力较大，新产能受到严格管控，落后产能要加快淘汰，导致企业自身投资意愿也不强烈。预计2016年原材料产品需求不会显著增加，原材料企业不会盲目增加投资。

三、国际贸易形势依然严峻

预计2016年，我国原材料产品进出口贸易难有较大改善。虽然“一带一路”战略有望加强我国与亚欧国家的贸易联系，一定程度上会刺激原材料产品出口，但是全球经济仍然没有走出危机阴影，美日欧经济复苏不稳定，新兴经济体进入深度结构调整期，国际市场需求不会有显著增加。进口方面，国内经济下行压力增大，工业生产稳中趋缓，投资增速有所回落，进口原材料产品需求会有所减少。

四、产品价格低位震荡

预计2016年，我国原材料产品价格会继续低位震荡调整，主要产品价格会有所分化。钢材价格在产能过剩压力、市场供过于求、原燃料价格持续走弱等因素的影响下，不会大幅上涨，预计会继续低位震荡。化工产品价格受石油价格连续下跌影响，整体会偏低，但不同产品价格会出现一定程度分化。有色产品价格在供大于求、美元走强的整体形势下，下降压力不减。水泥等建材产品价格受房地产市场不景气拖累，仍将低位调整。

五、行业经济效益难有较大改善

预计2016年，除个别行业外，我国原材料工业整体经济效益难有较大改善。一方面，原材料产品需求难有大的改观，另一方面，全球市场供应能力过剩、国内市场供大于求、产品价格低位震荡等因素将增大原材料企业的经营难度。

第二节　分行业发展形势展望

一、石化化工行业

在供需矛盾等因素影响下，2015年国际油价继续下行，12月已降至38.33美元/桶。在欧佩克不减产和伊朗供给增加，以及全球石油需求增长缓慢等影响下，预计2016年原油价格仍将低位运行。2015年，受供需、成本等因素影响，我国化工产品市场整体低迷，化工产品价格指数大幅下跌，行业利润进一步压缩。2016年，受结构性、周期性因素叠加影响，我国经济下行压力进一步增加，预计化工产品价格仍将不容乐观。同时，随着前期投资的不断释放，预计2016年大宗化工产品产能过剩，中高端产品依赖进口的局面恐将持续。

2016年是“十三五”开局之年，随着城镇化进程的推进和“一带一路”、京津冀协同发展、长江经济带战略的实施，将带动石化化工产品需求，有利于缓解产能过剩。同时，随着行业智能制造试点示范的推广，以及“互联网+”等商业模式的创新，将有利于推动化工企业的转型发展。

二、钢铁行业

从生产来看，2016年在宏观经济下行压力巨大、固定资产投资增速减缓、钢铁下游行业增速放缓，投资与消费对我国钢铁生产的带动作用明显减弱。但是也要注意到，随着“一带一路”和企业“走出去”的强力推进，以及我国城镇化与工业化进程仍在继续，国家加大保障性住房、基础设施和水利工程建设投资，新能源汽车消费有望保持快速发展，部分机械工业产品产量继续增长，这些将成为激活钢铁市场需求的新动力。综上来看，预计2016年我国粗钢产量降幅将减小，降幅在 2% 左右。

从出口来看，2016 年我国钢材出口增长乏力，下行风险加大，净出口钢材折合粗钢预计在 1 亿吨左右。一是尽管我国钢材出口价格较低，与国外钢材价格相比存在一定优势，但是随着生产成本、环保压力加大，以价换量难以长期为继。二是虽然全球经济整体呈现增长态势，但增速不及预期，从而使得国际市场钢材消费增长乏力。三是钢铁行业面临着全球性的产能过剩，贸易摩擦不断，直接影响着我国钢材及相关产品的出口。特别是 2015 年以来，我国钢材出口频繁遭遇贸易摩擦，未来钢材出口将面临更大的阻力。

从消费来看，2016 年我国钢铁消费将小幅下降。不利方面，一是传统的汽车、船舶、发电设备等钢材需求量较大的领域的产品产量出现下降；二是房地产开发、基础设施建设和制造业等领域投资增速减缓。利好因素方面，一是虽然经济下行压力增大，但经济增长趋势并未改变；二是随着《中国制造 2025》的发布，传统制造业的绿色改造升级步伐加快，节能与新能源汽车、先进轨道交通装备、海洋工程装备及船舶、高档数控机床和机器人、电力装备等行业得以快速发展；三是铁路机车、大气污染防治设备、大中型拖拉机等下游产品保持增长。综合来看，2016 年我国钢铁消费将小幅下降。

三、有色金属行业

2016 年全球经济增长形势不容乐观，我国宏观经济下行压力不减。在此背景下，我国有色金属行业也将进入新常态，减产保价、化解过剩产能仍将是有色金属行业的主要任务。

从生产角度来看，在国内外经济低迷和“去产能”的大形势下，有色金属产量难有较大幅度增长。一是供给侧改革强调增长和效益，注重提高产品质量，这会使得部分产能过剩企业的生产受到限制，特别是电解铝等产能严重过剩行业，产能必将收缩，生产增速会不同程度放缓。二是价格下跌将倒逼企业联合限产保价。自 2015 年年底开始，有色金属行业开始了限产保价潮。如 11 月中旬，10 家锌骨干企业商定计划 2016 年减少精炼锌产量 50 万吨。12 月初，10 家铜冶炼骨干企业宣布计划 2016 年减少精炼铜产量 35 万吨。12 月中旬，14 家骨干电解铝企业承诺已经关停的产能不再重启，已建成产能至少在 1 年内不会投入运营，并且还将进一步增加弹性生产规模。

从消费角度看，基本有色金属产品的需求依旧疲软，高端材料需求有望增长。一是国内经济下行压力不减，预计2016年我国GDP增速从7%逐步过渡到6.5%，我国对有色金属的需求增速难有较大提高。二是房地产、建筑、家电等传统消费领域增速放缓，难以对有色金属消费形成强有力的支撑。但另一方面，《中国制造2025》的全面实施将给高端有色材料带来发展机遇，增加对高端材料的需求。此外，“一带一路”战略提出的产能“走出去”将促使我国有色企业积极拓展海外市场，沿线国家的有色需求会有所增加。

从价格角度来看，预计2016年主要有色金属产品价格仍会呈现下跌的态势。铜价在市场供应过剩、美联储加息、美国经济走强等因素影响下，会继续下降。铝价受产能过剩、氧化铝和煤炭等成本价格低位支撑，以及下游消费增长乏力等因素影响，反弹的空间有限。铅价格受供应过剩、下游电动汽车产销量放缓影响，价格会震荡下跌。锌价格受供需失衡、国内经济放缓等因素影响，会低位波动。

四、建材行业

从国际环境看，2016年随着世界经济体维持小幅温和增长，世界主要经济体缓慢复苏，再加上2016年是美国总统大选年，预计不会出台较为刺激的经济政策。从国内环境看，我国宏观经济下行压力不减，有效需求不足，产能过剩矛盾依然突出。在此背景下，预计2016年我国建材行业仍将面临较大压力，调方式、转结构、化解过剩产能仍是工作的重中之重。

从生产角度看，在宏观经济下行压力不减、产能过剩矛盾突出的情况下，2016年建材产品产量难有大幅度增长。一是产能过剩矛盾难以短期内化解，生产放缓。虽然目前国家对水泥、平板玻璃等建材行业产能过剩矛盾较为严重的行业进行了严控，但仍存在增量面临释放、存量难以化解的问题，2016年国家将继续加大化解过剩产能的力度，竞争乏力的产能逐步退出市场，势必造成生产放缓；二是北方地区在2015-2016年采暖期全面试行水泥错峰生产，从2014年底新疆地区和北方部分地区水泥错峰生产效果来看，将有效压减熟料产量，随着整个北方地区的全面试行，预计水泥熟料产量将进一步压减。

从消费角度看，传统建材产品消费需求仍然不足。一是国内经济发展已经从高速增长转入平稳增长的新阶段，经济增速持续回落，经济总体有效需求不足。二是房地产、建筑等市场领域增速持续放缓，难以对建材产品形成有效拉动。

从出口看，目前我国建材行业走出去仍处于初级探索阶段，仍面临税收、人才、融资等多种难题，再加上我国建材生产企业多以中小企业为主，市场集中度较低，企业的核心竞争力不强，在国际市场难以形成强大的竞争力，再加上全球经济整体增速放缓，国际市场建材需求动力不足。

总体看来，2016年建材行业的发展不容乐观，但作为十三五规划的开局之间，2016年也是建材行业稳增长、调结构、转型升级、脱困增效的关键一年，预计2016年建材企业间的兼并重组有望增多，产业集中度和产能利用率有望进一步提高，发展质量得到有效改善。

五、稀土行业

2016年，我国稀土行业依然面临错综复杂的国际国内局势。全球金融危机的深层次影响依旧存在，世界经济贸易增长乏力。随着中国步入经济新常态发展模式，稀土价格的暴跌、稀土大集团实质性重组的完成、稀土行业高端化发展趋势的转变、国际稀土供给市场的再调整，都将对我国稀土产业的发展产生重要影响。

从需求来看，2016年，稀土行业将保持稳定的国际需求增长，特别是中重稀土氧化镝、氧化铽等产品，出口增幅巨大，海外需求较大。在“十三五”规划的带动下，稀土行业的国内需求也将稳步提升。下游应用行业，如风电、新能源汽车、电动代步车、智能手机、穿戴电子、传感器等得到政策的大力支持，也将进一步带动对钕铁硼等稀土永磁体需求的增长，其原材料氧化镨钕、氧化镝、氧化铽、氧化钆、氧化钬的需求应该能保持高速增长。另外，随着环保压力的加大和节能减排需求的提高，可用于助燃化石燃料、工业废气和汽车尾气处理的稀土氧化物，也可能迎来需求的陡增和价格超预期的上涨。

从行业管理来看，六大稀土集团实质性重组的完成，将进一步形成规模效应，并在贯彻国家重大政策、保持行业平稳运行方面发挥重要作用。稀土违法违规行为也将受到进一步遏制。稀土产业指令性生产计划指标将维持现状。企业将着重从新产品开发和合作推广角度加大经营力度。此外，稀土行业的两化融合工作将进一步深化，大稀土集团将发挥带领作用，建设数字矿山、冶炼分离智能化生产体系示范项目。随着“互联网+”概念的提出，稀土行业金融化发展模式将继续受到关注。

六、新材料行业

2016年，在国际经济稳步复苏、国内经济进入新常态的大环境下，我国新材料行业发展将呈现如下趋势：一是随着新材料在信息工程、能源行业、医疗卫生行业、交通运输业、建筑业等领域中的应用越来越广泛，我国新材料行业规模将继续保持快速增长；二是随着科学技术的不断进步，特别是材料与信息技术、生物技术、纳米技术的耦合发展，新材料产品将趋于多样化；三是随着新材料行业政策的不断完善，投资力度的不断加强，新材料行业的创新能力将有所提升，创新体系逐步完善，产学研用一体化高端创新模式有望形成。

在经历了“十二五”的培育和发展期之后，2016年，面对国内外环境的变化、国内经济发展方式的转变、传统行业转型升级、“中国制造2025”战略等的实施，新材料行业将迎来快速发展的机遇期；同时来自发达国家的激烈竞争、国内环保压力的加大等也给新材料行业发展带来一定挑战。

附　录

附录1 国务院关于印发《中国制造2025》的通知

国发〔2015〕28号

各省、自治区、直辖市人民政府，国务院各部委、各直属机构：

现将《中国制造2025》印发给你们，请认真贯彻执行。

国务院

2015年5月8日

中国制造2025

制造业是国民经济的主体，是立国之本、兴国之器、强国之基。十八世纪中叶开启工业文明以来，世界强国的兴衰史和中华民族的奋斗史一再证明，没有强大的制造业，就没有国家和民族的强盛。打造具有国际竞争力的制造业，是我国提升综合国力、保障国家安全、建设世界强国的必由之路。

新中国成立尤其是改革开放以来，我国制造业持续快速发展，建成了门类齐全、独立完整的产业体系，有力推动工业化和现代化进程，显著增强综合国力，支撑我世界大国地位。然而，与世界先进水平相比，我国制造业仍然大而不强，在自主创新能力、资源利用效率、产业结构水平、信息化程度、质量效益等方面差距明显，转型升级和跨越发展的任务紧迫而艰巨。

当前，新一轮科技革命和产业变革与我国加快转变经济发展方式形成历史性交汇，国际产业分工格局正在重塑。必须紧紧抓住这一重大历史机遇，按照“四个全面”战略布局要求，实施制造强国战略，加强统筹规划和前瞻部署，力争通过三个十年的努力，到新中国成立一百年时，把我国建设成为引领世界制造业发展的制造强国，为实现中华民族伟大复兴的中国梦打下坚实基础。

《中国制造2025》，是我国实施制造强国战略第一个十年的行动纲领。

一、发展形势和环境

（一）全球制造业格局面临重大调整。

新一代信息技术与制造业深度融合，正在引发影响深远的产业变革，形成新的生产方式、产业形态、商业模式和经济增长点。各国都在加大科技创新力度，推动三维（3D）打印、移动互联网、云计算、大数据、生物工程、新能源、新材料等领域取得新突破。基于信息物理系统的智能装备、智能工厂等智能制造正在引领制造方式变革；网络众包、协同设计、大规模个性化定制、精准供应链管理、全生命周期管理、电子商务等正在重塑产业价值链体系；可穿戴智能产品、智能家电、智能汽车等智能终端产品不断拓展制造业新领域。我国制造业转型升级、创新发展迎来重大机遇。

全球产业竞争格局正在发生重大调整，我国在新一轮发展中面临巨大挑战。国际金融危机发生后，发达国家纷纷实施“再工业化”战略，重塑制造业竞争新优势，加速推进新一轮全球贸易投资新格局。一些发展中国家也在加快谋划和布局，积极参与全球产业再分工，承接产业及资本转移，拓展国际市场空间。我国制造业面临发达国家和其他发展中国家“双向挤压”的严峻挑战，必须放眼全球，加紧战略部署，着眼建设制造强国，固本培元，化挑战为机遇，抢占制造业新一轮竞争制高点。

（二）我国经济发展环境发生重大变化。

随着新型工业化、信息化、城镇化、农业现代化同步推进，超大规模内需潜力不断释放，为我国制造业发展提供了广阔空间。各行业新的装备需求、人民群众新的消费需求、社会管理和公共服务新的民生需求、国防建设新的安全需求，都要求制造业在重大技术装备创新、消费品质量和安全、公共服务设施设备供给和国防装备保障等方面迅速提升水平和能力。全面深化改革和进一步扩大开放，将不断激发制造业发展活力和创造力，促进制造业转型升级。

我国经济发展进入新常态，制造业发展面临新挑战。资源和环境约束不断强化，劳动力等生产要素成本不断上升，投资和出口增速明显放缓，主要依靠资源要素投入、规模扩张的粗放发展模式难以为继，调整结构、转型升级、提质增效刻不容缓。形成经济增长新动力，塑造国际竞争新优势，重点在制造业，难点在制造业，出路也在制造业。

（三）建设制造强国任务艰巨而紧迫。

经过几十年的快速发展，我国制造业规模跃居世界第一位，建立起门类齐全、独立完整的制造体系，成为支撑我国经济社会发展的重要基石和促进世界经济发展的重要力量。持续的技术创新，大大提高了我国制造业的综合竞争力。载人航天、载人深潜、大型飞机、北斗卫星导航、超级计算机、高铁装备、百万千瓦级发电装备、万米深海石油钻探设备等一批重大技术装备取得突破，形成了若干具有国际竞争力的优势产业和骨干企业，我国已具备了建设工业强国的基础和条件。

但我国仍处于工业化进程中，与先进国家相比还有较大差距。制造业大而不强，自主创新能力弱，关键核心技术与高端装备对外依存度高，以企业为主体的制造业创新体系不完善；产品档次不高，缺乏世界知名品牌；资源能源利用效率低，环境污染问题较为突出；产业结构不合理，高端装备制造业和生产性服务业发展滞后；信息化水平不高，与工业化融合深度不够；产业国际化程度不高，企业全球化经营能力不足。推进制造强国建设，必须着力解决以上问题。

建设制造强国，必须紧紧抓住当前难得的战略机遇，积极应对挑战，加强统筹规划，突出创新驱动，制定特殊政策，发挥制度优势，动员全社会力量奋力拼搏，更多依靠中国装备、依托中国品牌，实现中国制造向中国创造的转变，中国速度向中国质量的转变，中国产品向中国品牌的转变，完成中国制造由大变强的战略任务。

二、战略方针和目标

（一）指导思想。

全面贯彻党的十八大和十八届二中、三中、四中全会精神，坚持走中国特色新型工业化道路，以促进制造业创新发展为主题，以提质增效为中心，以加快新一代信息技术与制造业深度融合为主线，以推进智能制造为主攻方向，以满足经济社会发展和国防建设对重大技术装备的需求为目标，强化工业基础能力，提高综合集成水平，完善多层次多类型人才培养体系，促进产业转型升级，培育有中国特色的制造文化，实现制造业由大变强的历史跨越。基本方针是：

——创新驱动。坚持把创新摆在制造业发展全局的核心位置，完善有利于创新的制度环境，推动跨领域跨行业协同创新，突破一批重点领域关键共性技术，促进制造业数字化网络化智能化，走创新驱动的发展道路。

——质量为先。坚持把质量作为建设制造强国的生命线，强化企业质量主体责任，加强质量技术攻关、自主品牌培育。建设法规标准体系、质量监管体系、先进质量文化，营造诚信经营的市场环境，走以质取胜的发展道路。

——绿色发展。坚持把可持续发展作为建设制造强国的重要着力点，加强节能环保技术、工艺、装备推广应用，全面推行清洁生产。发展循环经济，提高资源回收利用效率，构建绿色制造体系，走生态文明的发展道路。

——结构优化。坚持把结构调整作为建设制造强国的关键环节，大力发展先进制造业，改造提升传统产业，推动生产型制造向服务型制造转变。优化产业空间布局，培育一批具有核心竞争力的产业集群和企业群体，走提质增效的发展道路。

——人才为本。坚持把人才作为建设制造强国的根本，建立健全科学合理的选人、用人、育人机制，加快培养制造业发展急需的专业技术人才、经营管理人才、技能人才。营造大众创业、万众创新的氛围，建设一支素质优良、结构合理的制造业人才队伍，走人才引领的发展道路。

（二）基本原则。

市场主导，政府引导。全面深化改革，充分发挥市场在资源配置中的决定性作用，强化企业主体地位，激发企业活力和创造力。积极转变政府职能，加强战略研究和规划引导，完善相关支持政策，为企业发展创造良好环境。

立足当前，着眼长远。针对制约制造业发展的瓶颈和薄弱环节，加快转型升级和提质增效，切实提高制造业的核心竞争力和可持续发展能力。准确把握新一轮科技革命和产业变革趋势，加强战略谋划和前瞻部署，扎扎实实打基础，在未来竞争中占据制高点。

整体推进，重点突破。坚持制造业发展全国一盘棋和分类指导相结合，统筹规划，合理布局，明确创新发展方向，促进军民融合深度发展，加快推动制造业整体水平提升。围绕经济社会发展和国家安全重大需求，整合资源，突出重点，实施若干重大工程，实现率先突破。

自主发展，开放合作。在关系国计民生和产业安全的基础性、战略性、全局性领域，着力掌握关键核心技术，完善产业链条，形成自主发展能力。继续扩大开放，积极利用全球资源和市场，加强产业全球布局和国际交流合作，形成新的比较优势，提升制造业开放发展水平。

（三）战略目标。

立足国情，立足现实，力争通过“三步走”实现制造强国的战略目标。

第一步：力争用十年时间，迈入制造强国行列。

到2020年，基本实现工业化，制造业大国地位进一步巩固，制造业信息化水平大幅提升。掌握一批重点领域关键核心技术，优势领域竞争力进一步增强，产品质量有较大提高。制造业数字化、网络化、智能化取得明显进展。重点行业单位工业增加值能耗、物耗及污染物排放明显下降。

到2025年，制造业整体素质大幅提升，创新能力显著增强，全员劳动生产率明显提高，两化（工业化和信息化）融合迈上新台阶。重点行业单位工业增加值能耗、物耗及污染物排放达到世界先进水平。形成一批具有较强国际竞争力的跨国公司和产业集群，在全球产业分工和价值链中的地位明显提升。

第二步：到2035年，我国制造业整体达到世界制造强国阵营中等水平。创新能力大幅提升，重点领域发展取得重大突破，整体竞争力明显增强，优势行业形成全球创新引领能力，全面实现工业化。

第三步：新中国成立一百年时，制造业大国地位更加巩固，综合实力进入世界制造强国前列。制造业主要领域具有创新引领能力和明显竞争优势，建成全球领先的技术体系和产业体系。

2020年和2025年制造业主要指标

类别	指标	2013年	2015年	2020年	2025年
创新能力	规模以上制造业研发经费内部支出占主营业务收入比重（%）	0.88	0.95	1.26	1.68
	规模以上制造业每亿元主营业务收入有效发明专利数1（件）	0.36	0.44	0.70	1.10
质量效益	制造业质量竞争力指数2	83.1	83.5	84.5	85.5
	制造业增加值率提高	–	–	比2015年提高2个百分点	比2015年提高4个百分点
	制造业全员劳动生产率增速（%）	–	–	7.5左右（“十三五”期间年均增速）	6.5左右（“十四五”期间年均增速）
两化融合	宽带普及率3（%）	37	50	70	82
	数字化研发设计工具普及率4（%）	52	58	72	84
	关键工序数控化率5（%）	27	33	50	64

绿色发展	规模以上单位工业增加值能耗下降幅度	–	–	比2015年下降18%	比2015年下降34%
	单位工业增加值二氧化碳排放量下降幅度	–	–	比2015年下降22%	比2015年下降40%
	单位工业增加值用水量下降幅度	–	–	比2015年下降23%	比2015年下降41%
	工业固体废物综合利用率（%）	62	65	73	79

1 规模以上制造业每亿元主营业务收入有效发明专利数＝规模以上制造企业有效发明专利数/规模以上制造企业主营业务收入。

2 制造业质量竞争力指数是反映我国制造业质量整体水平的经济技术综合指标，由质量水平和发展能力两个方面共计12项具体指标计算得出。

3 宽带普及率用固定宽带家庭普及率代表，固定宽带家庭普及率＝固定宽带家庭用户数/家庭户数。

4 数字化研发设计工具普及率＝应用数字化研发设计工具的规模以上企业数量/规模以上企业总数量（相关数据来源于3万家样本企业，下同）。

5 关键工序数控化率为规模以上工业企业关键工序数控化率的平均值。

三、战略任务和重点

实现制造强国的战略目标，必须坚持问题导向，统筹谋划，突出重点；必须凝聚全社会共识，加快制造业转型升级，全面提高发展质量和核心竞争力。

（一）提高国家制造业创新能力。

完善以企业为主体、市场为导向、政产学研用相结合的制造业创新体系。围绕产业链部署创新链，围绕创新链配置资源链，加强关键核心技术攻关，加速科技成果产业化，提高关键环节和重点领域的创新能力。

加强关键核心技术研发。强化企业技术创新主体地位，支持企业提升创新能力，推进国家技术创新示范企业和企业技术中心建设，充分吸纳企业参与国家科技计划的决策和实施。瞄准国家重大战略需求和未来产业发展制高点，定期研究制定发布制造业重点领域技术创新路线图。继续抓紧实施国家科技重大专项，通过国家科技计划（专项、基金等）支持关键核心技术研发。发挥行业骨干企业的主导作用和高等院校、科研院所的基础作用，建立一批产业创新联盟，开展政产学研用协同创新，攻克一批对产业竞争力整体提升具有全局性影响、带动性强的关键共性技术，加快成果转化。

提高创新设计能力。在传统制造业、战略性新兴产业、现代服务业等重点领域开展创新设计示范，全面推广应用以绿色、智能、协同为特征的先进设计技术。加强设计领域共性关键技术研发，攻克信息化设计、过程集成设计、复杂过程和系统设计等共性技术，开发一批具有自主知识产权的关键设计工具软件，建设完善创新设计生态系统。建设若干具有世界影响力的创新设计集群，培育一批专业化、开放型的工业设计企业，鼓励代工企业建立研究设计中心，向代设计和出口自主品牌产品转变。发展各类创新设计教育，设立国家工业设计奖，激发全社会创新设计的积极性和主动性。

推进科技成果产业化。完善科技成果转化运行机制，研究制定促进科技成果转化和产业化的指导意见，建立完善科技成果信息发布和共享平台，健全以技术交易市场为核心的技术转移和产业化服务体系。完善科技成果转化激励机制，推动事业单位科技成果使用、处置和收益管理改革，健全科技成果科学评估和市场定价机制。完善科技成果转化协同推进机制，引导政产学研用按照市场规律和创新规律加强合作，鼓励企业和社会资本建立一批从事技术集成、熟化和工程化的中试基地。加快国防科技成果转化和产业化进程，推进军民技术双向转移转化。

完善国家制造业创新体系。加强顶层设计，加快建立以创新中心为核心载体、以公共服务平台和工程数据中心为重要支撑的制造业创新网络，建立市场化的创新方向选择机制和鼓励创新的风险分担、利益共享机制。充分利用现有科技资源，围绕制造业重大共性需求，采取政府与社会合作、政产学研用产业创新战略联盟等新机制新模式，形成一批制造业创新中心（工业技术研究基地），开展关键共性重大技术研究和产业化应用示范。建设一批促进制造业协同创新的公共服务平台，规范服务标准，开展技术研发、检验检测、技术评价、技术交易、质量认证、人才培训等专业化服务，促进科技成果转化和推广应用。建设重点领域制造业工程数据中心，为企业提供创新知识和工程数据的开放共享服务。面向制造业关键共性技术，建设一批重大科学研究和实验设施，提高核心企业系统集成能力，促进向价值链高端延伸。

专栏1　制造业创新中心（工业技术研究基地）建设工程

围绕重点行业转型升级和新一代信息技术、智能制造、增材制造、新材料、生物医药等领域创新发展的重大共性需求，形成一批制造业创新中心（工业技术研究基地），重点开展行业基础和共性关键技术研发、成果产业化、人才培训等工作。制定完善制造业创新中心遴选、考核、管理的标准和程序。

到 2020 年，重点形成 15 家左右制造业创新中心（工业技术研究基地），力争到 2025 年形成 40 家左右制造业创新中心（工业技术研究基地）。

加强标准体系建设。改革标准体系和标准化管理体制，组织实施制造业标准化提升计划，在智能制造等重点领域开展综合标准化工作。发挥企业在标准制定中的重要作用，支持组建重点领域标准推进联盟，建设标准创新研究基地，协同推进产品研发与标准制定。制定满足市场和创新需要的团体标准，建立企业产品和服务标准自我声明公开和监督制度。鼓励和支持企业、科研院所、行业组织等参与国际标准制定，加快我国标准国际化进程。大力推动国防装备采用先进的民用标准，推动军用技术标准向民用领域的转化和应用。做好标准的宣传贯彻，大力推动标准实施。

强化知识产权运用。加强制造业重点领域关键核心技术知识产权储备，构建产业化导向的专利组合和战略布局。鼓励和支持企业运用知识产权参与市场竞争，培育一批具备知识产权综合实力的优势企业，支持组建知识产权联盟，推动市场主体开展知识产权协同运用。稳妥推进国防知识产权解密和市场化应用。建立健全知识产权评议机制，鼓励和支持行业骨干企业与专业机构在重点领域合作开展专利评估、收购、运营、风险预警与应对。构建知识产权综合运用公共服务平台。鼓励开展跨国知识产权许可。研究制定降低中小企业知识产权申请、保护及维权成本的政策措施。

（二）推进信息化与工业化深度融合。

加快推动新一代信息技术与制造技术融合发展，把智能制造作为两化深度融合的主攻方向；着力发展智能装备和智能产品，推进生产过程智能化，培育新型生产方式，全面提升企业研发、生产、管理和服务的智能化水平。

研究制定智能制造发展战略。编制智能制造发展规划，明确发展目标、重点任务和重大布局。加快制定智能制造技术标准，建立完善智能制造和两化融合管理标准体系。强化应用牵引，建立智能制造产业联盟，协同推动智能装备和产品研发、系统集成创新与产业化。促进工业互联网、云计算、大数据在企业研发设计、生产制造、经营管理、销售服务等全流程和全产业链的综合集成应用。加强智能制造工业控制系统网络安全保障能力建设，健全综合保障体系。

加快发展智能制造装备和产品。组织研发具有深度感知、智慧决策、自动执行功能的高档数控机床、工业机器人、增材制造装备等智能制造装备以及智能化生产线，突破新型传感器、智能测量仪表、工业控制系统、伺服电机及驱动器和减速器等智能核心装置，推进工程化和产业化。加快机械、航空、船舶、汽车、轻工、纺织、食品、电子等行业生产设备的智能化改造，提高精准制造、敏捷制造能力。统筹布局和推动智能交通工具、智能工程机械、服务机器人、智能家电、智能照明电器、可穿戴设备等产品研发和产业化。

推进制造过程智能化。在重点领域试点建设智能工厂/数字化车间，加快人机智能交互、工业机器人、智能物流管理、增材制造等技术和装备在生产过程中的应用，促进制造工艺的仿真优化、数字化控制、状态信息实时监测和自适应控制。加快产品全生命周期管理、客户关系管理、供应链管理系统的推广应用，促进集团管控、设计与制造、产供销一体、业务和财务衔接等关键环节集成，实现智能管控。加快民用爆炸物品、危险化学品、食品、印染、稀土、农药等重点行业智能检测监管体系建设，提高智能化水平。

深化互联网在制造领域的应用。制定互联网与制造业融合发展的路线图，明确发展方向、目标和路径。发展基于互联网的个性化定制、众包设计、云制造等新型制造模式，推动形成基于消费需求动态感知的研发、制造和产业组织方式。建立优势互补、合作共赢的开放型产业生态体系。加快开展物联网技术研发和应用示范，培育智能监测、远程诊断管理、全产业链追溯等工业互联网新应用。实施工业云及工业大数据创新应用试点，建设一批高质量的工业云服务和工业大数据平台，推动软件与服务、设计与制造资源、关键技术与标准的开放共享。

加强互联网基础设施建设。加强工业互联网基础设施建设规划与布局，建设低时延、高可靠、广覆盖的工业互联网。加快制造业集聚区光纤网、移动通信网和无线局域网的部署和建设，实现信息网络宽带升级，提高企业宽带接入能力。针对信息物理系统网络研发及应用需求，组织开发智能控制系统、工业应用软件、故障诊断软件和相关工具、传感和通信系统协议，实现人、设备与产品的实时联通、精确识别、有效交互与智能控制。

专栏 2　智能制造工程

紧密围绕重点制造领域关键环节，开展新一代信息技术与制造装备融合的集成创新和工程应用。支持政产学研用联合攻关，开发智能产品和自主可控的智能装置并实现产业化。依托优势企业，紧扣关键工序智能化、关键岗位机器人替代、生产过程智能优化控制、供应链优化，建设重点领域智能工厂/数字化车间。在基础条件好、需求迫切的重点地区、行业和企业中，分类实施流程制造、离散制造、智能装备和产品、新业态新模式、智能化管理、智能化服务等试点示范及应用推广。建立智能制造标准体系和信息安全保障系统，搭建智能制造网络系统平台。

到 2020 年，制造业重点领域智能化水平显著提升，试点示范项目运营成本降低 30%，产品生产周期缩短 30%，不良品率降低 30%。到 2025 年，制造业重点领域全面实现智能化，试点示范项目运营成本降低 50%，产品生产周期缩短 50%，不良品率降低 50%。

（三）强化工业基础能力。

核心基础零部件（元器件）、先进基础工艺、关键基础材料和产业技术基础（以下统称“四基”）等工业基础能力薄弱，是制约我国制造业创新发展和质量提升的症结所在。要坚持问题导向、产需结合、协同创新、重点突破的原则，着力破解制约重点产业发展的瓶颈。

统筹推进“四基”发展。制定工业强基实施方案，明确重点方向、主要目标和实施路径。制定工业“四基”发展指导目录，发布工业强基发展报告，组织实施工业强基工程。统筹军民两方面资源，开展军民两用技术联合攻关，支持军民技术相互有效利用，促进基础领域融合发展。强化基础领域标准、计量体系建设，加快实施对标达标，提升基础产品的质量、可靠性和寿命。建立多部门协调推进机制，引导各类要素向基础领域集聚。

加强“四基”创新能力建设。强化前瞻性基础研究，着力解决影响核心基础零部件（元器件）产品性能和稳定性的关键共性技术。建立基础工艺创新体系，利用现有资源建立关键共性基础工艺研究机构，开展先进成型、加工等关键制造工艺联合攻关；支持企业开展工艺创新，培养工艺专业人才。加大基础专用材料研发力度，提高专用材料自给保障能力和制备技术水平。建立国家工业基础数据库，加强企业试验检测数据和计量数据的采集、管理、应用和积累。加大对“四基”

领域技术研发的支持力度，引导产业投资基金和创业投资基金投向“四基”领域重点项目。

推动整机企业和“四基”企业协同发展。注重需求侧激励，产用结合，协同攻关。依托国家科技计划（专项、基金等）和相关工程等，在数控机床、轨道交通装备、航空航天、发电设备等重点领域，引导整机企业和“四基”企业、高校、科研院所产需对接，建立产业联盟，形成协同创新、产用结合、以市场促基础产业发展的新模式，提升重大装备自主可控水平。开展工业强基示范应用，完善首台（套）、首批次政策，支持核心基础零部件（元器件）、先进基础工艺、关键基础材料推广应用。

专栏3　工业强基工程

展示范应用，建立奖励和风险补偿机制，支持核心基础零部件（元器件）、先进基础工艺、关键基础材料的首批次或跨领域应用。组织重点突破，针对重大工程和重点装备的关键技术和产品急需，支持优势企业开展政产学研用联合攻关，突破关键基础材料、核心基础零部件的工程化、产业化瓶颈。强化平台支撑，布局和组建一批"四基"研究中心，创建一批公共服务平台，完善重点产业技术基础体系。

到2020年，40%的核心基础零部件、关键基础材料实现自主保障，受制于人的局面逐步缓解，航天装备、通信装备、发电与输变电设备、工程机械、轨道交通装备、家用电器等产业急需的核心基础零部件（元器件）和关键基础材料的先进制造工艺得到推广应用。到2025年，70%的核心基础零部件、关键基础材料实现自主保障，80种标志性先进工艺得到推广应用，部分达到国际领先水平，建成较为完善的产业技术基础服务体系，逐步形成整机牵引和基础支撑协调互动的产业创新发展格局。

（四）加强质量品牌建设。

提升质量控制技术，完善质量管理机制，夯实质量发展基础，优化质量发展环境，努力实现制造业质量大幅提升。鼓励企业追求卓越品质，形成具有自主知识产权的名牌产品，不断提升企业品牌价值和中国制造整体形象。

推广先进质量管理技术和方法。建设重点产品标准符合性认定平台，推动重点产品技术、安全标准全面达到国际先进水平。开展质量标杆和领先企业示范活动，普及卓越绩效、六西格玛、精益生产、质量诊断、质量持续改进等先进生产管理模式和方法。支持企业提高质量在线监测、在线控制和产品全生命周期质量追溯能力。组织开展重点行业工艺优化行动，提升关键工艺过程控制水平。开展质量管理小组、现场改进等群众性质量管理活动示范推广。加强中小企业质量管理，开展质量安全培训、诊断和辅导活动。

加快提升产品质量。实施工业产品质量提升行动计划，针对汽车、高档数控机床、轨道交通装备、大型成套技术装备、工程机械、特种设备、关键原材料、基础零部件、电子元器件等重点行业，组织攻克一批长期困扰产品质量提升的关键共性质量技术，加强可靠性设计、试验与验证技术开发应用，推广采用先进成型和加工方法、在线检测装置、智能化生产和物流系统及检测设备等，使重点实物产品的性能稳定性、质量可靠性、环境适应性、使用寿命等指标达到国际同类产品先进水平。在食品、药品、婴童用品、家电等领域实施覆盖产品全生命周期的质量管理、质量自我声明和质量追溯制度，保障重点消费品质量安全。大力提高国防装备质量可靠性，增强国防装备实战能力。

完善质量监管体系。健全产品质量标准体系、政策规划体系和质量管理法律法规。加强关系民生和安全等重点领域的行业准入与市场退出管理。建立消费品生产经营企业产品事故强制报告制度，健全质量信用信息收集和发布制度，强化企业质量主体责任。将质量违法违规记录作为企业诚信评级的重要内容，建立质量黑名单制度，加大对质量违法和假冒品牌行为的打击和惩处力度。建立区域和行业质量安全预警制度，防范化解产品质量安全风险。严格实施产品“三包”、产品召回等制度。强化监管检查和责任追究，切实保护消费者权益。

夯实质量发展基础。制定和实施与国际先进水平接轨的制造业质量、安全、卫生、环保及节能标准。加强计量科技基础及前沿技术研究，建立一批制造业发展急需的高准确度、高稳定性计量基标准，提升与制造业相关的国家量传溯源能力。加强国家产业计量测试中心建设，构建国家计量科技创新体系。完善检验检测技术保障体系，建设一批高水平的工业产品质量控制和技术评价实验室、产品质量监督检验中心，鼓励建立专业检测技术联盟。完善认证认可管理模式，提高强制性产品认证的有效性，推动自愿性产品认证健康发展，提升管理体系认证水平，稳步推进国际互认。支持行业组织发布自律规范或公约，开展质量信誉承诺活动。

推进制造业品牌建设。引导企业制定品牌管理体系，围绕研发创新、生产制造、质量管理和营销服务全过程，提升内在素质，夯实品牌发展基础。扶持一批品牌培育和运营专业服务机构，开展品牌管理咨询、市场推广等服务。健全集体商标、证明商标注册管理制度。打造一批特色鲜明、竞争力强、市场信誉好的产业集群区域品牌。建设品牌文化，引导企业增强以质量和信誉为核心的品牌意识，树立品牌消费理念，提升品牌附加值和软实力。加速我国品牌价值评价国际化进程，充分发挥各类媒体作用，加大中国品牌宣传推广力度，树立中国制造品牌良好形象。

（五）全面推行绿色制造。

加大先进节能环保技术、工艺和装备的研发力度，加快制造业绿色改造升级；积极推行低碳化、循环化和集约化，提高制造业资源利用效率；强化产品全生命周期绿色管理，努力构建高效、清洁、低碳、循环的绿色制造体系。

加快制造业绿色改造升级。全面推进钢铁、有色、化工、建材、轻工、印染等传统制造业绿色改造，大力研发推广余热余压回收、水循环利用、重金属污染减量化、有毒有害原料替代、废渣资源化、脱硫脱硝除尘等绿色工艺技术装备，加快应用清洁高效铸造、锻压、焊接、表面处理、切削等加工工艺，实现绿色生产。加强绿色产品研发应用，推广轻量化、低功耗、易回收等技术工艺，持续提升电机、锅炉、内燃机及电器等终端用能产品能效水平，加快淘汰落后机电产品和技术。积极引领新兴产业高起点绿色发展，大幅降低电子信息产品生产、使用能耗及限用物质含量，建设绿色数据中心和绿色基站，大力促进新材料、新能源、高端装备、生物产业绿色低碳发展。

推进资源高效循环利用。支持企业强化技术创新和管理，增强绿色精益制造能力，大幅降低能耗、物耗和水耗水平。持续提高绿色低碳能源使用比率，开展工业园区和企业分布式绿色智能微电网建设，控制和削减化石能源消费量。全面推行循环生产方式，促进企业、园区、行业间链接共生、原料互供、资源共享。推进资源再生利用产业规范化、规模化发展，强化技术装备支撑，提高大宗工业固体废弃物、废旧金属、废弃电器电子产品等综合利用水平。大力发展再制造产业，实施高端再制造、智能再制造、在役再制造，推进产品认定，促进再制造产业持续健康发展。

积极构建绿色制造体系。支持企业开发绿色产品，推行生态设计，显著提升产品节能环保低碳水平，引导绿色生产和绿色消费。建设绿色工厂，实现厂房集约化、原料无害化、生产洁净化、废物资源化、能源低碳化。发展绿色园区，推进工业园区产业耦合，实现近零排放。打造绿色供应链，加快建立以资源节约、环境友好为导向的采购、生产、营销、回收及物流体系，落实生产者责任延伸制度。壮大绿色企业，支持企业实施绿色战略、绿色标准、绿色管理和绿色生产。强化绿色监管，健全节能环保法规、标准体系，加强节能环保监察，推行企业社会责任报告制度，开展绿色评价。

专栏 4　绿色制造工程

组织实施传统制造业能效提升、清洁生产、节水治污、循环利用等专项技术改造。开展重大节能环保、资源综合利用、再制造、低碳技术产业化示范。实施重点区域、流域、行业清洁生产水平提升计划，扎实推进大气、水、土壤污染源头防治专项。制定绿色产品、绿色工厂、绿色园区、绿色企业标准体系，开展绿色评价。

到 2020 年，建成千家绿色示范工厂和百家绿色示范园区，部分重化工行业能源资源消耗出现拐点，重点行业主要污染物排放强度下降 20%。到 2025 年，制造业绿色发展和主要产品单耗达到世界先进水平，绿色制造体系基本建立。

（六）大力推动重点领域突破发展。

瞄准新一代信息技术、高端装备、新材料、生物医药等战略重点，引导社会各类资源集聚，推动优势和战略产业快速发展。

1. 新一代信息技术产业。

集成电路及专用装备。着力提升集成电路设计水平，不断丰富知识产权（IP）核和设计工具，突破关系国家信息与网络安全及电子整机产业发展的核心通用芯片，提升国产芯片的应用适配能力。掌握高密度封装及三维（3D）微组装技术，提升封装产业和测试的自主发展能力。形成关键制造装备供货能力。

信息通信设备。掌握新型计算、高速互联、先进存储、体系化安全保障等核心技术，全面突破第五代移动通信（5G）技术、核心路由交换技术、超高速大容量智能光传输技术、“未来网络”核心技术和体系架构，积极推动量子计算、神经网络等发展。研发高端服务器、大容量存储、新型路由交换、新型智能终端、新一代基站、网络安全等设备，推动核心信息通信设备体系化发展与规模化应用。

操作系统及工业软件。开发安全领域操作系统等工业基础软件。突破智能设计与仿真及其工具、制造物联与服务、工业大数据处理等高端工业软件核心技术，开发自主可控的高端工业平台软件和重点领域应用软件，建立完善工业软件集成标准与安全测评体系。推进自主工业软件体系化发展和产业化应用。

2. 高档数控机床和机器人。

高档数控机床。开发一批精密、高速、高效、柔性数控机床与基础制造装备及集成制造系统。加快高档数控机床、增材制造等前沿技术和装备的研发。以提升可靠性、精度保持性为重点，开发高档数控系统、伺服电机、轴承、光栅等主要功能部件及关键应用软件，加快实现产业化。加强用户工艺验证能力建设。

机器人。围绕汽车、机械、电子、危险品制造、国防军工、化工、轻工等工业机器人、特种机器人，以及医疗健康、家庭服务、教育娱乐等服务机器人应用需求，积极研发新产品，促进机器人标准化、模块化发展，扩大市场应用。突破机器人本体、减速器、伺服电机、控制器、传感器与驱动器等关键零部件及系统集成设计制造等技术瓶颈。

3. 航空航天装备。

航空装备。加快大型飞机研制，适时启动宽体客机研制，鼓励国际合作研制重型直升机；推进干支线飞机、直升机、无人机和通用飞机产业化。突破高推重比、先进涡桨（轴）发动机及大涵道比涡扇发动机技术，建立发动机自主发展工业体系。开发先进机载设备及系统，形成自主完整的航空产业链。

航天装备。发展新一代运载火箭、重型运载器，提升进入空间能力。加快推进国家民用空间基础设施建设，发展新型卫星等空间平台与有效载荷、空天地宽带互联网系统，形成长期持续稳定的卫星遥感、通信、导航等空间信息服务能力。推动载人航天、月球探测工程，适度发展深空探测。推进航天技术转化与空间技术应用。

4. 海洋工程装备及高技术船舶。大力发展深海探测、资源开发利用、海上作业保障装备及其关键系统和专用设备。推动深海空间站、大型浮式结构物的开发和工程化。形成海洋工程装备综合试验、检测与鉴定能力，提高海洋开发利用水平。突破豪华邮轮设计建造技术，全面提升液化天然气船等高技术船舶国际竞争力，掌握重点配套设备集成化、智能化、模块化设计制造核心技术。

5. 先进轨道交通装备。加快新材料、新技术和新工艺的应用，重点突破体系化安全保障、节能环保、数字化智能化网络化技术，研制先进可靠适用的产品和轻量化、模块化、谱系化产品。研发新一代绿色智能、高速重载轨道交通装备系统，围绕系统全寿命周期，向用户提供整体解决方案，建立世界领先的现代轨道交通产业体系。

6. 节能与新能源汽车。继续支持电动汽车、燃料电池汽车发展，掌握汽车低碳化、信息化、智能化核心技术，提升动力电池、驱动电机、高效内燃机、先进变速器、轻量化材料、智能控制等核心技术的工程化和产业化能力，形成从关键零部件到整车的完整工业体系和创新体系，推动自主品牌节能与新能源汽车同国际先进水平接轨。

7. 电力装备。推动大型高效超净排放煤电机组产业化和示范应用，进一步提高超大容量水电机组、核电机组、重型燃气轮机制造水平。推进新能源和可再生能源装备、先进储能装置、智能电网用输变电及用户端设备发展。突破大功率电力电子器件、高温超导材料等关键元器件和材料的制造及应用技术，形成产业化能力。

8. 农机装备。重点发展粮、棉、油、糖等大宗粮食和战略性经济作物育、耕、种、管、收、运、贮等主要生产过程使用的先进农机装备，加快发展大型拖拉机及其复式作业机具、大型高效联合收割机等高端农业装备及关键核心零部件。提高农机装备信息收集、智能决策和精准作业能力，推进形成面向农业生产的信息化整体解决方案。

9. 新材料。以特种金属功能材料、高性能结构材料、功能性高分子材料、特种无机非金属材料和先进复合材料为发展重点，加快研发先进熔炼、凝固成型、气相沉积、型材加工、高效合成等新材料制备关键技术和装备，加强基础研究和体系建设，突破产业化制备瓶颈。积极发展军民共用特种新材料，加快技术双向转移转化，促进新材料产业军民融合发展。高度关注颠覆性新材料对传统材料的影响，做好超导材料、纳米材料、石墨烯、生物基材料等战略前沿材料提前布局和研制。加快基础材料升级换代。

10. 生物医药及高性能医疗器械。发展针对重大疾病的化学药、中药、生物技术药物新产品，重点包括新机制和新靶点化学药、抗体药物、抗体偶联药物、全新结构蛋白及多肽药物、新型疫苗、临床优势突出的创新中药及个性化治疗药物。提高医疗器械的创新能力和产业化水平，重点发展影像设备、医用机器人等高性能诊疗设备，全降解血管支架等高值医用耗材，可穿戴、远程诊疗等移动医疗产品。实现生物3D打印、诱导多能干细胞等新技术的突破和应用。

专栏5 高端装备创新工程

组织实施大型飞机、航空发动机及燃气轮机、民用航天、智能绿色列车、节能与新能源汽车、海洋工程装备及高技术船舶、智能电网成套装备、高档数控机床、核电装备、高端诊疗设备等一批创新和产业化专项、重大工程。开发一批标志性、带动性强的重点产品和重大装备，提升自主设计水平和系统集成能力，突破共性关键技术与工程化、产业化瓶颈，组织开展应用试点和示范，提高创新发展能力和国际竞争力，抢占竞争制高点。

到2020年，上述领域实现自主研制及应用。到2025年，自主知识产权高端装备市场占有率大幅提升，核心技术对外依存度明显下降，基础配套能力显著增强，重要领域装备达到国际领先水平。

（七）深入推进制造业结构调整。

推动传统产业向中高端迈进，逐步化解过剩产能，促进大企业与中小企业协调发展，进一步优化制造业布局。

持续推进企业技术改造。明确支持战略性重大项目和高端装备实施技术改造的政策方向，稳定中央技术改造引导资金规模，通过贴息等方式，建立支持企业技术改造的长效机制。推动技术改造相关立法，强化激励约束机制，完善促进企业技术改造的政策体系。支持重点行业、高端产品、关键环节进行技术改造，引导企业采用先进适用技术，优化产品结构，全面提升设计、制造、工艺、管理水平，促进钢铁、石化、工程机械、轻工、纺织等产业向价值链高端发展。研究制定重点产业技术改造投资指南和重点项目导向计划，吸引社会资金参与，优化工业投资结构。围绕两化融合、节能降耗、质量提升、安全生产等传统领域改造，推广应用新技术、新工艺、新装备、新材料，提高企业生产技术水平和效益。

稳步化解产能过剩矛盾。加强和改善宏观调控，按照“消化一批、转移一批、整合一批、淘汰一批”的原则，分业分类施策，有效化解产能过剩矛盾。加强行业规范和准入管理，推动企业提升技术装备水平，优化存量产能。加强对产能严重过剩行业的动态监测分析，建立完善预警机制，引导企业主动退出过剩行业。

切实发挥市场机制作用，综合运用法律、经济、技术及必要的行政手段，加快淘汰落后产能。

促进大中小企业协调发展。强化企业市场主体地位，支持企业间战略合作和跨行业、跨区域兼并重组，提高规模化、集约化经营水平，培育一批核心竞争力强的企业集团。激发中小企业创业创新活力，发展一批主营业务突出、竞争力强、成长性好、专注于细分市场的专业化“小巨人”企业。发挥中外中小企业合作园区示范作用，利用双边、多边中小企业合作机制，支持中小企业走出去和引进来。引导大企业与中小企业通过专业分工、服务外包、订单生产等多种方式，建立协同创新、合作共赢的协作关系。推动建设一批高水平的中小企业集群。

优化制造业发展布局。落实国家区域发展总体战略和主体功能区规划，综合考虑资源能源、环境容量、市场空间等因素，制定和实施重点行业布局规划，调整优化重大生产力布局。完善产业转移指导目录，建设国家产业转移信息服务平台，创建一批承接产业转移示范园区，引导产业合理有序转移，推动东中西部制造业协调发展。积极推动京津冀和长江经济带产业协同发展。按照新型工业化的要求，改造提升现有制造业集聚区，推动产业集聚向产业集群转型升级。建设一批特色和优势突出、产业链协同高效、核心竞争力强、公共服务体系健全的新型工业化示范基地。

（八）积极发展服务型制造和生产性服务业。

加快制造与服务的协同发展，推动商业模式创新和业态创新，促进生产型制造向服务型制造转变。大力发展与制造业紧密相关的生产性服务业，推动服务功能区和服务平台建设。

推动发展服务型制造。研究制定促进服务型制造发展的指导意见，实施服务型制造行动计划。开展试点示范，引导和支持制造业企业延伸服务链条，从主要提供产品制造向提供产品和服务转变。鼓励制造业企业增加服务环节投入，发展个性化定制服务、全生命周期管理、网络精准营销和在线支持服务等。支持有条件的企业由提供设备向提供系统集成总承包服务转变，由提供产品向提供整体解决方案转变。鼓励优势制造业企业“裂变”专业优势，通过业务流程再造，面向行业提供社会化、专业化服务。支持符合条件的制造业企业建立企业财务公司、金融租赁公司等金融机构，推广大型制造设备、生产线等融资租赁服务。

加快生产性服务业发展。大力发展面向制造业的信息技术服务，提高重点行业信息应用系统的方案设计、开发、综合集成能力。鼓励互联网等企业发展移动电子商务、在线定制、线上到线下等创新模式，积极发展对产品、市场的动态监控和预测预警等业务，实现与制造业企业的无缝对接，创新业务协作流程和价值创造模式。加快发展研发设计、技术转移、创业孵化、知识产权、科技咨询等科技服务业，发展壮大第三方物流、节能环保、检验检测认证、电子商务、服务外包、融资租赁、人力资源服务、售后服务、品牌建设等生产性服务业，提高对制造业转型升级的支撑能力。

强化服务功能区和公共服务平台建设。建设和提升生产性服务业功能区，重点发展研发设计、信息、物流、商务、金融等现代服务业，增强辐射能力。依托制造业集聚区，建设一批生产性服务业公共服务平台。鼓励东部地区企业加快制造业服务化转型，建立生产服务基地。支持中西部地区发展具有特色和竞争力的生产性服务业，加快产业转移承接地服务配套设施和能力建设，实现制造业和服务业协同发展。

（九）提高制造业国际化发展水平。

统筹利用两种资源、两个市场，实行更加积极的开放战略，将引进来与走出去更好结合，拓展新的开放领域和空间，提升国际合作的水平和层次，推动重点产业国际化布局，引导企业提高国际竞争力。

提高利用外资与国际合作水平。进一步放开一般制造业，优化开放结构，提高开放水平。引导外资投向新一代信息技术、高端装备、新材料、生物医药等高端制造领域，鼓励境外企业和科研机构在我国设立全球研发机构。支持符合条件的企业在境外发行股票、债券，鼓励与境外企业开展多种形式的技术合作。

提升跨国经营能力和国际竞争力。支持发展一批跨国公司，通过全球资源利用、业务流程再造、产业链整合、资本市场运作等方式，加快提升核心竞争力。支持企业在境外开展并购和股权投资、创业投资，建立研发中心、实验基地和全球营销及服务体系；依托互联网开展网络协同设计、精准营销、增值服务创新、媒体品牌推广等，建立全球产业链体系，提高国际化经营能力和服务水平。鼓励优势企业加快发展国际总承包、总集成。引导企业融入当地文化，增强社会责任意识，加强投资和经营风险管理，提高企业境外本土化能力。

深化产业国际合作，加快企业走出去。加强顶层设计，制定制造业走出去发展总体战略，建立完善统筹协调机制。积极参与和推动国际产业合作，贯彻落实丝绸之路经济带和21世纪海上丝绸之路等重大战略部署，加快推进与周边国家互联互通基础设施建设，深化产业合作。发挥沿边开放优势，在有条件的国家和地区建设一批境外制造业合作园区。坚持政府推动、企业主导，创新商业模式，鼓励高端装备、先进技术、优势产能向境外转移。加强政策引导，推动产业合作由加工制造环节为主向合作研发、联合设计、市场营销、品牌培育等高端环节延伸，提高国际合作水平。创新加工贸易模式，延长加工贸易国内增值链条，推动加工贸易转型升级。

四、战略支撑与保障

建设制造强国，必须发挥制度优势，动员各方面力量，进一步深化改革，完善政策措施，建立灵活高效的实施机制，营造良好环境；必须培育创新文化和中国特色制造文化，推动制造业由大变强。

（一）深化体制机制改革。

全面推进依法行政，加快转变政府职能，创新政府管理方式，加强制造业发展战略、规划、政策、标准等制定和实施，强化行业自律和公共服务能力建设，提高产业治理水平。简政放权，深化行政审批制度改革，规范审批事项，简化程序，明确时限；适时修订政府核准的投资项目目录，落实企业投资主体地位。完善政产学研用协同创新机制，改革技术创新管理体制机制和项目经费分配、成果评价和转化机制，促进科技成果资本化、产业化，激发制造业创新活力。加快生产要素价格市场化改革，完善主要由市场决定价格的机制，合理配置公共资源；推行节能量、碳排放权、排污权、水权交易制度改革，加快资源税从价计征，推动环境保护费改税。深化国有企业改革，完善公司治理结构，有序发展混合所有制经济，进一步破除各种形式的行业垄断，取消对非公有制经济的不合理限制。稳步推进国防科技工业改革，推动军民融合深度发展。健全产业安全审查机制和法规体系，加强关系国民经济命脉和国家安全的制造业重要领域投融资、并购重组、招标采购等方面的安全审查。

（二）营造公平竞争市场环境。

深化市场准入制度改革，实施负面清单管理，加强事中事后监管，全面清理和废止不利于全国统一市场建设的政策措施。实施科学规范的行业准入制度，制定和完善制造业节能节地节水、环保、技术、安全等准入标准，加强对国家强制性标准实施的监督检查，统一执法，以市场化手段引导企业进行结构调整和转型升级。切实加强监管，打击制售假冒伪劣行为，严厉惩处市场垄断和不正当竞争行为，为企业创造良好生产经营环境。加快发展技术市场，健全知识产权创造、运用、管理、保护机制。完善淘汰落后产能工作涉及的职工安置、债务清偿、企业转产等政策措施，健全市场退出机制。进一步减轻企业负担，实施涉企收费清单制度，建立全国涉企收费项目库，取缔各种不合理收费和摊派，加强监督检查和问责。推进制造业企业信用体系建设，建设中国制造信用数据库，建立健全企业信用动态评价、守信激励和失信惩戒机制。强化企业社会责任建设，推行企业产品标准、质量、安全自我声明和监督制度。

（三）完善金融扶持政策。

深化金融领域改革，拓宽制造业融资渠道，降低融资成本。积极发挥政策性金融、开发性金融和商业金融的优势，加大对新一代信息技术、高端装备、新材料等重点领域的支持力度。支持中国进出口银行在业务范围内加大对制造业走出去的服务力度，鼓励国家开发银行增加对制造业企业的贷款投放，引导金融机构创新符合制造业企业特点的产品和业务。健全多层次资本市场，推动区域性股权市场规范发展，支持符合条件的制造业企业在境内外上市融资、发行各类债务融资工具。引导风险投资、私募股权投资等支持制造业企业创新发展。鼓励符合条件的制造业贷款和租赁资产开展证券化试点。支持重点领域大型制造业企业集团开展产融结合试点，通过融资租赁方式促进制造业转型升级。探索开发适合制造业发展的保险产品和服务，鼓励发展贷款保证保险和信用保险业务。在风险可控和商业可持续的前提下，通过内保外贷、外汇及人民币贷款、债权融资、股权融资等方式，加大对制造业企业在境外开展资源勘探开发、设立研发中心和高技术企业以及收购兼并等的支持力度。

（四）加大财税政策支持力度。

充分利用现有渠道，加强财政资金对制造业的支持，重点投向智能制造、“四基”发展、高端装备等制造业转型升级的关键领域，为制造业发展创造良好政策环境。运用政府和社会资本合作（PPP）模式，引导社会资本参与制造业重大项目建设、企业技术改造和关键基础设施建设。创新财政资金支持方式，逐步从“补建设”向“补运营”转变，提高财政资金使用效益。深化科技计划（专项、基金等）管理改革，支持制造业重点领域科技研发和示范应用，促进制造业技术创新、转型升级和结构布局调整。完善和落实支持创新的政府采购政策，推动制造业创新产品的研发和规模化应用。落实和完善使用首台（套）重大技术装备等鼓励政策，健全研制、使用单位在产品创新、增值服务和示范应用等环节的激励约束机制。实施有利于制造业转型升级的税收政策，推进增值税改革，完善企业研发费用计核方法，切实减轻制造业企业税收负担。

（五）健全多层次人才培养体系。

加强制造业人才发展统筹规划和分类指导，组织实施制造业人才培养计划，加大专业技术人才、经营管理人才和技能人才的培养力度，完善从研发、转化、生产到管理的人才培养体系。以提高现代经营管理水平和企业竞争力为核心，实施企业经营管理人才素质提升工程和国家中小企业银河培训工程，培养造就一批优秀企业家和高水平经营管理人才。以高层次、急需紧缺专业技术人才和创新型人才为重点，实施专业技术人才知识更新工程和先进制造卓越工程师培养计划，在高等学校建设一批工程创新训练中心，打造高素质专业技术人才队伍。强化职业教育和技能培训，引导一批普通本科高等学校向应用技术类高等学校转型，建立一批实训基地，开展现代学徒制试点示范，形成一支门类齐全、技艺精湛的技术技能人才队伍。鼓励企业与学校合作，培养制造业急需的科研人员、技术技能人才与复合型人才，深化相关领域工程博士、硕士专业学位研究生招生和培养模式改革，积极推进产学研结合。加强产业人才需求预测，完善各类人才信息库，构建产业人才水平评价制度和信息发布平台。建立人才激励机制，加大对优秀人才的表彰和奖励力度。建立完善制造业人才服务机构，健全人才流动和使用的体制机制。采取多种形式选拔各类优秀人才重点是专业技术人才到国外学习培训，探索建立国际培训基地。加大制造业引智力度，引进领军人才和紧缺人才。

（六）完善中小微企业政策。

落实和完善支持小微企业发展的财税优惠政策，优化中小企业发展专项资金使用重点和方式。发挥财政资金杠杆撬动作用，吸引社会资本，加快设立国家中小企业发展基金。支持符合条件的民营资本依法设立中小型银行等金融机构，鼓励商业银行加大小微企业金融服务专营机构建设力度，建立完善小微企业融资担保体系，创新产品和服务。加快构建中小微企业征信体系，积极发展面向小微企业的融资租赁、知识产权质押贷款、信用保险保单质押贷款等。建设完善中小企业创业基地，引导各类创业投资基金投资小微企业。鼓励大学、科研院所、工程中心等对中小企业开放共享各种实（试）验设施。加强中小微企业综合服务体系建设，完善中小微企业公共服务平台网络，建立信息互联互通机制，为中小微企业提供创业、创新、融资、咨询、培训、人才等专业化服务。

（七）进一步扩大制造业对外开放。

深化外商投资管理体制改革，建立外商投资准入前国民待遇加负面清单管理机制，落实备案为主、核准为辅的管理模式，营造稳定、透明、可预期的营商环境。全面深化外汇管理、海关监管、检验检疫管理改革，提高贸易投资便利化水平。进一步放宽市场准入，修订钢铁、化工、船舶等产业政策，支持制造业企业通过委托开发、专利授权、众包众创等方式引进先进技术和高端人才，推动利用外资由重点引进技术、资金、设备向合资合作开发、对外并购及引进领军人才转变。加强对外投资立法，强化制造业企业走出去法律保障，规范企业境外经营行为，维护企业合法权益。探索利用产业基金、国有资本收益等渠道支持高铁、电力装备、汽车、工程施工等装备和优势产能走出去，实施海外投资并购。加快制造业走出去支撑服务机构建设和水平提升，建立制造业对外投资公共服务平台和出口产品技术性贸易服务平台，完善应对贸易摩擦和境外投资重大事项预警协调机制。

（八）健全组织实施机制。

成立国家制造强国建设领导小组，由国务院领导同志担任组长，成员由国务院相关部门和单位负责同志担任。领导小组主要职责是：统筹协调制造强国建设全局性工作，审议重大规划、重大政策、重大工程专项、重大问题和重要工作安排，加强战略谋划，指导部门、地方开展工作。领导小组办公室设在工业和信息化部，承担领导小组日常工作。设立制造强国建设战略咨询委员会，研究制造业发展的前瞻性、战略性重大问题，对制造业重大决策提供咨询评估。支持包括社会智库、企业智库在内的多层次、多领域、多形态的中国特色新型智库建设，为制造强国建设提供强大智力支持。建立《中国制造 2025》任务落实情况督促检查和第三方评价机制，完善统计监测、绩效评估、动态调整和监督考核机制。建立《中国制造 2025》中期评估机制，适时对目标任务进行必要调整。

各地区、各部门要充分认识建设制造强国的重大意义，加强组织领导，健全工作机制，强化部门协同和上下联动。各地区要结合当地实际，研究制定具体实施方案，细化政策措施，确保各项任务落实到位。工业和信息化部要会同相关部门加强跟踪分析和督促指导，重大事项及时向国务院报告。

附录2 国务院批转发展改革委关于2015年深化经济体制改革重点工作意见的通知

国发〔2015〕26号

各省、自治区、直辖市人民政府，国务院各部委、各直属机构：

国务院同意发展改革委《关于2015年深化经济体制改革重点工作的意见》，现转发给你们，请认真贯彻执行。

国务院

2015年5月8日

关于2015年深化经济体制改革重点工作的意见

发展改革委

2015年是全面深化改革的关键之年，是全面推进依法治国的开局之年，是全面完成“十二五”规划的收官之年，也是稳增长、调结构的紧要之年，经济体制改革任务更加艰巨。根据《中央全面深化改革领导小组2015年工作要点》和《政府工作报告》的部署，现就2015年深化经济体制改革重点工作提出以下意见。

一、总体要求

全面贯彻落实党的十八大和十八届二中、三中、四中全会精神，按照党中央、国务院决策部署，主动适应和引领经济发展新常态，进一步解放思想，大胆探索，加快推出既具有年度特点、又有利于长远制度安排的改革，进一步解放和发展社会生产力。以处理好政府和市场关系为核心，以政府自身革命带动重要领域改革，着力抓好已出台改革方案的落地实施，抓紧推出一批激活市场、释放活力、有利于稳增长保就业增效益的改革新举措，使改革新红利转化为发展新动力。

牢牢把握问题导向，使改革更好服务于稳增长、调结构、惠民生、防风险。把有效解决经济社会发展面临的突出问题作为经济体制改革成效的重要标准。针对经济下行压力加大、发展中深层次矛盾凸显、新老问题叠加、风险隐患增多等困难和问题，推动有利于稳增长保就业增效益的改革措施及早出台、加快落地，通过改革激发市场活力、释放发展潜力、化解潜在风险，促进经济稳中有进和提质增效升级。

坚持顶层设计与基层创新相结合，充分激发社会活力和创造力。既高度重视改革的顶层设计，又坚持眼睛向下、脚步向下，充分尊重和发挥地方、基层、群众实践和首创精神，善于从群众关注的焦点、百姓生活的难点寻找改革的切入点，使改革的思路、决策、措施更加符合群众需要和发展实际，从实践中寻找最佳方案，推动顶层设计与基层探索良性互动、有机结合。

自觉运用法治思维和法治方式推进改革，实现深化改革与法治保障的有机统一。研究改革方案和改革措施要同步考虑改革涉及的立法问题，做到重大改革于法有据。将实践证明行之有效的改革举措及时推动上升为法律法规。需要突破现有法律规定先行先试的改革，要依照法定程序经授权后开展试点。通过法治凝聚改革共识、防范化解风险、巩固改革成果。

处理好整体推进和重点突破的关系，推动改革尽早有收获、尽快见成效。既系统全面推进各领域改革，又根据改革举措的轻重缓急、难易程度、推进条件，统筹改革推进的步骤和次序，突出阶段性工作重点，把握改革关键环节，合理选择时间窗口，推出一批能叫得响、立得住、群众认可的硬招实招，让人民群众有更多获得感。

持续提高改革方案质量，更加注重改革实效。把质量放到重要位置，提高总体性改革方案和具体改革举措的质量。建立改革的前期调研制度，在做实做细调查研究的基础上搞好方案设计，多深入基层听取各方意见，严格方案制定程序，确保改革方案接地气、有针对性、能解决问题。

二、持续简政放权，加快推进政府自身改革

以深化行政审批制度改革为突破口，把简政放权、放管结合改革向纵深推进，逐步形成权力清单、责任清单、负面清单管理新模式，实现政府法无授权不可为、法定职责必须为，市场主体法无禁止即可为，从根本上转变政府职能，努力建设法治政府和服务型政府。

（一）继续深入推进行政审批制度改革，做好已取消和下放管理层级行政审批项目的落实和衔接，加强事中事后监管。再取消和下放一批行政审批事项，全

部取消非行政许可审批，规范行政审批行为，推广网上并联审批等新模式。大幅缩减政府核准投资项目范围，精简前置审批，规范中介服务，实施企业投资项目网上并联核准制度，加快建立健全投资项目纵横联动协同监管机制。推进药品医疗器械审评审批制度改革，进一步完善新药注册特殊审批机制。完善认证机构行政审批程序。

（二）多管齐下改革投融资体制，研究制定深化投融资体制改革的决定。调整财政性资金投资方式，对竞争性领域产业存在市场失灵的特定环节，研究由直接支持项目改为更多采取股权投资等市场化方式予以支持。积极推广政府和社会资本合作（PPP）模式，出台基础设施和公用事业特许经营办法，充分激发社会投资活力。以用好铁路发展基金为抓手，深化铁路投融资改革。深化公路投融资体制改革，修订收费公路管理条例。出台政府投资条例，研究制定政府核准和备案投资项目管理条例，逐步将投资管理纳入法治化轨道。

（三）不失时机加快价格改革，制定加快完善市场决定价格机制的若干意见。修订中央和地方政府定价目录，大幅缩减政府定价种类和项目。稳步分批放开竞争性商品和服务价格，取消绝大部分药品政府定价，建立健全药品市场价格监管规则，放开烟叶收购价格和部分铁路运价，下放一批基本公共服务收费定价权。实现存量气与增量气价格并轨，理顺非居民用天然气价格，试点放开部分直供大用户供气价格。扩大输配电价改革试点，完善煤电价格联动机制。总结新疆棉花、东北和内蒙古大豆目标价格改革试点经验，改进补贴办法，降低操作成本。推进农业水价综合改革，合理调整农业水价，建立精准补贴机制。督促各地完善污水处理和排污收费政策并提高收费标准。全面实行保基本、促节约的居民用水、用气阶梯价格制度。

（四）加快形成商事制度新机制，深化落实注册资本登记制度改革方案，深入推进工商登记前置审批事项改为后置审批相关改革，推行全程电子化登记管理和电子营业执照，加快实现“三证合一、一照一码”，清理规范中介服务。简化和完善企业注销流程，对个体工商户、未开业企业以及无债权债务企业试行简易注销程序，构建和完善全国统一的企业信用信息公示系统，建立严重违法和失信企业名单制度，实施企业年度报告、即时信息公示、公示信息抽查和经营异常名录制度。

（五）制定清理、废除妨碍全国统一市场和公平竞争的各种规定、做法的意见。

制定实行市场准入负面清单制度的指导意见和负面清单草案，出台负面清单制度改革试点办法并开展试点。促进产业政策和竞争政策有效协调，建立和规范产业政策的公平性、竞争性审查机制。修改反不正当竞争法。改革市场监管执法体制，推进重点领域综合执法。落实社会信用体系建设规划纲要，出台以组织机构代码为基础的法人和其他组织统一社会信用代码制度建设总体方案，推动信用记录共建共享。制定深化标准化工作改革方案。组织开展国内贸易流通管理体制改革发展综合试点。

（六）全面实施中央和国家机关公务用车制度改革，做好车辆处置、司勤人员安置等后续工作。本着从实际出发、有利于工作、有利于节约开支、有利于机制转换的原则，因地制宜推进地方党政机关和驻地方中央垂直管理单位公务用车制度改革，启动国有企事业单位公务用车制度改革。出台深化出租汽车行业改革指导意见。

（七）推进地区生产总值统一核算改革，完善发展成果考核评价体系。加快建立和实施不动产统一登记制度。出台行业协会商会与行政机关脱钩改革方案并开展试点。出台改革社会组织管理制度促进社会组织健康有序发展的意见。

三、深化企业改革，进一步增强市场主体活力

以解放和发展社会生产力为标准，毫不动摇巩固和发展公有制经济，提高国有企业核心竞争力和国有资本效率，不断增强国有经济活力、控制力、影响力、抗风险能力。毫不动摇鼓励、支持、引导非公有制经济发展，激发非公有制经济活力和创造力。

（八）推进国企国资改革，出台深化国有企业改革指导意见，制定改革和完善国有资产管理体制、国有企业发展混合所有制经济等系列配套文件。制定中央企业结构调整与重组方案，加快推进国有资本运营公司和投资公司试点，形成国有资本流动重组、布局调整的有效平台。

（九）制定进一步完善国有企业法人治理结构方案，修改完善中央企业董事会董事评价办法，推动国有企业完善现代企业制度。完善中央企业分类考核实施细则，健全经营业绩考核与薪酬分配有效衔接的激励约束机制。推进剥离国有企业办社会职能和解决历史遗留问题。

（十）出台加强和改进企业国有资产监督防范国有资产流失的意见。出台进一步加强和改进外派监事会工作的意见。加快建立健全国有企业国有资本审计监

督体系和制度。加强对国有企业境外资产的审计监督。完善国有企业内部监督机制。健全国有企业违法违规经营责任追究体系，制定国有企业经营投资责任追究制度的指导意见。

（十一）落实进一步深化电力体制改革的若干意见，制定相关配套政策，开展售电侧改革等试点。研究提出石油天然气体制改革总体方案，在全产业链各环节放宽准入。推进盐业体制改革。

（十二）支持非公有制经济健康发展，全面落实促进民营经济发展的政策措施。鼓励非公有制企业参与国有企业改制，鼓励发展非公有资本控股的混合所有制企业。出台实施鼓励和规范国有企业投资项目引入非国有资本的指导意见。

（十三）完善产权保护制度，健全归属清晰、权责明确、保护严格、流转顺畅的现代产权制度，让各类企业法人财产权依法得到保护。修改国有产权交易流转监管办法和实施细则，提高国有资产交易流转的规范性和透明度。查处侵犯市场主体产权的典型案例，引导和改善保护产权的舆论环境和社会氛围。

四、落实财税改革总体方案，推动财税体制改革取得新进展

立足当前，着眼长远，积极稳妥深化财税体制改革，进一步完善公共财政体系，为科学发展奠定坚实的财税体制基础，更有效地发挥财政政策对稳增长、调结构的积极作用。

（十四）实行全面规范、公开透明的预算管理制度。完善政府预算体系，将11项政府性基金转列一般公共预算，出台中央国有资本经营预算管理办法及配套政策，进一步提高中央国有资本经营预算调入一般公共预算的比例。制定出台全面推进预算公开的意见，实现中央和地方政府预决算以及所有使用财政资金的部门预决算除法定涉密信息外全部公开。制定加强地方政府性债务管理意见的配套办法，做好过渡政策安排，加快建立规范的地方政府举债融资机制，对地方政府债务实行限额管理，建立地方政府债务风险评估和预警机制。推进权责发生制政府综合财务报告制度建设，制定发布政府会计基本准则，发布政府财务报告编制办法及操作指南。加快建立财政库底目标余额管理制度。制定盘活财政存量资金的有效办法。落实政府购买服务管理办法，提高政府购买服务资金占公共服务项目资金的比例。出台在公共服务领域大力推广政府和社会资本合作模式的指导意见，不断提高公共服务供给效率和质量。

（十五）力争全面完成营改增，将营改增范围扩大到建筑业、房地产业、金融业和生活服务业等领域。进一步调整消费税征收范围、环节、税率。组织实施煤炭资源税费改革，制定原油、天然气、煤炭外其他品目资源税费改革方案，研究扩大资源税征收范围。研究提出综合与分类相结合个人所得税改革方案。推进环境保护税立法。推动修订税收征收管理法。

（十六）研究提出合理划分中央与地方事权和支出责任的指导意见，研究制定中央和地方收入划分调整方案，改革和完善中央对地方转移支付制度，推动建立事权和支出责任相适应的制度。

五、推进金融改革，健全金融服务实体经济的体制机制

围绕服务实体经济推进金融体制改革，进一步扩大金融业对内对外开放，健全多层次资本市场，促进资源优化配置，推动解决融资难、融资贵问题。

（十七）制定完善金融市场体系实施方案。在加强监管前提下，加快发展民营银行等中小金融机构。推进开发性政策性金融机构改革。深化农村信用社改革。推出存款保险制度。制定健全银行业监管体制机制改革方案。出台促进互联网金融健康发展的指导意见。制定推进普惠金融发展规划。探索构建金融业综合统计制度框架。

（十八）推动利率市场化改革，适时推出面向机构及个人发行的大额存单，扩大金融机构负债产品市场化定价范围，有序放松存款利率管制。加强金融市场基准利率体系建设，完善利率传导机制，健全中央银行利率调控框架，不断增强中央银行利率调控能力。完善人民币汇率市场化形成机制，增强汇率双向浮动弹性，推动汇率风险管理工具创新。稳步推进人民币资本项目可兑换，扩大人民币跨境使用，择机推出合格境内个人投资者境外投资试点，进一步完善“沪港通”试点，适时启动“深港通”试点。建立健全宏观审慎管理框架下的外债和资本流动管理体系，提高可兑换条件下的风险管理水平。修订外汇管理条例。

（十九）实施股票发行注册制改革，探索建立多层次资本市场转板机制，发展服务中小企业的区域性股权市场，开展股权众筹融资试点。推进信贷资产证券化，发展债券市场，提高直接融资比重。制定出台私募投资基金管理暂行条例。修改上市公司股权激励管理办法。开展商品期货期权和股指期权试点，推动场外衍生品市场发展。推动证券法修订和期货法制定工作。

（二十）推出巨灾保险，推动信用保证保险领域产品创新，出台食品安全责任保险试点指导意见。研究启动个人税收递延型商业养老保险试点。制定完善保险稽查体制改革方案。

六、加快推进城镇化、农业农村和科技体制等改革，推动经济结构不断优化

经济结构不合理严重制约经济持续健康发展，优化经济结构必须加快推进结构性改革，充分发挥市场在资源配置中的决定性作用，着力消除导致经济结构失衡的体制机制弊端，加快调整产业、城乡、区域经济结构，促进经济行稳致远。

（二十一）推进城镇化体制创新，统筹推进国家新型城镇化综合试点、中小城市综合改革试点和建制镇示范试点，以点带面，点面结合，推进新型城镇化实现新突破。完善设市标准，制定市辖区设置标准，开展特大镇扩权增能试点。

（二十二）抓紧实施户籍制度改革，落实放宽户口迁移政策，完善配套措施，建立城乡统一的户口登记制度。出台实施居住证管理办法，以居住证为载体提供相应基本公共服务。制定实施城镇建设用地增加规模与吸纳农业转移人口落户数量挂钩政策。研究提出中央对地方转移支付同农业转移人口市民化挂钩机制的指导意见。

（二十三）建立规范多元可持续的城市建设投融资机制，允许地方政府通过发债等多种方式拓宽城市建设融资渠道，制定项目收益债券试点管理办法。开展城市地下综合管廊和“海绵城市”建设试点，鼓励社会资本参与城市公用设施建设和运营，拓宽多元投资渠道。

（二十四）制定深化农村改革实施方案。推进农村土地承包经营权确权登记颁证，新增9个省份开展整省试点，其他省份扩大开展以县为单位的整体试点。研究提出落实土地承包关系长久不变的意见。分类开展农村土地征收、集体经营性建设用地入市、宅基地制度改革试点。开展工业用地市场化配置改革试点。开展积极发展农民股份合作赋予农民对集体资产股份权能改革试点，探索赋予农民更多财产权利。制定推进农村集体产权制度改革指导意见。开展农村承包土地经营权和农民住房财产权抵押担保贷款试点。稳妥开展农民合作社内部资金互助试点。出台农垦改革发展意见。全面深化供销合作社综合改革。探索建立农业补贴评估机制。改革涉农转移支付制度，有效整合财政农业农村投入。开展水权确权

登记试点，探索多种形式的水权流转方式。开展鼓励和引导社会资本参与水利工程建设运营试点。深入推进黑龙江“两大平原”现代农业综合配套改革试验。

（二十五）以体制创新促进科技创新，出台深化体制机制改革加快实施创新驱动发展战略的若干意见和实施创新驱动发展战略顶层设计文件，在一些省份系统推进全面创新改革试验，增设国家自主创新示范区。研究制定支持东北老工业基地创新创业发展的实施意见。改革中央财政科技计划管理方式，建立公开统一的国家科技管理平台，制定科研项目和资金管理配套制度。深入推进中央级事业单位科技成果使用、处置和收益管理改革试点，适时总结推广试点政策，修订促进科技成果转化法。健全企业主导的产学研协同创新机制，制定科技型中小企业标准并开展培育工程试点。完善人才评价制度，研究修订国家科学技术奖励条例，制定更加开放的人才引进政策。

七、构建开放型经济新体制，实施新一轮高水平对外开放

适应经济全球化新形势，把深化改革和扩大开放紧密结合起来，更加积极地促进内需和外需平衡、进口和出口平衡、引进外资和对外投资平衡，加快构建开放型经济新体制，以开放的主动赢得发展的主动、国际竞争的主动。

（二十六）健全促进外贸转型升级的体制和政策，完善出口退税负担机制，调整规范进出口环节收费，提高贸易便利化水平。制定创新加工贸易模式指导意见，修订加工贸易限制类商品目录。扩大跨境电子商务综合试点，增加服务外包示范城市数量。出台实施加快海关特殊监管区域整合优化改革方案，在符合条件的海关特殊监管区域开展高技术高附加值项目境内外检测维修、融资租赁和期货保税交割海关监管制度等改革试点。总结苏州、重庆贸易多元化试点经验，适时研究扩大试点。继续引导加工贸易向中西部地区转移，促进区域产业升级。

（二十七）实施新的外商投资产业指导目录，重点扩大服务业和一般制造业开放，缩减外商投资限制类条目。全面推行外商投资普遍备案、有限核准的管理制度，大幅下放鼓励类项目核准权，积极探索准入前国民待遇加负面清单管理模式。继续在自由贸易试验区和CEPA（内地与香港、澳门关于建立更紧密经贸关系的安排）框架下开展将外商投资企业设立、变更及合同章程审批改为备案管理。推动修订外商投资相关法律，制定外资国家安全审查条例，健全外商投资监管体系，打造稳定公平透明可预期的营商环境。

（二十八）加快完善互利共赢的国际产能合作体制机制。制定关于推进国际产能和装备制造合作的指导意见。充分发挥“走出去”工作部际联席会议制度作用，加强统筹指导。发挥现有多双边合作机制作用，加快与有关重点国家建立互利共赢的产能合作机制，推动装备“走出去”和国际产能合作重点项目实施。改革对外合作管理体制，深化境外投资管理制度改革。综合利用债权、股权、基金等方式，更好发挥政策性金融机构作用，为装备和产能“走出去”提供支持。

（二十九）总结推广中国（上海）自由贸易试验区经验，积极推进内销货物选择性征收关税政策先行先试，统筹研究推进货物状态分类监管试点，将试验区有关投资管理、贸易便利化、金融、服务业开放、事中事后监管等举措适时向全国推广，将试验区部分海关监管制度、检验检疫制度创新措施向全国其他海关特殊监管区域推广。稳步推进广东、天津、福建自由贸易试验区建设，逐步向其他地方扩展。

（三十）实施“一带一路”战略规划，启动实施一批重点合作项目。制定沿边重点地区在人员往来、加工物流、旅游等方面的政策，扶持沿边地区开发开放。加快实施自由贸易区战略。完成亚洲基础设施投资银行和金砖国家新开发银行筹建工作。

（三十一）实施落实“三互”推进大通关建设改革，加快口岸管理条例立法进程，推进地方电子口岸平台和“单一窗口”建设，建立信息全面交换和数据使用管理办法。加快推进京津冀、长江经济带、广东地区区域通关和检验检疫一体化改革，逐步覆盖到全国。开展口岸查验机制创新试点，探索口岸综合执法试点。

八、深化民生保障相关改革，健全保基本、兜底线的体制机制

把改善民生与增强经济动力、社会活力结合起来，围绕解决基本公共服务公平、效率、供给等方面的问题，着力深化教育、医药卫生、文化、收入分配、社会保障、住房等领域改革，促进社会公平，更好兜住民生底线。

（三十二）落实考试招生制度改革，改进招生计划分配方式，提高中西部地区和人口大省高考录取率，增加农村学生上重点高校人数，完善中小学招生办法破解择校难题，开展高考综合改革试点。深化省级政府教育统筹改革和高等院校综合改革。落实农民工随迁子女在流入地接受义务教育政策，完善后续升学政策。出台深化高校创新创业教育改革实施意见。制定职业教育校企合作办学促进办法。

出台进一步鼓励社会力量兴办教育若干意见。

（三十三）推动医改向纵深发展，全面推开县级公立医院综合改革，在100个地级以上城市进行公立医院改革试点，破除以药补医机制。开展省级深化医改综合试点。全面实施城乡居民大病保险制度，完善疾病应急救助机制，加快推进重特大疾病医疗救助。推动出台整合城乡居民基本医疗保险管理体制改革方案。推进医保支付方式改革，健全进城落户农民参加基本医疗保险和关系转续政策。加快发展商业健康保险。出台进一步鼓励社会资本举办医疗机构的意见。

（三十四）逐步推进基本公共文化服务标准化均等化，推动政府向社会力量购买公共文化服务。制定制作和出版分开实施办法。开展非公有制文化企业参与对外专项出版业务试点。完善国有文化资产管理体制。

（三十五）完善机关事业单位工作人员工资制度，制定完善艰苦边远地区津贴增长机制的意见和地区附加津贴制度实施方案，在县以下机关建立公务员职务与职级并行制度。制定地市以上机关建立公务员职务与职级并行制度的试点意见。制定关于完善最低工资标准调整机制的意见。制定养老保险顶层设计方案和职工基础养老金全国统筹方案。实施机关事业单位养老保险制度改革。出台企业年金管理办法、职业年金办法。制定基本养老保险基金投资管理办法。全面实施临时救助制度。研究提出深化住房制度改革实施方案，修订住房公积金管理条例。

九、加快生态文明制度建设，促进节能减排和保护生态环境

要加强生态文明制度顶层设计，完善国土空间开发、资源节约利用、环境治理和生态修复相关制度，加快建立源头严防、过程严管、后果严惩的制度体系，用制度保障生态文明。

（三十六）出台加快推进生态文明建设的意见，制定生态文明体制改革总体方案。出台生态文明建设目标体系，建立生态文明建设评价指标体系。深入推进生态文明先行示范区和生态文明建设示范区建设。加快划定生态保护红线。加强主体功能区建设，完善土地、农业等相关配套制度，建立国土空间开发保护制度。启动生态保护与建设示范区创建。建立资源环境承载能力监测预警机制，完善监测预警方法并开展试点。开展市县“多规合一”试点。在9个省份开展国家公园体制试点。研究建立矿产资源国家权益金制度。加快推进自然生态空间统一确权登记，逐步健全自然资源资产产权制度。

（三十七）强化节能节地节水、环境、技术、安全等市场准入标准，制订或修改 50 项左右节能标准。修订固定资产投资项目节能评估和审查暂行办法。调整全国工业用地出让最低价标准。实施能效领跑者制度，发布领跑者名单。修订重点行业清洁生产评价指标体系。

（三十八）扎实推进以环境质量改善为核心的环境保护管理制度改革。编制实施土壤污染防治行动计划。实施大气污染防治行动计划和水污染防治行动计划。建立重点地区重污染天气预警预报机制。研究提出“十三五”污染物排放总量控制方案思路。研究制定排污许可证管理办法，推行排污许可制度。完善主要污染物排污权核定办法，推进排污权有偿使用和交易试点。开展国土江河综合整治试点，扩大流域上下游横向补偿机制试点。修订建设项目环境保护管理条例。推行环境污染第三方治理。扩大碳排放权交易试点。

（三十九）推进国有林场和国有林区改革，总结国有林场改革试点经验，抓紧制定林场林区基础设施、化解金融债务、深山职工搬迁、富余职工安置等配套支持政策，研究制定五大林区改革实施方案。出台深化集体林权制度改革意见。

十、完善工作机制，确保改革措施落地生效

各地区、各部门要进一步强化责任意识、问题意识、攻坚意识，加强组织领导，完善工作机制，以钉钉子精神抓好工作落实，确保完成各项改革任务。

完善务实高效的改革推进机制。各项改革的牵头部门要会同参与部门制定工作方案，明确时限、责任和目标，主动搞好沟通协调，发挥好参与部门的优势，充分调动和运用各方力量。对一些关系全局、综合性强的改革，建立跨部门和上下联动的工作机制联合攻关，加强系统研究和整体设计。进一步发挥好经济体制改革协调工作机制的作用，加强部门间沟通衔接和协作互动，确保重点改革任务得到有效落实。

狠抓已出台改革方案落地实施。要建立改革落实责任制，原则上改革方案的制定部门主要负责人为改革落实第一责任人。对已出台的具有重大结构支撑作用的改革，要抓紧出台细化实施方案，着重抓好起标志性、关联性作用的改革举措。加强对改革方案实施过程的跟踪监测，对推进实施中可能出现的新情况新问题要充分预研预判，制定周密的应对预案，及时发现和协调解决问题。要强化督促评估，落实督办责任制和评估机制，发挥社会舆论和第三方评估机制作用，对已经

出台的重大改革方案及时跟踪、及时检查、及时评估，确保政令畅通、政策落地，改有所进、改有所成。

充分发挥试点的先行先试作用。充分考虑我国地区发展不平衡、条件差异大的特点，鼓励不同区域进行差别化的试点探索。及时跟踪改革试点的进展，总结地方试点中形成的可复制、可推广的经验。完善国家综合配套改革试点部际协调工作机制，研究出台规范开展国家综合配套改革试点的意见，总结推广改革试验区试点经验。妥善处理试点突破与依法行政的关系，坚持局部试点，明确试点期限，确保风险可控。

加强重大改革问题研究和调研。对一些具有全局意义和重要影响的重大改革事项，要组织专门力量进行深入的理论研究和探讨，进一步明晰改革的方向、思路、路径、重要举措及相互关系，发挥理论研究对改革方案制定的支撑作用。制定改革方案要理论联系实际，开展深入的调查研究，广泛听取基层意见和群众诉求，确保改革方案具有针对性和可操作性。

做好改革宣传和舆论引导工作。通过召开重点改革新闻发布会和媒体通气会、组织专家解读等多种方式，加强对改革的主动宣传、正面解读，正确引导社会预期，及时回应社会关切，推动形成深化改革的社会共识。加强对改革舆情的监测，准确把握舆情动向，及时发现苗头性、倾向性问题，对不实报道及时澄清，有效引导舆论导向，努力营造全社会关心改革、支持改革、参与改革的良好氛围。

附录3 工业和信息化部关于印发《原材料工业两化深度融合推进计划（2015-2018年）》的通知

工信部原〔2015〕25号

各省、自治区、直辖市及计划单列市、新疆生产建设兵团工业和信息化主管部门，有关行业协会：

为深入贯彻党的十八大关于信息化和工业化深度融合的战略部署，落实《信息化和工业化深度融合专项行动计划（2013-2018年》，大力推进原材料工业两化深度融合，加快促进原材料工业转型升级，我们制定了《原材料工业两化深度融合推进计划（2015-2018年）》。现予印发，请认真组织实施。

工业和信息化部

2015年1月21日

原材料工业两化深度融合推进计划（2015-2018年）

为深入贯彻党的十八大关于信息化和工业化深度融合的战略部署，认真落实《信息化和工业化深度融合专项行动计划（2013-2018年》，大力推进原材料工业转型升级，特制定本推进计划。

一、现状和问题

石化化工、钢铁、有色金属、建材、黄金、稀土等原材料工业是典型的流程工业。近年来，信息技术的普及应用，对原材料工业的快速健康发展发挥了重要作用。目前，企业资源计划（ERP）、制造执行系统（MES）等两化融合技术在原材料工业已得到广泛使用，大中型原材料企业数字化设计工具普及率、关键工艺流程数控化率分别达到70%和60%，两化融合开始由单项应用向综合集成提升、整合创新阶段迈进。宝钢、中石化、中石油等特大型企业正逐步向智能化转型。

但也要看到，我国原材料工业两化融合深度与国际先进水平相比还存在很大差距，企业重视程度不够、信息化投资不足、关键核心软件装备受制于人、复合型人才缺乏、公共服务平台缺失、政策标准建设滞后等问题仍比较突出。当前，发达国家纷纷启动“再工业化”战略，正在重塑制造业竞争新优势。新一代信息技术迅猛发展，网络化、数字化、智能化已成为抢占产业发展制高点的关键所在。加快推进原材料工业两化深度融合机不可失，时不我待，必须下大力气、坚持不懈抓紧抓好。

二、总体思路

贯彻落实党的十八大及十八届三中、四中全会精神，坚持尊重规律、分类施策，完善标准和制度建设，着力解决原材料工业的突出问题和两化深度融合的薄弱环节。以公共平台建设、智能工厂示范、技术推广普及为着力点，努力实现集研发设计、物流采购、生产控制、经营管理、市场营销为一体的流程工业全链条全系统智能化。大力推动企业向服务型和智能型转变，不断提升原材料工业综合竞争力。

三、主要目标

到2018年底，标准引导、平台服务、示范引领、推广普及的原材料工业两化深度融合推进机制初步形成。生产过程控制优化、计算机模拟仿真、电子商务、商业智能等应用基本普及。研发设计、数据分析、质量控制、环境管理、集成应用、协同创新等薄弱环节得到明显加强。两化融合深刻植入企业，成为企业战略决策、行业创新发展的新常态。

——行业引导工作明显加强。列入试点单位的122家原材料企业全部通过两化融合管理体系标准认证，制定300项关键技术标准，研究推广10套以上行业两化融合解决方案。

——平台建设取得重要进展。建设6-8个行业关键共性技术创新平台，8-10个第三方电子商务和物流平台，4-6个工业云服务平台、3-4个大数据平台，以及稀土、农资、危险化学品等重点行业管理平台。

——示范普及工作稳步推进。培育打造15-20家标杆智能工厂，大中型原材料企业数字化设计工具普及率超过85%，关键工艺流程数控化率超过80%，先进过程控制投用率超过60%，关键岗位机器人推广5000个。

四、主要任务

（一）深入推进两化融合管理体系贯标工作

发挥两化融合管理体系贯标咨询机构作用，加快企业两化融合管理体系试点及评定工作，总结试点经验，组织宣传培训与推广交流。制定完善钢铁、石化、有色、稀土、建材等分行业的企业两化融合水平测评指标体系和等级评定办法，开展年度测评工作。建立企业贯标工作、年度测评工作推广和跟踪反馈机制，通过企业贯标和等级评定，推动原材料工业两化融合不断向更高阶段跃升。

（二）建立完善两化深度融合技术标准体系

在石化、化工、钢铁、有色、建材等主要行业组建两化融合标准化工作委员会，做好标准体系研究及技术归口工作。将原材料工业信息化标准列入行业标准制修订重点，围绕材料性能和质量控制、安全生产和节能减排、物料管理和产品流通、数字化研发和服务等，加快制修订一批数据采集、传输、交换及接口标准，信息安全标准，智能监测监管标准，电子标签编码及应用标准，以及稀土、危险化学品、农资化学品识别、定位、追溯通用规范，实现物料、产品、设备编码和各种接口标准的统一。

（三）研究推广重点行业两化融合解决方案

研究选择成熟自主的行业解决方案，定期组织召开交流会，加大推广使用力度。重点推广基于钢铁冶炼、轧制及深加工的计算机辅助设计制造、设备集成与模拟优化、设备故障在线诊断与预测维护、能源管理的钢铁生产全流程信息化改造方案；针对乙烯及其衍生物、芳烃等炼化主装置的模拟仿真、优化控制、调度计划、故障诊断和维护、资源与能源管理等技术方案；基于石化化工生产过程的HSE（健康、安全、环保）解决方案；基于装置侧线、反应罐釜、进出厂点等关键节点的数据计量及实时采集，实现物料跟踪及物料平衡、能源监测及精细管理的石化化工生产制造一体化解决方案；基于建材生产物料消耗、质量检测、设备运行、能源管理、环保监测等全生命周期的在线监测与管控集成解决方案；提升化工园区安全管理、应急救援、公共服务能力的智慧化工园区建设方案；具备灾害预警、安全管理、智能采选功能的数字矿山解决方案。

（四）加快建设行业关键共性技术创新平台

依托原材料工业龙头企业、行业自动化研究院所、智能装备制造企业、工业软件开发企业、高等院校等，针对原材料工业生产流程化、基础产品大宗化、高端产品个性化、资源能源消耗高等特点，搭建开发及实验平台，开展产品研发设计、过程控制与优化、智能化操作与无人值守、生产运行管理、工业机器人、计算机仿真、智能仪器仪表、能源管控系统、移动应用等信息系统与专用装备的开发，突破一批高效安全、自主可控的关键共性技术，有效缓解目前核心技术受制于人、成熟适用系统缺乏、行业应用价格昂贵等问题。

（五）稳步推进重点领域工业云服务平台建设

依托重点生产企业、信息化服务商、科研单位成立原材料工业云产业联盟，建设安全可靠的原材料工业公共云服务平台，推进工业软件、数据管理、工程服务等资源的开放共享。围绕原材料工业企业产品研发、生产控制与优化、经营管理、节能减排等关键环节，提供专业定制、购买租赁、咨询服务等多层次的云应用信息化服务，解决企业投入不足、数据资源利用水平不高、高端人力资源匮乏、个性服务满足度低等行业共性问题。鼓励大型企业集团建设云服务平台，服务周边地区和中小型企业。

（六）着力培育电子商务和物流业发展

支持第三方大型电子商务行业平台发展壮大，创新商务模式。支持大型企业自有电子商务平台向行业公共平台转化。鼓励行业协会、电商公司、农资生产企业联合建立农资电子商务平台。推动原材料工业大宗商品物流信息化发展，壮大钢铁、石化、有色、稀土、建材、危化品等专业物流和供应链服务业，增强原材料工业供应链协同管理能力。

（七）大力推动行业大数据应用

支持原材料工业大数据平台建设，促进信息共享和数据开放，加强行业经济运行监测，推动大数据在钢铁、石化、有色、建材等企业经营决策中的应用，实现产品、市场和效益的动态监控、预测预警，提高行业管理水平和企业决策科学水平。鼓励骨干企业在工业生产经营过程中应用商业智能系统（BI）和产品生命周期管理（PLM），提升生产制造、产品研发、供应链管理、营销及服务环节的资源优化配置能力和智能决策水平。

（八）建立健全行业监管及产品追溯系统

建立稀土矿山开采监管系统，实现对稀土矿区非法开采、水体污染、植被破坏等情况的长期动态监控。建立覆盖全国的履约监控管理信息系统，加强对重点监控化学品生产、经营和使用情况的在线监测和管理。依托重点单位，建立稀土、化肥、农药、危险化学品等产品追溯系统，采用物联网、射频识别、物品编码等信息技术，建立产品追溯数据库，追溯产品来源，杜绝假冒伪劣、来源不明产品进入市场流通环节，提升企业品牌效益。

五、重大工程

（一）数字化设计工具开发应用工程

开发符合原材料工业特点的产品配方建模、产品性能分析、虚拟生产制造、工艺流程设计等数字化设计工具。发挥行业协会、第三方信息化服务机构的作用，加大推广力度。到 2018 年，大中型石化、钢铁、有色、建材企业数字化设计工具普及率分别达到 90%、95%、85% 和 80%。

钢铁行业重点发展用于产品研发和客户服务的产品生命周期管理（PLM）技术，针对炼钢、连铸、热轧等工序的工艺参数计算机辅助设计工具（CAPP），冷连轧机轧制过程动态仿真及控制优化技术等，实现在线、全自动、多工艺路径的智能化设计。

石化行业重点发展炼化关键主装置及工厂的三维数字化技术与模拟仿真、优化控制和调度计划技术等，对工厂生产全流程实现安全可视化管理和控制。在工程建设方面，重点发展协同一体化技术，建立工程数字化交付标准体系，实现工程数字化设计和交付的标准化管理。

有色行业重点发展基于计算流体力学（CFD）和离散单元法（DEM）技术的碎磨、选别、分离、冶炼设备的建模研究，实现三维可视化的过程和装置模拟设计及工艺参数优化。开发球磨机、浮选机、冶炼炉、电解槽等选冶关键工艺设备的虚拟样机，形成选冶主体工艺及调度的数值模拟设计能力。建立有色金属加工机床、部件、原料、环境等数字模型，对工件切削、锻压等微观、宏观过程进行参数化表达，实现加工效果、刀具磨损情况等快速评估。

建材行业重点发展关键生产装备的研发设计与制造工艺综合集成，加快普及产品全生命周期数字化设计模式，实现网络环境下的协同研发设计和集成应用。

加快推广水泥回转窑控制系统在线仿真技术，在玻璃深加工制品、建筑卫生陶瓷、石材、新型房屋等领域推广计算机辅助设计（CAPP）、产品数据管理（PDM）等应用系统，开展创意设计和产品定制生产。

矿山行业重点发展地质采掘优化设计系统，动态指导采掘过程和设备应用。采用动态闭环集成控制技术，将产品质量、产量、成本和利润等综合生产指标与底层设备控制动作相联系，实现选矿过程全流程控制和动态全局优化。

（二）关键工艺流程数控化工程

普及推广可编程逻辑控制（PLC）、分布式控制系统（DCS）等基础自动化技术和系统，改造提升原材料工业生产装置及生产线，基本实现生产工艺自动化的全面覆盖。开发应用先进过程控制技术，进一步突出实时控制、运行优化和综合集成，大幅提升原材料工业重点行业的生产装备智能化水平。到2018年，石化化工和钢铁行业先进过程控制（APC）投用率达到60%，主要有色金属选冶、加工环节的关键工艺流程数控化率超过75%，水泥行业应用优化控制系统生产线达到50%。

石化化工行业重点在炼化、化肥、农药、氟化工、氯碱等领域，针对原料属性不确定、物质转化机理复杂、过程多重循环等特点，积极开展全流程建模、先进过程控制（APC）、实时优化和调度、以及故障诊断与预警系统的实施和建设，进一步提升生产效率，降低生产成本。轮胎行业重点推广芯片集成技术，实现轮胎的全生命周期管理。

钢铁行业重点推广选矿全流程智能控制系统、烧结机智能闭环控制系统、高炉专家系统、全程自动化转炉炼钢、智能精炼控制系统、加热炉燃烧过程优化技术、核心轧制控制系统、基于图像检测的表面质量控制技术等。

有色金属行业重点推广振动磨机负荷检测系统、矿浆粒度分析仪、矿物加工专用图像分析仪等选冶工业在线智能检测分析装备，氧化铝生产过程智能优化控制技术、铜富氧熔炼控制系统、粗铅富氧强化熔炼控制系统、铝电解高效节能控制系统、湿法炼锌优化控制技术、高性能铜（铝）板材轧制数字化控制成型技术等。

建材行业重点推广水泥生产分布式控制系统（DCS）、现场总线技术、窑头和筒体温度检测控制系统、窑尾加料控制技术，平板玻璃原料配料控制系统、三大热工（熔窑、锡槽、退火窑）设备自动控制系统、在线缺陷检测与智能化自动切割分片系统，陶瓷原料制备、窑炉控制、压机控制等系统，玻纤池窑计算机控制技术等。

稀土行业重点建设冶炼分离智能化生产系统，通过工业自动化控制系统、生产视频监控系统、企业网络及数字管理系统，加快物料、生产、质量控制等业务整合。

（三）智能工厂示范工程

针对石化、钢铁、有色、稀土、建材等行业生产工厂的不同特点，分行业制定智能工厂标准。加强专业智能工厂软件的研发和设计，围绕生产管控、设备管理、安全环保、能源管理、供应链管理、辅助决策等6个方面开展智能化应用，建设信息物理融合系统（CPS），实现企业生产运营的自动化、数字化、模型化、可视化、集成化，提高企业劳动生产率、安全运行能力、应急响应能力、风险防范能力和科学决策能力，建成一批生产装备智能、生产过程智能、生产经营智能的智能化工厂。

石化智能工厂。选择4家先进石化化工企业，充分运用物联网、大数据等信息技术，突破一批石化智能制造关键技术，全面提升石化企业感知、预测、协同、分析、控制和优化能力。通过建立新型的生产和营运管理模式，实现基于价值链的供应链优化，提高资源配置和物流管理水平；通过生产过程智能化的优化控制，提升操作自动化和实时在线优化水平；通过能源生产和消耗的在线优化，提高节能减排水平；通过对可燃气体、有毒有害物质存储、运输以及废气、废水等污染物排放的自动监控、自动报警，提升安全环保水平；通过关键设备的到期预警与预防性维修，提高资产全生命周期管理水平；运用大数据分析技术进行关联性分析与预测分析，显著提高生产管理精细化、智能决策科学化水平。

钢铁智能工厂。选择4-5家先进钢铁企业，建设基于网络平台的实时生产信息管理系统，重点开发针对产品质量、能耗和设备状态进行软测量的模型技术，以及通过工序互动提高质量、降低成本和能耗的智能决策技术。推广示范铁钢轧工艺过程信息横向贯通、全流程高级计划排产和质量一贯制闭环控制技术，物质流和能量流综合协同优化技术，在线设备诊断、预测与维护技术，过程控制、生产管理、企业营销规划信息纵向融合技术等，强化数据资源的挖掘利用，实现钢铁生产全流程闭环的自动化控制与智能化管理。

有色智能工厂。选取铝、铜行业3-4家先进企业，以大数据和工业网络为基础，建立生产信息服务云架构，形成信息、知识、智能决策的数据和计算支持能力，通过物料关联与跟踪的智能物联网，实现对重要物料的标识、追溯和成份配置，开发基于先进生产工艺条件的高效节能控制技术，建立生产过程的三维可视化仿真系统，最终实现生产过程的智能操控、决策、管理和服务，建立全过程能效优化的智能化生产和管理决策体系。

建材智能工厂。在水泥行业选取2-3家先进企业，建设基于自适应控制、模糊控制、专家控制等先进技术的智能水泥生产线，实现原料配备、窑炉控制和熟料粉磨的全系统智能优化，并在工业窑炉、投料装车等危险、重复作业环节应用机器人智能操作。开展具有采购、生产、仓储、销售、运输、质量管理、能源管理和财务管理等功能的商业智能系统应用（BI）。

轮胎智能工厂。依托生产装备的高度信息互联和数据系统的实时采集，融合物联网、自动化仓储物流、数据挖掘、机器人及自动化装备等先进技术，建设轮胎生产仓储物流、关键岗位机器人和生产信息管理三大系统，全面覆盖轮胎制造生产流程，实现生产设备、生产信息、过程管理、企业决策的纵向交互和生产过程各工艺流程的横向交互，打造纵横贯通的综合集成优化的现代化轮胎制造工厂。

（四）数字矿山示范工程

金属数字矿山。以铁矿、铜矿、金矿为代表，建设3-4个智能矿业示范工程。加快信息通信技术（ICT）与矿业的融合，将井下无轨车辆、大型采选设备与先进物联网、模式识别、预测维护、机器学习等新一代信息化技术结合，推动矿业关键工艺过程控制数字化。继续推广监测监控、井下人员定位、井下紧急避险、矿井压风自救、供水施救和通信联络等矿山安全避险六大系统。建立混合型智能生产物联网，应用数据协调、数值模拟和二维码识别等技术，搭建具备人员、设备、工艺、物料、能源等要素的自动识别、信息共享、自发协作、集约调度的网络系统，实现采选过程动态可调可控，增强企业对矿石性质变化及外部市场变化的应变能力，满足精细化生产管理的要求。针对矿山分布较为分散与偏僻的特点，建设综合物流信息系统，利用上下游供需信息的高效协同，实现经济库存。

稀土数字矿山。依托大型稀土集团，在赣州、福建等稀土重点矿区建设2-3家稀土数字化矿山示范工程。利用数据库技术、储量动态计算技术和矿山三维数字建模等现代信息技术，建立稀土矿山储量和生产过程三维可视化模型，实现稀土储量动态管理、生产智能化控制及地质灾害监控等，提高稀土资源利用率和企业智能化管理水平。

数字服务平台。依托国内大型矿冶科研院所，建立矿山云系统通讯技术标准、数据标准、信息安全标准和服务标准，搭建云服务平台的数据中心、计算中心、业务中心和网络前台。集成黄金、铜、铅锌、镍等典型矿业集团的海量生产数据，开发矿冶生产智能运营决策系统，形成生产装备远程在线维护、工艺过程故障智能诊断、分析仪器自动标定维护等远程工业服务能力，到2018年在国内3-5家大型矿业集团推广应用。

（五）供应链协同管理促进工程

推动原材料龙头生产企业，与原料供应商，装备、汽车、建筑、家电等主要下游用户建设上下游协作管理系统，按照供应商提前介入（EVI）、准时生产技术（JIT）等模式，统一企业资源计划（ERP）等企业业务系统间信息交换接口、标准和规范，通过信息共享和实时交互，实现物料协同、储运协同、订货业务协同以及财务结算协同。鼓励有条件的企业通过网络化制造系统，实现包括产品设计、制造、销售在内的全部产业链条的集成协同，形成网络化企业集群，发展基于互联网的个性化定制、网络众包、云制造等新型制造模式。

钢铁行业。选择3-4家先进企业开展供应链协同管理示范，建立和完善客户个性化订单条件下的基于产品使用特征的钢产品标准规范体系，推广以订单为核心、多品种、小批量、快速灵活的柔性生产组织模式，实现钢铁产品的大规模定制生产，满足多品种小批量的订单需求。推进生产管理系统升级，推行日计划生产模式，实现以销定产和产销高度衔接，进行客户订单的全程追踪，推动钢铁企业由生产商向服务商转变。建立连接钢铁生产企业和用户的数据系统，推广先期研发介入，后期推广应用和持续跟踪改进的研发设计模式。针对钢铁行业原料大宗特点，建立生产企业与上游铁矿石、煤炭企业的供应链协同管理体系，通过大数据预报模型提高库存管理的智能化水平。

石化行业。选择2-3家企业开展面向客户需求驱动的供应链协同管理示范。通过物流的智能感知、移动电子商务平台等建立行业的敏捷供应链，促进生产企业上、下游的快速决策和协同优化，提高资源和能源的配置效率，实现企业柔性生产制造，减少消耗和降低成本。初步建立石化工程协同设计与制造一体化平台，完善石化生产企业客户管理系统，实现面向石化生产全生命周期的设计和运营，减少新产品开发和生产的成本。

有色行业。选择2-3家铜、铝、锌大型企业集团建设上下游协同生产和协作管理系统，应用数据协调、数值模拟和二维码识别等技术，建立自动识别、信息共享、集约调度的网络系统平台，实现有色金属全产业链各个环节中人员、设备、工艺、物料、能源、财务的协同，消除任务等待与积压、信息传递延时与失真等管理瓶颈，推动产业链上下游协同管理。

（六）关键岗位机器人替代工程

鼓励机器人研发单位和原材料企业共同合作，开发应用一批专用工业机器人，到2018年累计新增机器人应用5000台。在工业窑炉、投料装车、化工企业等危害健康和危险作业环境，基本实现机器人替代人工作业。在陶瓷行业施釉、制砖行业码垛、铝锭浇注搬运、锌锭码垛包装、剥锌机组等重复繁重劳动岗位，推广普及机器人作业。以提高生产效率、降低维护成本为重点，研发并推广自动测温取样机器人、连铸自动推渣机器人、板坯自动清理机器人、铸锭扒渣机器人、阳极操作机器人、铜铝板材表面处理和抛光机器人、原料分拣机器人、切割机器人、喷漆（油）机器人等。以提高产品质量和工艺精确性为重点，推广应用表面缺陷判定、产品自动标识、图像自动识别等机器人。以提高采矿机器人的机构可靠性、避障设计、通讯能力以及防爆设计等为技术开发重点，在复杂矿床开采等环节，研发推广地下金属采矿、应急救援等智能机器人。

六、保障措施

（一）加强组织领导。各地原材料工业主管部门要高度重视两化融合工作，建立健全推进机制，结合本地区实际制定具体实施方案。鼓励重点行业协会成立推进两化融合的专门机构，组织开展标准制定、技术推广、平台建设、企业评估、示范推广、咨询服务等。企业应建立健全两化融合组织机构、管理制度和运行机制，制定两化融合专项规划，明确两化深度融合总体目标和分阶段目标，保障资金投入。推动信息技术提供商和行业应用方组建原材料工业两化融合推进联盟，加强联合互动，开展共键共性技术联合攻关，提高针对原材料工业的信息化服务水平。

（二）加大政策支持。充分利用技术改造、转型升级、强基工程、物联网等专项资金，支持智能工厂、公共平台、技术推广等主要任务和重大工程。鼓励各地设立原材料工业两化融合专项资金，加大对两化融合工作的支持力度。鼓励金融机构加大对两化融合示范项目的信贷支持力度，支持两化融合示范企业、项目和产业园区的发展。探索两化融合管理体系评定结果的市场化采信机制。鼓励建立专业化产业投资基金，集聚社会资本，主要投向原材料工业两化融合领域。鼓励企业通过金融租赁方式租用智能装备或软件系统。

（三）加快人才培养。组建原材料工业两化融合专家委员会，开展重大问题研究和重大项目咨询。定期举办原材料工业两化融合人才培训，提高原材料工业企业主要负责人两化融合意识和从业人员信息化水平，培养一批面向信息化与工业化融合需求的原材料行业复合型人才。鼓励企业设立首席信息官，增加信息部门人员编制，建立原材料工业首席信息官联盟，提高企业两化融合战略决策水平。

（四）强化督促检查。分年度、分行业制定两化融合重点工作推进计划，开展年度检查和效果评估，并将有关情况向社会公开发布，对工作突出的地方和单位进行表彰。持续开展两化融合贯标和水平评估工作，公布符合认定标准的企业名单，通报企业两化融合水平测评结果，对通过两化融合管理体系评定和水平先进企业给予奖励，结合原材料行业重点工作加大政策支持。选择推荐一批优秀的面向原材料工业的两化融合信息技术提供商，定期公布名单，并根据两化融合服务工作开展情况进行评估和调整。

附录4　工业和信息化部 发展改革委 科技部 关于加快石墨烯产业创新发展的若干意见

工信部联原〔2015〕435号

各省、自治区、直辖市及计划单列市、新疆生产建设兵团工业和信息化、发展改革、科技主管部门：

为加快实施创新驱动发展战略，贯彻执行国务院《"十二五"国家战略性新兴产业发展规划》、《中国制造2025》，落实工业和信息化部《新材料产业"十二五"发展规划》、发展改革委等3部门印发的《关键材料升级换代工程实施方案》，引导石墨烯产业创新发展，助推传统产业改造提升、支撑新兴产业培育壮大、带动材料产业升级换代，现提出以下意见：

一、抓住机遇培育壮大石墨烯产业

石墨烯是在光、电、热、力等方面具有优异性能，极具应用潜力、可广泛服务于经济社会发展的新材料。在能源装备、交通运输、航空航天、海工装备等产品上已呈现良好应用前景。发展石墨烯产业，对带动相关下游产业技术进步，提升创新能力，加快转型升级，激活潜在消费等，都有着重要的现实意义。

我国石墨烯材料及应用经过自主系统研发，生产技术、工艺装备和产品质量取得了重大突破，在储能器件、改性材料、智能穿戴等产品上的应用效果逐步显现，产业化势头可喜，多个具有石墨烯特色的产业创新示范区已露雏形，产业化步伐明显加快。当前，我国石墨烯材料正处于从实验室走向产业化的关键时期。

但受石墨烯材料生产技术成熟度不高、产业化应用路径长等因素制约，我国石墨烯材料批量化生产和应用尚未完全实现，还存在技术转化能力弱、工装控制精度低、质量性能波动大、生产成本比较高、标准化建设滞后、商业应用领域窄等问题。因此，在我国新材料、高端装备快速发展，制造业由大变强的进程中，亟待以石墨烯市场开发遇到的突出问题为导向，以终端产品需求为牵引，采取"一条龙"模式构建完善产业链，围绕产业链配制创新链、集聚创新要素，强化上下游协同创新，着力提升石墨烯材料及其应用产品的综合性能，推进石墨烯首批次产业化应用，加快培育和壮大石墨烯产业。

二、把石墨烯产业打造成先导产业

（一）总体目标

全面贯彻党的十八大和十八届三中、四中、五中全会精神，坚持创新驱动和军民融合发展，以问题为导向，以需求为牵引，以创新为动力，着力石墨烯材料高质量稳定生产，着力石墨烯材料标准化、系列化和低成本化，着力构建石墨烯材料示范应用产业链，着力引导提高石墨烯材料生产集中度，加快规模化应用进程，推动石墨烯产业做大做强。

到2018年，石墨烯材料制备、应用开发、终端应用等关键环节良性互动的产业体系基本建立，产品标准和技术规范基本完善，开发出百余项实用技术和样品，推动一批产业示范项目，实现石墨烯材料稳定生产，在部分工业产品和民生消费品上的产业化应用。

到2020年，形成完善的石墨烯产业体系，实现石墨烯材料标准化、系列化和低成本化，建立若干具有石墨烯特色的创新平台，掌握一批核心应用技术，在多领域实现规模化应用。形成若干家具有核心竞争力的石墨烯企业，建成以石墨烯为特色的新型工业化产业示范基地。

（二）基本原则

坚持企业主体，政策引导。发挥市场在资源配置中的决定性作用，激发市场主体活力，提升要素配置效率，发挥国家有关专项及产业政策的引导作用，营造良好发展环境，加快石墨烯材料研究成果产业化进程。

坚持创新驱动，典型示范。创新技术、业态和商业模式，本着利益共享、风险共担，打造产业发展利益共同体，以实现产业化应用为龙头，突破制约产业化应用的技术、业态和商业模式上的障碍，加快推进示范应用。

坚持需求牵引，技术推动。围绕国家重大工程和战略性新兴产业发展需求，促进石墨烯产业链纵向延伸，深化“产学研用”合作，立足提质降本增效，协同开展生产和应用技术攻关，完善石墨烯产业持续创新发展的体系。

三、推进产业发展关键技术创新

（一）突破石墨烯材料规模化制备共性关键技术。围绕石墨烯材料批量制备以及基于石墨烯的各类功能材料制备关键技术，引导骨干企业携手有关高校、科研院所，协同开发材料规模化制备技术，促进关键工艺及核心装备同步发展，提升产业化水平，实现对石墨烯层数、尺寸以及表面官能团等关键参数的有效控制，提高石墨烯材料规模化制备的工艺稳定性、性能一致性、产品合格率，有效降低成本。

（二）加强知识产权体系建设。鼓励企业与高校、科研院所、知识产权机构等，协同开展石墨烯产业关键技术知识产权运用保护体系建设，提升专利的数量和质量，定期发布石墨烯产业专利态势，建立石墨烯知识产权运营平台，完善知识产权交易和保护机制，促进知识产权高效利用。

（三）搭建产业发展服务平台。依托现有资源，完善石墨烯产业发展所需公共研发、技术转化、检验检测与信息交流等平台，建立开放的石墨烯材料与器件性能参数数据库。引导石墨烯材料生产企业联合下游用户、相关科研院所，围绕石墨烯产品生产和性能评价，建立合作开发机制。

四、推进首批次产业化应用示范

（一）创新石墨烯材料产业化应用关键技术。积极利用石墨烯材料提升传统产品综合性能和性价比。推进石墨烯材料在新产品中的应用。开发大型石墨烯薄膜制备设备及石墨烯材料专用检测仪器。重点发展利用石墨烯改性的储能器件、功能涂料、改性橡胶、热工产品以及用于环境治理及医疗领域功能材料的生产应用技术，基于石墨烯材料的传感器、触控器件、电子元器件等产品的制备技术。

（二）开展终端应用产品示范推广。围绕新兴产业发展和现代消费需要，瞄准高端装备制造、新能源及新能源汽车、新一代显示器件、智能休闲健身等领域，构建石墨烯制品示范应用推广链，促进石墨烯材料的研制生产、应用开发及性能评测等环节互动，提升性价比，示范推广利用石墨烯生产的储能材料、导电材料、导热材料、功能涂料、复合材料、光电子微电子材料以及环境治理与医疗诊疗用新材料。

（三）促进军民融合发展。加大石墨烯材料在国防科技领域的应用，围绕石墨烯材料应用开发建立军民口科研机构协作机制，推动技术成果、信息资源共享，促进专业人才、基础设施等要素的互动。发挥军民结合公共服务平台作用，开展两用技术交流对接，借助建设以军民结合为特色的新型工业化产业示范基地，带动提升石墨烯产业军民融合水平。

五、推进产业绿色、循环、低碳发展

（一）壮大石墨烯材料制造业规模。加快石墨烯材料生产迈向规模化、柔性化、智能化、绿色化。新建石墨烯材料生产线原则上要进入化工园区，符合化工园区环保准入条件和园区规划环评要求，粉体生产线装置规模不低于10吨/年，薄膜生产线能够连续自动转片。鼓励石墨烯粉体制备与天然石墨资源开发有机结合。

（二）促进产业集聚发展。鼓励石墨烯材料生产企业以资本、技术、品牌等为纽带，在材料制备领域提高生产集中度。支持中小企业发挥自身“专精特新”优势，利用石墨烯材料开发适销对路的新技术、新产品、新材料、新装备，支持开展形式多样的应用创新、创业活动，集群发展石墨烯材料应用产业，形成聚集效益，打造产业示范基地。

（三）实现产业绿色发展。优化石墨烯材料生产工艺，完善生产装备，鼓励选用符合能效1级或节能产品推广目录中的产品和设备。发展石墨烯材料清洁生产技术，推行循环型生产方式，实现石墨烯材料生产过程废物的综合利用及达标排放。推进智能化生产，加强石墨烯材料生产的污染物排放和能耗、物耗管理，开展石墨烯材料生物安全性研究，促进产业绿色发展。

六、推进拓展应用领域

（一）积极服务于国家重点工程建设。立足石墨烯材料独特性能，针对航空航天、武器装备、重大基础设施所需产品的性能要求，协同研制并演示验证功能齐备、可靠性好、性价比优的各类新型石墨烯应用产品。加快防腐涂料在海工装备、港口岛礁等设施中的推广应用。

（二）不断开拓工业领域新应用。重点围绕涂料、树脂、橡胶、电池材料等现有大宗产品性能提升，新能源、新能源汽车、节能环保、电子信息等领域所需新产品，引导石墨烯材料生产、应用产品生产企业和终端用户跨行业联合，利用石墨烯材料协同开发性能适用、成本合理的石墨烯应用产品，并根据终端应用需要持续提高石墨烯材料性价比，培育和扩大石墨烯产品在工业领域的应用市场。

（三）努力提升服务民生能力。开发基于石墨烯薄膜、石墨烯功能纤维的穿戴产品,满足人们对智能休闲健身产品的多功能需求。加快开发石墨烯发热器件,推进基于石墨烯的高效供暖系统示范工程建设和应用推广,提高建筑节能水平。创新石墨烯产品在安全防护、医疗卫生、环境治理等领域的应用,更好满足经济社会发展。

七、保障措施

（一）加大政策扶持。结合实施创新驱动发展战略,统筹各类资源,激发市场主体积极性,支持企业围绕石墨烯产业发展,加大石墨烯材料制备关键工艺和装备研发力度,鼓励技术、业态和商业模式协同创新,交流培养专业人才,发展高端品种、提高质量性能,组织实施重大应用示范项目。

（二）加强投融资引导。引导各类资本参与石墨烯企业股权并购和高端项目开发。鼓励有条件的地区设立产业发展专项资金。支持产融携手创新基于构建完整产业链、着眼终端产品推广应用的互惠合作融资模式。研究建立石墨烯产品首批次应用示范风险补偿机制,鼓励石墨烯产业化应用。

（三）完善标准规范体系。建立适合我国产业特点并与国际接轨的石墨烯标准体系,按照分类指导原则,尽快完善石墨烯材料的术语、产品、方法以及生产过程污染物排放等标准规范,统筹前沿领域标准预先研究,鼓励制定先进的企业标准或团体标准。研究石墨烯材料认证技术要求。

（四）加强行业管理和服务。指导建立石墨烯产业发展联盟,完善石墨烯行业运行监测、预警机制。发挥第三方机构作用,发布产业发展动态信息,防止盲目投资和低水平重复建设,组织推广节能减排、安全生产等共性技术,加强国际合作交流,探索开展相关产品认证,防止不当竞争与虚假宣传,强化行业自律,维护市场秩序。

各地工业和信息化、发展改革、科技主管部门要根据当地石墨烯产业发展实际,强化统筹协调和督促落实,因地制宜研究制定相关政策措施,激发市场主体创新活力,积极引导、协助上下游企业打通产业链,指导开展知识产权建设、保护和运用工作,促进石墨烯产业持续健康发展。

工业和信息化部　发展改革委　科技部
2015 年 11 月 20 日

后 记

为全面客观反映2015年中国原材料工业发展状况并对2016年原材料工业发展状况预测，在工业和信息化部原材料工业司的指导下，赛迪智库原材料工业研究所编撰完成了《2015–2016年中国原材料工业发展蓝皮书》。

本书由刘文强担任主编，肖劲松、王兴艳为副主编。王兴艳负责统稿，各章节撰写分工如下：曾昆负责第一、二、五、八、九、十、二十八、二十九章；王兴艳负责第一、四、八、九、十、二十九章；张海亮负责第一、三、八、九、十、二十九章；马琳负责第一、六、八、九、十、二十一、二十二、二十九章；李丹负责第一、七、二十九章；刘彦红负责第十六、十七、十八、十九、二十章；李茜负责第十一、十二、十三、十四、十五章；张镇负责二十三、二十四、二十五、二十六、二十七章；冀志宏负责第二、二十九章；商龚平负责第一、二、二十八、二十九章及附录。

在本书的编撰过程中还得到了相关省份和行业协会领导、专家提供的资料素材，特别是得到了许国栋、李拥军等专家提出的宝贵修改意见和建议，在此表示衷心感谢。由于编者水平有限，本身难免有疏漏、错误之处，恳请读者批评指正。如籍此能给相关行业管理机构、研究人员和专家学者带来些许借鉴，将不胜荣幸。

面向政府 服务决策

思想，还是思想
才使我们与众不同

《赛迪专报》
《赛迪译丛》
《赛迪智库·软科学》
《赛迪智库·国际观察》
《赛迪智库·前瞻》
《赛迪智库·视点》
《赛迪智库·动向》
《赛迪智库·案例》
《赛迪智库·数据》
《智说新论》
《书说新语》
《两化融合研究》
《互联网研究》
《网络空间研究》
《电子信息产业研究》
《软件与信息服务研究》
《工业和信息化研究》
《工业经济研究》
《工业科技研究》
《世界工业研究》
《原材料工业研究》
《财经研究》
《装备工业研究》
《消费品工业研究》
《工业节能与环保研究》
《安全产业研究》
《产业政策研究》
《中小企业研究》
《无线电管理研究》
《集成电路研究》
《政策法规研究》
《军民结合研究》

编 辑 部：赛迪工业和信息化研究院
通讯地址：北京市海淀区万寿路27号院8号楼12层
邮政编码：100846
联 系 人：刘 颖　董 凯
联系电话：010-68200552 13701304215
　　　　　010-68207922 18701325686
传　　真：0086-10-68209616
网　　址：www.ccidwise.com
电子邮件：liuying@ccidthinktank.com

研究，还是研究
才使我们见微知著

信息化研究中心
电子信息产业研究所
软件产业研究所
网络空间研究所
无线电管理研究所
互联网研究所
集成电路研究所

工业化研究中心
工业经济研究所
工业科技研究所
装备工业研究所
消费品工业研究所
原材料工业研究所
工业节能与环保研究所

规划研究所
产业政策研究所
军民结合研究所
中小企业研究所
政策法规研究所
世界工业研究所
安全产业研究所

编 辑 部：赛迪工业和信息化研究院
通讯地址：北京市海淀区万寿路27号院8号楼12层
邮政编码：100846
联 系 人：刘颖 董凯
联系电话：010-68200552 13701304215
010-68207922 18701325686
传 真：0086-10-68209616
网 址：www.ccidwise.com
电子邮件：liuying@ccidthinktank.com